社 会 学 丛 书

城镇化进程中
近郊村落的边缘化研究

以浙江9个近郊村落为例

卢福营 等著

中国社会科学出版社

图书在版编目(CIP)数据

城镇化进程中近郊村落的边缘化研究：以浙江9个近郊村落为例／卢福营等著 . —北京：中国社会科学出版社，2015.12

ISBN 978-7-5161-7159-2

Ⅰ.①城… Ⅱ.①卢… Ⅲ.①村落—城市化—研究—浙江省 Ⅳ.①F299.275.5

中国版本图书馆 CIP 数据核字（2015）第 283371 号

出 版 人	赵剑英
责任编辑	冯春凤
责任校对	张爱华
责任印制	张雪娇

出　　版	中国社会科学出版社
社　　址	北京鼓楼西大街甲 158 号
邮　　编	100720
网　　址	http：//www.csspw.cn
发 行 部	010 - 84083685
门 市 部	010 - 84029450
经　　销	新华书店及其他书店

印　　刷	北京君升印刷有限公司
装　　订	廊坊市广阳区广增装订厂
版　　次	2015 年 12 月第 1 版
印　　次	2015 年 12 月第 1 次印刷

开　　本	710×1000　1/16
印　　张	18.5
插　　页	2
字　　数	304 千字
定　　价	68.00 元

目　录

下篇　个案调查

导　论

第一节　研究的缘起

一　研究的社会背景

历史经验表明，城镇化是现代化的必由之路，也是现代化的重要内容之一。然而，由于各国城镇化所处的时代和环境不同，所面临的问题与挑战不同，所立足的基础和国情不同，因而势必选择不同的城镇化发展道路与方式。在一个农业分量很重、正在加速工业化的大国，如何推进城镇化是一个没有任何先例可循的全新事业。新中国成立 60 多年来，经过反复的探索，中国逐渐摸索出了一条适合本国国情的城镇化之路。

纵观新中国成立 60 多年以来的城镇化历史，大致经历了以下阶段：

第一，城镇化正常发展阶段（1949—1957）。建立之初，面对国家既贫又弱的局面，首先升腾起的"中国梦"就是加速工业化，实现中华民族的振兴。正是工业化的发展，带动着城镇化的进程。特别是在第一个五年计划时期，国家进行了大规模的工业化和城镇化建设，实施了 156 个重大项目的建设，带动了城镇的快速发展。不仅推动了一些项目所在地老城市的迅速扩张，而且促进了一批新兴工业城市的诞生。据统计，1949 年，我国城镇化率为 10.6%；1957 年提高到 15.4%，年均增长 0.53 个百分点，略高于世界平均水平①。

第二，城镇化超速发展阶段（1958—1960）。1958 年，在"左"的思想指导下，中国发动了一场以高指标为主要标志的经济建设运动，史称"大跃进"。在这一时期，由于急于超英赶美，中央提出了"以钢为纲"

---

① 陈甬军、景普秋、陈爱民：《中国城市化道路新论》，商务印书馆 2009 年版，第 40 页。

的方针，号召全民大办工业，使中国工业化、城镇化在脱离农业的基础上超速发展。城镇人口年均增长 9.5%，新设城市 33 座。[①] 城镇化率从 1957 年的 15.4% 猛增到 19.75%。[②] 然而，在城镇化异常高速发展背后隐藏着一个严重的问题——农业产量连年下降。

第三，城镇化逆向发展阶段（1961—1976）。在这一期间，中国的城镇化进程出现了二次倒退，形成了独特的城镇化逆向发展现象。为纠正"大跃进"运动的错误，在 20 世纪 60 年代初，国家实施了一系列工业调整政策，并大力精减城市人口，充实农业第一线，由此形成了因纠正"大跃进"时期超速城镇化错误的城镇化逆向发展。同时，国家将建制镇标准由 2000 人调整到 3000 人。于是，从 1961 到 1965 年，城市数量从 208 座压缩到 171 座，城镇化率下降到 18%。在此后的"文化大革命"时期，一方面，因动乱造成了城镇经济发展的停滞；另一方面，由于城市知识青年上山下乡和干部下放劳动，致使大批城镇人口被转移到农村，形成了特殊的逆城镇化运动。城镇化水平进一步地从 18% 下降到了 1976 年的 17.4%。[③]

第四，城镇化高速发展阶段（1978—）。改革开放后，中国经济社会发展逐渐走上了正常轨道，城镇化的步伐明显加速。与此同时，如何选择中国城镇化道路与路径，随之成为摆在面前的重大课题。有人主张大力发展大城市，有人坚持小城镇优先发展。经过不断摸索，党的十六大明确提出了"走中国特色的城镇化道路"。中国人口众多、地域广阔，不能只搞集中型的大城市化，也不能只实行分散型的小城镇化，只能选择集中型与分散型相结合、据点式与网络式相结合、大中小城市与小城镇协调发展的多元化城镇化。党的十七大进一步指出："按照统筹城乡、布局合理、节约土地、功能完善、以大带小的原则，促进大中小城市和小城镇协调发展。"这既是对以往中国城镇化发展经验的总结，又为今后进一步推进中国城镇化发展指明了方向。30 多年来，中国城镇化在实践探索中实现着跨越，在与工业、农村发展的互动中获得了迅速发展。"据统计，2012 年

---

① 辜胜阻：《非农化与城镇化的理论与实践》，武汉大学出版社 1993 年版，第 172 页。

② 陈甫军，景普秋，陈爱民：《中国城市化道路新论》，商务印书馆 2009 年版，第 40 页。

③ 辜胜阻：《非农化与城镇化的理论与实践》，武汉大学出版社 1993 年版，第 172—173 页。

我国城镇常住人口已经达到了 52.57%。按常住人口计算，城镇化水平从改革开放初期的 17% 增长到了 52.57%。"① 值得一提的是，不仅城镇化水平得到了迅速提高，而且根据自己的国情，找到了一条具有中国特色的大中小城市与小城镇协调发展的城镇化道路。

从中国城镇化实践分析，大、中、小城市与小城镇协调发展是一条适合中国国情的城镇化道路，这一中国特色城镇化道路具体体现为三条路径：

其一，原有城镇扩张。在一定意义上说，城镇化主要表现为人口等生产要素在城镇空间集聚的过程。20 世纪 80 年代以来，在改革的推动下，城镇经济释放出巨大的发展能量，取得了迅速发展。同时，随着市场经济体制的逐步建立，市场在经济资源配置中日益发挥着基础性作用，受利益的驱动，大量的生产要素流向中国城镇。如此，城镇经济的快速发展致使原有城镇空间难以满足其进一步发展的需求，要求突破原有城镇空间的约束。因此，政府通过征用近郊村落土地、拆迁近郊村民房屋、转变近郊村民户籍、改变近郊村落管理体制等实现城镇的扩张。在这一过程中，一批批近郊村落陆续被纳入城镇区域，城镇犹如"摊大饼"般地向郊区蔓延。这种城镇化路径表面看来似乎是城镇空间的扩张，在其背后实质是一种综合、复杂的社会变迁和城镇化过程。它不仅仅是土地城镇化，而且更重要的是人口的城镇化和城镇经济社会的迅速发展。

其二，农村劳动力进城。20 世纪 80 年代初，中国率先在农村地区推行以下放权力为核心的经济改革，实行家庭承包经营制。改革赋予了农民农业生产经营的自主权，使他们获得了较大自由，从而极大地调动了广大农民的生产积极性。同时，随着生产积极性的充分发挥，劳动生产率大幅提高，从而导致了原来隐性的农村剩余劳动力日益显性化，大批农村劳动力需要从农业向非农行业转移。② 随着城市建设的发展，城乡流动政策和城乡关系的松动，农村劳动力的城乡流动率加大。相当一部分农村劳动力流入城镇务工经商，他们在城镇工作和生活，城镇成为他们的主要活动空间。尽管这部分农村人口的户籍身份尚未改变，但事实已经成为中国城镇社会中的特殊一族。他们不仅在统计学意义上为城镇人口增长和城镇化率

---

① 卢福营：《边缘化：近郊村民市民化面临的问题》，《东岳论丛》2013 年第 6 期。

② 卢福营：《中国特色的非农化与农村社会成员分化》，《天津社会科学》2007 年第 5 期。

做出了自己的贡献，而且为城镇建设和城镇经济社会发展做出了不可磨灭的贡献，成为推动中国城镇化的重要力量。因此，农民的乡城流动，或者说农村劳动力进城无疑是中国城镇化的重要路径之一。

其三，农村小城镇发展。改革开放以来，党和政府立足本国国情，尊重农民群众的伟大创造，积极倡导和支持发展农村非农经济，推动了乡镇企业在农村异军突起，成为促进中国非农化的重要力量。从一定意义上说，在20世纪80年代，中国的农村非农化主要表现为农村工业化。进入20世纪90年代以后，"离土不离乡、进厂不进城"式的分散的乡村工业化道路[①]所导致的资源浪费、污染严重、效益低下等弊病日渐显现，因此政府积极引导乡镇企业的集聚，大大推动了农村小城镇的发展和繁荣。如此，分散的乡村工业化在20世纪90年代开始向适度集中的方向发展，使农村工业化和农村城镇化同步发展。在乡镇企业崛起基础上形成的小城镇是中国城镇化的重要实现形式，这种依赖农村内生性发展而形成的农村小城镇，构成为一种极为独特的中国城镇发展模式。农村小城镇的发展不仅是中国城镇化的重要路径，而且是中国城镇化区别于其他国家城镇化的重要特色，它打破了仅仅依靠大工业改造农业、城市带动农村的线性发展模式。或许，这就是中国之所以强调"城镇化"而不是"城市化"的重要原因之一。

在过去三十多年的实践中，三条城镇化路径同时并存发展，共同推动着中国城镇化进程，成为中国特色城镇化的重要内涵。

然而，我们也应当理性地认识到，在过去三十多年的城镇化实践中，不仅三条城镇化路径的运行不同程度、不同形式地存在着一系列矛盾和问题，而且三条路径的协同性还存在着种种不足，从而制约了中国城镇化的发展，影响了中国城镇化的协调性，急切需要实现城镇化战略的调整。正是在此社会背景下，党和政府提出了走中国特色的新型城镇化道路的新战略。

从中国城镇化历史发展看，近郊村落的城镇化在中国特色城镇化道路中具有特殊的地位，而近郊村落边缘化则是过去几十年中国城镇化进程中

---

① 辜胜阻、简新华主编：《当代中国人口流动与城镇化》，武汉大学出版社1994年版，第5—7页。

呈现的一种社会现象。事实表明，近郊村落的边缘化现象已经产生了不可忽略的正负两方面社会后果，这不仅已经对近郊村落的和谐发展产生了影响，而且必然影响国家的城镇化进程，影响城乡和谐与社会发展。那么，在中国城镇化进程中，近郊村落处于什么地位？城镇化进程中的近郊村落为什么会出现独特的边缘化现象？近郊村落的边缘化是一种自然历史过程还是人为建构的产物？是一种理性选择还是一种非理性的构造？究竟是什么机制在发生作用？在新型城镇化进程中应当如何促进近郊村城镇化的有序化？如何实现城乡社会和谐与发展？这些都已经成为摆在我们面前的重要课题。

二　研究的基础与局限

近年以来，针对城镇化进程中村落变迁的研究，已有众多类型不一的成果。诸如：李培林、蓝宇蕴等对广州"城中村"的研究，周大鸣对南景村的研究，王春光、项飙、王汉生等对北京"浙江村"的研究，等等。这些成果对村落城镇化过程进行了生动又丰富的现象描述和理论分析，为本课题的研究提供了重要的文献素材和思想资料。但是，现有的研究存在着以下值得进一步关注和研究的理论空间：

第一，专以城镇化为背景或焦点研究村落变迁的成果不多。现有的村落变迁研究以经济发展为背景和视角的居多，忽略了城镇化这一最重大最基础的社会变革对于我国农村这一最基层载体的特殊影响。

第二，以近郊村为对象研究村落城镇化的成果不多。现有的村落城镇化研究以"城中村"为研究对象的居多，忽略了近郊村这一特殊类型的城镇化问题，造成村落城镇化过程研究的环节缺失。

第三，以近郊村落边缘化为主题研究村落城镇化的成果不多。中国城镇化进程中出现了独特的近郊村落边缘化现象，引发了一系列政治社会问题，逐渐成为人们关注的热点，迫切需要在理论上做出论证、解释和指导。但是，相关的研究成果极其罕见。

城镇化进程中近郊村落的边缘化是特殊历史背景下形成的一种过渡性现象，势必对近郊村落的和谐与发展乃至国家的城镇化和整个社会的科学发展产生深刻影响。目前的研究显然不能对其做出令人信服的理论解释和指导。本书试图对中国城镇化进程中近郊村落的边缘化问题做较为深入的实证研究。

第二节　研究思路与方法

一　研究思路

城镇化是一个不可选择的一般规律，而城镇化道路和模式具有多样性、差异性。中国的城镇化既要借鉴城镇化的国际经验，又要树立清醒的中国问题意识，直面中国的城镇发展问题。[①] 从一定意义上说，近郊村落的边缘化是城镇化发展的必然，是近郊村落由农村社会转向城镇社会的过渡阶段。在城镇化进程中，部分城镇近郊地区呈现出城乡界限模糊、非城非乡的"半城镇化"状态并非中国所特有。但是，当前中国城镇化进程中的近郊村落边缘化现象具有特殊性。

根据现代化的发展逻辑，随着城镇经济社会发展，势必推动城镇空间的扩张，从而促使近郊村落被陆续纳入城镇范围。近郊村落在由农村社会转向城镇社会的过程中也不可避免地存在一个过渡阶段，呈现出边缘化状态。从这个意义上说，近郊村落的城镇化及其边缘化是一个自然的历史过程。但是，当代中国近郊村落的城镇化突出地表现为政府主导和行政推动的"被城镇化"过程，正是这种"被城镇化"过程，导致了当前中国近郊村落城镇化和边缘化的独特性。从这个意义上说，国家政策和政府行为是影响当前中国城镇化进程中近郊村落边缘化的一种特殊因素。

近年来，在近郊村落城镇化的实践中，各地政府采取了一系列公共政策行动。这些公共政策行动集中表现在土地征用开发、房屋拆迁安置、户籍改革（农改非）、撤村建居、社会保障制度创新等。然而，由于缺乏中央政府统一的制度安排和具体明确的政策规范，各地政府主要根据自己对城镇化的理解，并结合本地具体实际，做出了各不相同、各具特色的城镇化政策选择。加之，不同近郊村落的具体情况不同，地方城镇化政策在不同近郊村落的实施情况也有所差异，由此形成了复杂多样的近郊村落城镇化模式和边缘化现象。

基于以上事实，本书以省为考察区域，村落为分析单位，以空间格

---

① 卢福营：《边缘化：近郊村民市民化面临的问题》，《东岳论丛》2013 年第 6 期。

局、社会结构、管理体制、文化形态为主要考察维度，运用实证研究方法，考察20世纪80年代以来中国城镇化进程中近郊村落的变迁过程，描述近郊村落边缘化的表现和特点，剖析近郊村边缘化的社会根源，分析近郊村落边缘化对中国城镇化以及城乡社会和谐发展的影响。在此基础上，寻找促进近郊村落城镇化有序发展的对策，探究隐匿于城镇化进程中近郊村落边缘化现象背后的理论意蕴。

二　研究方法

本书是一项区域研究，选择浙江省为区域样本，以浙江的社会经验为例，对城镇化进程中近郊村的边缘化问题进行个案研究。之所以如此，主要理由如下：

第一，省是一个相对稳定的区域单位，且具有相对完整的经济形态和区域文化特质，在城镇化发展中拥有相对自主性和独立的建制权，这些均会影响近郊村落的城镇化过程，形成区域特色。

第二，改革开放以来，浙江的经济社会发展在全国处于领先地位，并且形成了独特的区域特色。不仅其城镇化水平相对较高，而且在城镇化实践中创造了丰富的"浙江经验"，具有一定的典型意义。

本书是一项实证研究。阿特斯兰德指出："对于历史学家来说，原始资料绝对不会自己解释自己。对于社会科学家来说，也不存在这样的数据。数据需要解释。因为基于自身的经历，存在着不同的社会真理，所以理论和方法论的任务不是创造真理，而是达到解释的真实。"[①] 为了努力达到解释的真实，在研究中强调实际先于理论，事实先于价值，努力从实际情况中把握问题，分析得出结论。理论的建构基于丰富的第一手调查资料，所有观点都以社会事实为客观依据。

研究中做了三个层面的调查：

第一，面上调查。即浙江省城镇化进程中的近郊村落变迁情况，特别是近郊村落边缘化现象的宏观调查。调查主要运用文献法和访谈法，重点调查改革开放以来浙江省各级政府出台的城镇化政策尤其是关于近郊村落社区的相关政策和做法，浙江各地城镇化的模式与近郊村落边缘化的类

---

① ［德］阿特斯兰德：《经验性社会研究方法》，中央文献出版社1995年版，第1页。

型，不同类型城市近郊村落边缘化的具体表现与特点，近郊村落边缘化引发的突出问题，各级政府应对近郊村落边缘化问题的实践等。这种面上调查，一方面有助于从宏观上把握全省城镇化进程中近郊村落边缘化现象的总体情况和区域特征；另一方面有助于透析近郊村落边缘化的特定社会文化基础。

第二，典型调查。这种调查实质就是毛泽东所倡导的"解剖麻雀"的方法。他在《寻乌调查》中指出："我们研究城市问题，也是和研究农村问题一样，要拼着力把一个地方研究透彻，然后于研究别个地方，于明了一般情况，便都很容易了。"① 我们借鉴毛泽东在农村调查时常用的分类选点的典型抽样做法，在当地政府部门的协助下选择了9个典型的近郊村落作为样本进行典型调查。其中，省城杭州市近郊村或社区3个、地级市城镇近郊村或社区3个、县级城镇近郊村落或社区3个。典型调查主要运用田野调查方法，通过文献收集、实地观察、面对面的个别访谈、集体座谈等多种方式获取一手资料。重点对城镇化进程中的村落变迁过程、当下近郊村落边缘化的具体表征和特点、近郊村落边缘化引发的焦点问题、近郊村落边缘化的社会后果特别是对村落乃至社会和谐与发展的影响、导致近郊村落边缘化现象的相关因素和社会根源、不同层次和界别的民众对近郊村落边缘化现象的看法等做深入细致的微观考察。典型调查的价值首先在于积累丰富、生动、具体、深入的资料，以期建立一个真实可靠的城镇化进程中近郊村落边缘化的形貌，以及与之相关的社会景象。所以，这种研究方法首先要求对所研究的社会事实进行如实的描述。然而，如实的描述并非易事：（1）如实描述需要足够的理论准备，否则搜集的材料杂乱无章、真假难辨；（2）如实描述有时会触动某些人和某些部门的利益，遭到种种阻挠，有一定的风险；（3）如实描述有可能对现有的理论和政策提出挑战，需要有足够的理论和政治勇气。②

总之，在方法上，本书努力跨越那种以一个村庄为案例的个案研究，而以处在同一城镇化生态中的数个近郊村落为研究个案，以拓展研究的视

---

① 中共中央文献研究室编：《毛泽东农村调查文集》，人民出版社1982年版，第6页。

② 参阅方江山《非制度政治参与——以转型时期中国农民为对象分析》，人民出版社2000年版，第4—5页。

域。同时，努力将典型调查的深度与面上调查的广度相结合，实现彼此之间的互相补充。

第三节　调查村落与资料来源

一　调查的村落

村落是本项研究的具体实施对象。我们通过立意抽样的方法选择了有代表性的9个近郊村落作为实地调查的对象。具体操作步骤如下：

第一步：确定调查对象的选择标准。根据相关研究和自己以往的调查，确定了选择本项调查村落的参考标准：一是地理位置上处于城镇周边，紧邻城镇建成区；二是选择调查村落时要求在地域布局、城镇层级上具有代表性。

第二步：选择调查的候选村落。根据立意要求，即选择调查村落的标准，联系当地政府部门选择了一批符合标准的近郊村落。然后，课题组对地方政府提供的候选村落逐个进行初步的实地走访，亲身体验和考察村落的基本情况。

第三步：确定调查的典型村落。根据地方政府部门提供的介绍和部分资料，以及初步走访的印象，经与当地政府部门相关领导协商，最后确定了9个典型调查的对象。省级城镇近郊村落为杭州经济技术开发区的头格社区、江干区的大塘社区、西湖的良户社区；地级城镇近郊村落为金华市的陶朱路村、绍兴市的外山头村、台州市的富强村；县级城镇近郊村落为东阳市蒋桥头村（小区）、诸暨市的城西村、武义县的大坤头村。9个典型调查村落的基本情况如下：

头格社区位于浙江杭州经济技术开发区①的西南面，距离下沙街道办事处以东约2公里处。东南与浙江省武警副食品基地、七格社区仅一河（月雅河）之隔，南临钱塘江，西面与九堡镇杨公村、八堡村、九堡村相邻，北面是乔司镇胜嫁村；艮山东路横穿头格社区。社区居委会驻社区中

---

① 杭州经济技术开发区是1993年4月经国务院批准设立的国家级开发区，是全国唯一集工业园区、高教园区、出口加工区于一体的国家级开发区，总面积144.7平方公里（其中下沙区块104.7平方公里、江东区块40平方公里），委托管理下沙和白杨两个街道共24个社区，辖区人口约42万。

心路以北、月雅桥西面。头格社区是杭州下沙经济技术开发区最大的社区，面积约2平方公里，有886户，2768人，共分9个村民小组。

新中国成立前，头格社区所属地段为钱塘江沙滩，因开荒而人气逐步聚集，地属杭州第六区禾丰乡二十一堡。1949年4月，设禾丰乡头格村。1950年5月建余杭县盐区，头格从禾丰乡分出，改为四格乡头格村。1958年，在人民公社制下改为九堡人民公社四格管理区一连；1962年划为下沙人民公社头格大队，下设21个生产队，后来生产队时有调整。1983年，实行农业家庭承包经营，并建立村委会，下设9个村民小组，为杭州市余杭县下沙乡头格村。1993年成立杭州经济技术开发区后，头格村于1996年划归杭州市江干区。1998年，改为杭州市江干区下沙镇头格村。2005年12月撤村建居，改为杭州市江干区下沙街道头格社区。

头格社区的土地征用和城镇化起始于20世纪90年代初的杭州经济技术开发区建设，当初主要用于道路、污水处理厂等公共设施建设。2000年后特别是2008年5月以来，大量土地被征用，开发区付给社区50%的土地征用补偿款，预征了头格社区的大部分集体土地。目前，社区仅剩100多亩土地。

随着土地被征用，村民户籍的"农转非"工作逐步推进，村落居民的户籍身份发生了重大变化。村落居民原以农业户籍的农民为主，伴随着村落城镇化的推进，调查时已转变为农业户与非农户并存、农民与市民共居的成员结构。头格社区现有人口2768人，其中，农业户籍人数1089人，城镇户籍人数265人，"农转非"人数1414人。在"农转非"成员中，超过劳动年龄段（即男60周岁以上，女50周岁以上）的为634人，劳动年龄段内（即男45—60周岁，女35—50周岁）的为780人。

从2008年下半年开始，头格社区分两批进行村民住房的整体拆迁，2010年拆迁全部完成。由于村民拆迁安置房尚在建设之中，社区所有村民被政府统一安排居住在过渡房内。为保证村民能够获得可持续的经济收益，头格社区在集体留用地上建设"外来人口公寓"，并按每户160平方米量化到家。"外来人口公寓"的资产实行股份合作制，由社区统一经营，集体招租，年底分红。

随着城镇化的发展，头格居民逐渐享受了一些非农性质的社会政策。比如：按当地政府的政策规定，头格社区多数居民通过个人购买、社区补贴的形式分批参与了社会养老保险，通过多方承担的模式参与了社区居民医疗保险。

大塘社区位于杭州市江干区丁桥镇东部。东与三义行政村接壤；南临大农港，与丁桥行政村交界，与广厦天都城大型商住区相邻；西濒丁桥港，与赵家行政村相邻，与杭州私营经济园区相接；北至上塘河，与沿山行政村相望，与皋城旅游区相连。

据传，因村域内有面积达 10 余亩的大池塘，故名大塘村。新中国成立之初，大塘村隶属杭县丁兰乡。1956 年划归杭州市丁桥乡，称大塘农业社。1958 年为笕桥人民公社丁桥管理区大塘生产队。1959 年划为杭州市农企公司丁桥管理区，改称三星大队。1962 年为丁桥人民公社大塘生产队；1964 年丁桥公社分开后大塘分为三星、大塘两个大队，1981 年复称大塘大队。1984 年，设立村委会，改称丁桥镇大塘村，下辖大塘头、胡家村、北曹等 11 个自然村。2004 年 8 月，杭州市江干区政府下文实行撤村建居改革，大塘村改为大塘社区。2008 年 7 月，大塘社区按政府规定实施股份制改革，将集体资产按股量化到人，建立大唐股份经济合作社。

全村总土地面积 2515 亩，共计 475 户，1826 人。历史上，村民以农业经营为主。大塘村的土地征用起始于 1990 年代初，1991 年为拓宽临丁公路政府首次在大塘村征地，随后因公共设施建设和商业开发的需要，政府陆续征用大塘村土地共计 2100 多亩。

村民住房的大规模拆迁安置于 2004 年开始，属杭州市第三批拆迁安置的村庄。2004 年底，在市、区二级政府的推动下，启动了丁桥镇第一个近郊村民住房拆迁安置大型居住区建设项目——大唐苑。大塘社区于2005 年 3 月 10 日正式开始拆迁工作，2005 年完成了 232 户大唐苑居住区安置户的拆迁工作，2007 年得到回迁安置。2008 年开始第二期大型居住区——长睦居住区的拆迁，到 2010 年先后完成 239 户的拆迁，2013 年 7月得到回迁安置。由于分批拆迁，大塘社区居民不再安置在同一居住区。同时，一个拆迁安置户集中居住区（大唐苑、长睦居住区等）也不只是安置一个社区的居民。由此形成了一个社区居民分散于不同居住区，多个社区居民同住于一个居住区的现象。

2004 年 12 月 15 日，随着撤村建居，全社区劳动年龄段 967 人办理了农转非手续，并参加社会养老保险。村民们随后陆续参加了不同形式的社会养老和医疗保险。

良户社区位于杭州市西湖区转塘街东南 4.6 公里处，浮山和蜈蚣山南麓，东与浮山和南村相邻，南与回龙村接壤，西至石龙山社区，北至中共杭州市委党校。据《永思堂族谱》记载，大约南宋前后，先祖郑璒、郑琅兄弟从浦江迁此定居，兄弟各在南北建凉屋，从此在这里繁衍生息。后人将此地名简称凉屋，因"凉屋"谐音"良户"，久而久之，遂变成"良户"。[①]

新中国成立之初，良户为杭县回龙乡良户北村，1956 年底由建新、勤丰、民生、全心 4 个初级社合并为树塘乡良户高级农业社，1958 年为杭州市上泗公社回龙管理区二联生产队，1961 年，为西湖区转塘公社良户大队。1984 年，建立村委会，改称转塘乡良户村，1986 年改为转塘镇良户村。2007 年 10 月，转塘镇与龙坞镇等合并为转塘街道，遂为转塘街道良户村。2008 年 11 月，经批准撤村建居，成立良户社区。良户社区由良户、许家 2 个自然村组成，分 6 个居民小组，总户数 270 户，人口 1291 人。

良户原有土地面积 1205 亩，历史上，村民主要从事种养业。随着杭州市之江新城的建设，农地陆续被政府征用。除按征地量 10% 的比例返还给社区集体开发的留用地外，社区已经没有土地。相应地，社区居民分批实现了户籍的"农转非"。2010 年，按政府要求，社区集体经济按股份量化到户，由社区集体经营，统一分红。社区居民得到一定的集体经济补助，陆续参与了社会养老保险和医疗保险。

良户社区居民的住房伴随着城镇化进程陆续被拆迁，全社区 2/3 以上家庭（共计 205 户）被拆迁。按杭州市的相关规定实行集中安置，回迁安置于大型农户集中居住区——良户家苑。集中居住区打破了原有村或社区界限，良户家苑的回迁安置户不再只是良户社区拆迁户，还包括浮山村等拆迁户。

陶朱路村社区位于浙江金华市东北郊，隶属金华市金东区管辖。东依03 省道，西靠金华城北工业园区，南至浙赣铁路复线，北邻金华二环北

---

①　西湖转塘街道编：《杭州转塘事典》，浙江人民出版社 2010 年版，第 102 页。

路，已经成为一个交通枢纽。陶朱路村社区是由原陶朱路村演变而来的。据传，春秋末年，越国大夫范蠡（陶朱公）辅佐越王勾践兴越灭吴之后弃官经商，晚年择此居住。他以经商致富，并数次散尽千金，济助天下穷人。后人皆以范蠡为楷模，陶朱路村因此而得名。

陶朱路村社区有陶朱路、项牌两个自然村，分 6 个村民小组。辖区面积 2.41 平方公里，现有耕地人均 0.085 亩。常住人口约 860 人，外来人口约 2300 人，为本村人口的约 2.7 倍。

历史上，居民主要从事农业生产活动，种植水稻、棉花、蔬菜等农作物。特别是依托城郊的地理优势，很早以前就发展成为金华闻名的"菜篮子"。改革开放以前，村民们大多以蔬菜种植和销售为生，是一个以商品农业为主的典型城郊型村庄。

1982 年，金华某国营公司向陶朱路村征地 10 余亩建造仓库，开启了陶朱路村土地被征用的历史。特别是 20 世纪 90 年代以来，为实现加快建设浙江中西部中心城市的发展目标，金华市政府对城市布局做了重新规划。2000 年，市政府将城市东北面的 8 个乡镇划入市区范围，单独成立金东区。新区的发展催生了大规模的城市基础设施建设。随着环城西路的通车，汽车站、公交站的正式使用，以及 03 省道的修建，陶朱路所在的地域逐渐成了一个交通枢纽。原来位于城区的许多企业和单位因种种原因，纷纷外迁到陶朱路村所在的城郊地区落户。各种类型的企事业单位错落分布在陶朱路村土地上，陶朱路村的土地通过征用而非农化，广大村民群众因此成了失地农民。

随着改革的深入和经济社会的发展，金华市政府从城市化发展和城郊村管理等多种因素考虑，于 2001 年着手开展撤乡建街和撤村建居工作，并同步开展城市社区建设①。2002 年 8 月，陶朱路村所在的东孝乡改为东孝街道。2003 年，陶朱路村被金东区东孝街道指定为撤村建居"任务村"。同年 11 月 18 日，陶朱路村向东孝街道党工委、办事处递交了《关于要求撤销陶朱路村村民委员会建立陶朱路村社区居委会的请示》。同年 11 月 21 日，金华市金东区民政局下发了《关于同意撤销陶朱路村村民委员会建立陶朱路

_____

① 参阅《中共金华市委办公室、金华市人民政府办公室关于在市区开展撤村建居工作的意见》（市委办〔2001〕79 号）。

村社区居委会的批复》，同意撤销陶朱路村村民委员会，保留陶朱路村经济合作社，建立陶朱路村社区居委会，规定陶朱路村社区居委会的管辖范围为原陶朱路村村庄范围[①]。相应地，2004 年 4—5 月，陶朱路村村民在村集体的统一安排下变更了户籍，在法律上完成了"农转非"。

外山头村位于浙江省绍兴市南面，距离绍兴城南街道办事处约 2 公里。北面紧靠绍兴市标志建筑——廊桥，西、南与绍兴文理学院河西校区及南山校区相连，东面毗邻长城社区。104 国道南复线穿村而过，交通便捷，地理位置独特。全村原有 9 个自然村，分 6 个村民小组。共 607 户，1502 人，另有外地流动人口 4000 多人。全村原有耕地 800 多亩，山林 70 多亩。

20 世纪 90 年代以来，因 104 国道南复线和绍兴文理学院扩建的需要，外山头村的集体土地陆续被征用，最大的一次征用是 2001 年用于绍兴文理学院扩建的征地。全村集体土地基本被征用，现仅剩 50 多亩。令外山头村民疑惑和不满的是：在同一时间并同样是用于绍兴文理学院扩建的土地征地，外山头村的土地补偿费为 15000 元/亩，而邻近的府山街道府山村则有 25000 元/亩。原因主要是绍兴县与绍兴市的土地征用政策不同。当初的外山头村属绍兴县管辖，因而依据绍兴县的土地征用政策给予补偿，而相邻的府山村则属于越城区（绍兴市府驻地）管辖，因而按绍兴市的土地征用政策给予补偿。这一有失公平、有损外山头村利益的土地征用，成了后来外山头村民不满和上访的主要原因之一。

外山头村的房屋拆迁安置是伴随着土地征用而展开的。1992 年 104 国道南复线建设征用外山头村土地，同时对相关村民的住房进行拆迁。按规划，拆迁户被安置在离原外山头村 3 公里之外的外山新村，后因被拆迁村民反对，外山新村最后由市政府改造后作为商品房出售。

2001 年，越城区城南街道按绍兴市的城市规划要求建设大学路，涉及外山头村拆迁户共计 83 户，由于村民与政府之间在拆迁补偿方面未能达成一致，最后未能如期进行改造。

2003 年初，当地政府授权城南街道负责，对外山头村进行城中村改

---

① 　参阅《金华市金东区民政局关于同意撤销东孝街道东关等二个村民委员会设立东关等二个社区居委会的批复》（金东民［2003］56 号）。

造，实施整体拆迁安置，新安置地位于江家娄村，由于村民不愿接受政府的相关政策以及对安置地块不满意等原因，遭到村民抵制，最终外山头村拆迁改造流产。2006年7月，市委市政府、区委区政府及街道党委办事处联合建立了专门的领导小组，并抽调区政府、街道骨干力量入村入户做工作，再次启动外山头村拆迁改造工程，最后还是遭到村民抵制而未果。

2007年8月，政府再次启动大学路拆迁工作，共涉及外山头村农户57户。政府提出"打通大学路，带动整村改造"，并出台了相当优厚的拆迁安置政策。在政府强力推动下，外山头村的大学路拆迁工作得到了较为顺利的推进。2011年底，拆迁户被安置于原拆原建的大学路安置小区——外山公寓。根据原住房面积大小实行"拆一还一"或根据拆迁户人口多少原则进行拆迁安置，由村民自由选择其中的一种安置方式，拆迁户全部得到顺利安置。因拆迁安置后小区环境优美，原有住宅通过置换后也大大增值，安置村民满意度相当高。同年12月，外山头村级组织委托绍兴市越洲拍卖有限公司对外山公寓的公建房进行了公开拍租，获得年租金420万元，村集体因此而增加了收入。

由于地处近郊，且紧邻绍兴文理学院，独特的地理位置为外山头村创造了得天独厚的物业经济发展环境。不仅外山头村集体经济主要来源于店面和房屋出租，而且房租也已经构成为外山头村民家庭收入的重要来源。据调查，外山头村607户村民出租私房2000多间，80%以上村民有房屋出租，一般村民的租金收入约4000—5000元/月，最高的有1万元左右。正是受收租金的利益驱动，加之政府政策的缺失，外山头村民千方百计地建房出租，甚至不惜冒违章罚款的风险，兴建了大量的违章建筑，并形成了独特的经营低档、假冒伪劣品，且环境脏、乱、差的商业一条街——"垃圾街"。

从地理位置上看，外山头村已经被纳入城镇范围，但由于种种因素的影响，村民依然没有"农转非"，村庄也没有"村改居"，道路、河道、路灯、保洁等基础设施建设和公共服务均未纳入市政管理范围。村集体经济薄弱，难以有效地承担建设基础设施、改善居住环境、提供公共服务的重任。加之村庄改造工作步履蹒跚，村落的建筑格局和整体景观形象杂乱，与相邻的绍兴文理学院优美的校园环境形成强烈对比。当地人形象地称之为"一个欧洲,一个非洲"。

据追踪调查,根据省委省政府的"三改一拆"① 精神要求和市委市政府重点工作安排,外山头村的垃圾街成为重点关注的对象。从 2013 年 4 月开始整治,现已全部拆除。根据绍兴市城镇建设的总体规划,外山头村将在被拆除的垃圾街地块建设一条整洁漂亮的商业街,为绍兴文理学院师生和当地居民提供良好的通行条件和购物环境,也为外山头村经济社会发展提供良好契机和外部条件。

2003 年以来,绍兴市先后出台了近 10 余项被征地农民养老保险政策②,不断完善城郊失地农民的养老保险制度。外山头村村民参加养老保险的情况也伴随地方政策的变化而变化。在 2011 年之前,因保障力度小,尽管村集体做了动员并由集体经济出资一半,但愿意参保的村民数量仍然较少。近年来,随着社会保障制度的改革与创新,近郊村民在参与社会保障方面有了更多的选择,部分外山头村民在工作单位投保了城镇职工养老保险。特别是 2011 年,绍兴市出台了被征地农民一次性补缴养老保险的新政策,保障力度大为增强,极大地调动了村民的参保热情,大部分符合条件的村民都进行了一次性补缴,参与了被征地农民养老保险。目前,95% 以上的村民参加了各种类型的养老保险。另外,由村集体统一缴纳费用,全体村民参加了新型农村合作医疗。

外山头村尽管早已没有耕地、也不再从事农业,但依然是一个村。农村基层实行村民自治,因此村落的公共管理、公共设施建设、公共服务等均由村集体经济负责,经济支出繁杂和庞大。据统计,2012 年全村集体

---

① "三改一拆"是浙江省委省政府于 2013 年提出专项整治和重点工作,"三改"指老旧住宅区改造、旧厂区改造、城中村改造;"一拆"指违章建筑拆除。

② 绍兴市关于被征地农民的养老保险政策主要有:《绍兴市区被征地农民养老保障暂行办法》(绍政发〔2003〕26 号)、《绍兴市人民政府关于进一步完善绍兴市区被征地农民养老保障暂行办法的若干意见》(绍政发〔2004〕42 号)、《绍兴市人民政府关于完善绍兴市区被征地农民养老保障暂行办法的补充意见》(绍政发〔2008〕23 号)、《绍兴市人民政府办公室关于完善绍兴市区被征地农民养老保障暂行办法的通知》(绍政办发〔2010〕183 号)、《绍兴市人民政府办公室关于进一步完善绍兴市区被征地农民养老保障暂行办法的通知》(绍政办发〔2011〕196 号)、《绍兴市人民政府办公室关于调整市区被征地农民养老保险缴费及待遇标准的通知》(绍政发〔2013〕15 号)、《绍兴市区被征地农民养老保障制度并轨实施意见》(绍政发〔2013〕42 号)等文件。

支出近 350 万元。其中，卫生保洁费 30 多万元、水电费 10 万元、4 名村干部工资 20 多万元、3 名村警务室警务人员工资近 10 万元，还有全村有线电视费、新型农村合作医疗费、村民农保支出、村集体福利支出等。

富强村位于浙江省台州市椒江主城区西大门，紧邻 82 省道和台州大道，北靠椒江码头，永宁河穿村而过，交通便利，距离葭沚街道办事处约为 3 公里，离最近的商品住宅小区仅有 400 米左右。

富强村是一个历史久远的小渔村，一度是浙中沿海商贾渔货的集散地，农渔商并兴。新中国成立后，该村曾经是原栅浦乡政府所在地，1992 年，因行政区划变动而取消。富强村现为葭沚街道最大的行政村，全村 950 户，2131 人，分 19 个村民小组。外来人口有 5000 多人，是本村人口的两倍。村集体经济收入 1255.15 万元，农民人均年收入为 11000 元。

该村原有土地 1500 余亩，因公共设施建设和商业开发的需要，从 2002 年开始陆续被政府或企业征用，目前仅剩 200 多亩。从 2003 年开始，村班子顶住压力，把分散的村民承包地集中起来，统一开发。利用自身区位优势，以土地出租或建设标准厂房"筑巢引凤"等方式吸引企业进驻。建有标准厂房近 10 万平方米，土地出租近 100 亩，共引进企业 50 多家，其中规模以上企业有 5 家。

受多种因素影响，富强村有大量的老街老建筑迟迟无法拆迁，统拆统建一直没有推进。从 1995 年开始，该村连续 15 年没有得到建房指标，直到 2009 年，才开始部分的旧村改造，新农村建设难度依然非常大。

目前，富强村村民大部分仍是农村户籍，只有约 200 人因为征地转为城镇户口，但是仍享受村民同等待遇。富强村尚未为村民统一办理养老保险，而选择由村民自愿自主办理。另外，得益于村集体经济的发展，富强村村民享受以下集体福利：女的满 55 周岁，男的满 60 周岁，每人每月发 500 元生活费；村民从出生到 55 周岁，每人每年发 3000 元分红；新型农村合作医疗费用由村集体负担。因为富强村没有统拆统建，当地政府没有给予村民享受失土农民养老保险政策。

富强村在 20 世纪 90 年代初就成立了经济合作社，但是经济合作社并无实质性的运作，也不是一个独立核算的组织单位，而是依附于村委会。而且当时村里也没有集体经济和产业，只是一个应政府要求而建立起来的"空架子"。2003 年成立了富强村实业总公司，村民只是以土地入股，由公司负责村庄土地、厂房以及进驻企业的管理。村委会随之实施企业化运作，成为一种"村企合一"的村级组织。

蒋桥头小区位于浙江省东阳市东郊，隶属于吴宁街道兴平社区，距离所在的吴宁街道办事处以东约 5 公里处，被称为"吴宁的东大门"。东面与兴平社区成家里小区相邻，南邻荷塘社区四联小区，西接卢宅社区，北临东阳江。兴平东路横穿蒋桥头小区，南邻环城北路与 37 省道，交通非常便利。小区下辖蒋桥头、蔡家、新移 3 个自然村，共有 4 个居民小组。2011 年底，小区共 386 户、971 人，耕地 348 亩、山林 44 亩，居民人均收入 11000 多元。

在历史上，蒋桥头是一个独立的村庄，隶属卢宅管辖。随着农村管理体制的改变，卢宅由乡变为镇、变为管理区、变为人民公社等，但蒋桥头的村名始终没有变化。改革开放前，蒋桥头生产大队由 3 个自然村组成，分为 7 个生产小队。1983 年，东阳实行村民自治制度，蒋桥头村因此由生产大队改为村委会，7 个生产小队相应地改为村民小组。1985 年 3 月，卢宅乡合并进吴宁镇，并设东阳县吴宁镇卢宅管理处。1992 年 7 月，属东阳市吴宁镇城东街道办事处。1999 年，蒋桥头实行"村改居"，改称东阳市吴宁镇城东街道办事处蒋桥头居民委员会。2001 年 11 月，吴宁镇被拆分，蒋桥头居委会隶属于新成立的东阳市吴宁街道办事处。2004 年 10 月，当地政府新组建了东阳市吴宁街道兴平社区，蒋桥头被并入兴平社区，成为社区下辖的小区，撤销了居民委员会，但保留了集体合作经济组织和党支部。

20 世纪 90 年代中后期，随着东阳城镇化进程的加快，蒋桥头先后有 43 亩土地被征用，主要用于兴平东路、环城北路等的扩建。2000 年以来，东阳市实施了"北进西延南连东扩"的城市发展战略，金华海关东阳监管点、新的东阳二中等一批市政工程落户蒋桥头，先后有 270 多亩土地被征用，调查时有 300 多亩正在征用协商中。

东阳是建筑之乡，又紧邻义乌，民营经济发达。在 20 世纪 80 年代末 90 年代初，蒋桥头人便"走出去"到农外求生存与发展。除少数六七十岁的老人在所剩无几的可耕地里种种菜外，村里几乎没有农业劳动者。

从 2001 年开始，蒋桥头分三期实施旧村改造，目前已有 90% 以上的居民迁入新居，住上了三层半庭院式别墅，成为吴宁街道乃至东阳市村庄整治的示范村。2007年，小区集体投资1000多万元在集体留用地上兴建了蒋桥头综合楼、文化娱乐中心等，物业经济成效显著。目前，小区集体经济年收入在120万元以上，年终分红2000元/人。

按当地政府的政策规定，蒋桥头小区的医疗保险有两种选择：一种是小区统一办理的，由小区出120元/人/年、当地政府补贴一部分，属于新型农村合作医疗保险；还有一种叫城镇居民医疗保险，个人交260元/人/年，小区不予补助。全小区只有69人选择城镇居民医疗保险，其他人选择了新型农村合作医疗保险。此外，小区的多数居民都办理了失地农民养老保险，40岁以上的居民多数参加了农村社会养老保险，这两种保险均由居民自愿参保、自己支付保险费。

城西新村位于浙江省诸暨市西郊，隶属于陶朱街道。东临诸暨市区，南靠美丽的县龙山脉隧道口，西靠袜业重镇大唐镇，北有绍大线穿村而过，距高速公路出口和火车站3公里。2006年9月，根据当地政府的统一安排实施村庄规模调整，即村庄合并，山下赵、陶朱、桑园陈三个村合并成立城西新村。城西新村区域面积6.555平方公里，全村户籍人口3350人，1121户；外来人口5000人左右，其中办理暂住证的流动人口2200多人。2011年村集体收入50多万，农民人均年收入1.8万元。

2003年开始，城西新村所属三个村庄的土地陆续被征用，目前除少量山地和土地征用时按比例留给村庄开发的留置用地外，土地已经全部被征用。现有村域经济以个体轻纺加工业为主，主要是利用或出租住房开办的织袜等家庭工厂。普遍呈现为一楼厂房或店面，二、三楼住房，"楼下生产、楼上生活"，生产与生活不分的空间格局。

村民住房也分别于2003年和2007年进行了二期拆迁，第一期实行联建房安置，第二期则以公寓房安置。目前，城西新村1121户村民，已有800户左右住房被拆迁并得到安置。其中，山下赵村拆迁安置500户口左右，还有86户没有拆迁，约占20%；陶朱村已拆迁安置25户，还有80%没有拆迁；桑园陈村已全部拆迁安置。总计完成拆迁安置农户约60%，剩余40%将如何实施拆迁安置尚在观望之中。

2007年，城西所村所在的诸暨市被确定为全国农村社区建设实验县（市、区）。诸暨市政府从农村实际出发，规定在原村"两委"的基础上，挂出"社区服务中心"的牌子，由村党支部书记兼任社区服务中心书记，村主任兼任社区服务中心主任，"三块牌子，一套班子"。根据市政府的安排和统一标准，城西新村建立了拥有 2000 平方米场所的村社区服务中心，下设党建工作服务组、生产经营服务组、公共事业服务组、综合治理服务组、社会保障服务组、计生卫生服务组、文化体育服务组 7 个组，各组组长由村主职干部兼任，组下设室、校、队、站，其负责人分别由村"两委"班子成员担任。各组组长、各室（校、队、站）负责人的姓名、联系电话上墙公布，知晓村民，以便联系。由于村干部并非专职，都忙于各自的工作，村集体专门聘请了 2 名退休的老干部在村社区服务中心坐班，为村民提供服务。

日前，城西新村村民依然是农业户籍，故而基本不享受城镇居民的权益和待遇。村集体利用土地征用取得的补偿款为村民缴纳了失地农民养老保险和新型农村合作医疗保险费。2007 年以来，投入了 1500 多万元进行新农村建设，完善村庄公共设施和集体公益事业，耗尽了村集体的公共积累，目前已经负债运行。

大坤头村位于浙江武义县城西南方，南接政府兴建的拆迁安置小区——栖霞花苑，北靠熟溪河，东与中南经济合作社相邻，西临永（永康）武（武义）公路二线。据传，大坤头村最早是在晚清时由熊、谢、吴三姓的族人从江西逃荒到此建立起来的。历史上主要以种粮为主。改革开放之初，当地政府在该村建立蔬菜基地，村民逐渐开始转为菜农。后来，几乎家家户户都从事蔬菜的家庭自主经营，大坤头村因此变成蔬菜专业村。村集体主要依靠 1997 年以来逐步建设的 5000 多平方米简易厂房出租，每年获取数十万元收入，是一个仅 220 多人的小村庄。

全村原有耕地 240 多亩、分散的山地 100 多亩。1990 年代初，政府为建防洪堤，从大坤头村无偿征用了 100 亩左右土地。2003 年和 2010 年，政府又两次在大坤头村低价征用安置房和保障房建设用地。目前，村集体仅剩 40 多亩耕地，还有少量散落而难以开发利用的山地。随着土地被征用，村民们逐渐实现了职业转换，但目前仍有部分老年村民利用剩余的耕地从事蔬菜经营。

从 2008 年开始，规划并启动了旧村改造工程。现已先后完成二期改造，80 多户村民住房得到了拆建。当地政府有意将大坤头村的旧村改造树为典型，给予了诸如允许在大坤头村有房产的非本村居民在旧村改造中以优惠价格购置联建房、允许一定数量的新建住宅实行集体出让等特殊政策，致使该村的旧村改造兼有一定的住房商业开发性质。在旧村改造过程中，有 80 多户非村居民购买了大坤头村的联建房，村集体因此获得了上千万元收益。

大坤头村尽管已经几乎没有耕地，但依然是农业户籍，村民只能享受农村基本养老保险，村集体利用集体收入为全村村民投了新型农村合作医疗保险。由于种种原因，该村尚未参加失地农民养老保险，村庄的公共设施和公益事业相当缺乏。

二　资料的来源

本项研究的资料来源主要有三类：

一是有文字记载的文献资料。大致分为以下几部分：（1）国内外学者的相关研究成果；（2）地方志、族谱、介绍地方经济社会发展情况的相关出版物、新闻媒体和相关网站的介绍和宣传报道等；（3）成文的村规民约和制度章程、户籍资料、工作总结、会议记录、统计报表、通告、各类档案资料等；（4）国家相关法律和法规、各级党政部门下发的文件、领导讲话等；（5）干部和村民的私人记录、民间契约文书等。

二是口述资料。主要来源于在各村庄的田野调查，包括对村干部的个别访谈、对村民的个别访谈、对各级政府官员的访谈、座谈会记录、旁听和观察会议的记录，等等。

三是影像资料。包括摄影和录音资料，在实地调查过程中，课题组收集和拍摄了大量的照片，并对访谈和座谈过程进行了录音。

第四节　核心概念说明

概念是行文造句的基本要素，对概念的一致理解是开展学术讨论的重要前提。在学术研究中，我们时常会碰到不同的学者对同一概念具有不同理解和解释，由此引起学术争论和分歧。[①]　为了便于正确地理解本项研

---

① 卢福营：《能人政治：私营企业主治村现象研究——以浙江省永康市为例》，中国社会科学出版社 2010 年版，第 23—24 页。

究，这里对研究中使用的几个核心概念做简要的说明。

一　近郊村落

本书把近郊村落作为特定的研究对象，因此势必成为研究的核心概念，有必要做出明确的界定与说明。

显然，近郊村落是城郊村落的一种类别，在本项研究中特指处于城镇周边的村、社区或小区。在日常用语和学术研究中，有人也称之为城乡接合部、城市边缘区、城乡交错带等。由于这一区域处于城乡之间，呈现出非城非乡、半城半乡的过渡性特征，国际学术界称之为半城市化地区。[①]

李培林在一项研究中曾将城中村分为三种类型：一是处于繁华市区、已经完全没有农用地的村落；二是处于市区周边、还有少量农用地的村落；三是处于远郊、还有较多农用地的村落。[②] 本书研究的近郊村落主要根据村落所处的地域位置进行界定，大致相当于李培林所说的第二类城中村，即处于城镇周边的村落，但不以是否拥有农用地为标准。由于国家缺乏统一的近郊村落城镇化政策，地方政府根据本地实际，选择了多样化的城镇化政策，致使各地的近郊村落呈现出极不相同的情况。从我们所做的调查分析看，现在的近郊村落集体土地被征用后，或多或少地留有少量土地，但无法以拥有农用地的量为标准来判断是否属于近郊村落。

事实上，村落也是个多义词，在当今中国农村研究中是一个颇多歧义的概念。在目前流行的用法中，主要有三种含义：一是指自然村，即人们聚居的自然村落。二是指行政村，即在行政区划管理体系中，按一定的区域划分设置行政机构而形成的村政单位。三是指村民委员会，即在村民自治体系中，一个村民委员会所辖区域、人口和组织等。[③] 本项研究中发现，现实中的近郊村落远比我们想象的复杂。由于近年来，一些地方政府推行了村庄规模调整等改革和创新，原来多个村委会或行政村合并为一个新的村落。例如，诸暨的城西新村就是典型一例，它是 2006 年由三个村庄合并

---

① 王开泳等：《半城市化地区城乡一体化协调发展模式研究——以成都市双流县为例》，《地理科学》2008 年第 2 期。

② 李培林：《村落的终结——羊城村的故事》，商务印书馆 2004 年版，第 7 页。

③ 卢福营：《能人政治：私营企业主治村现象研究——以浙江省永康市为例》，中国社会科学出版社 2010 年版，第 25 页。

成立的新村落。有的村落实行了村改居，尽管在事实上依然按农村单位运作，但在法律意义上村已经转变为了社区或小区。有意思的是，各地政府在实施村改居过程中选择了一些不同的模式和做法，导致了近郊村落的单位变迁呈现出多样性和复杂性。比如，杭州的头格社区、金华的陶朱路村社区等是由原来的村组织整体转变为城镇社区组织，一村变为一社区，党组织、基层群众自治组织、集体合作经济组织基本上只是相应地改变了一个名称，村落或社区的地域、成员、经济边界较为稳定和清晰。杭州的大塘、良户社区则不同，在拆迁安置中，根据村民住宅拆迁安置的批次不同，原村民被分割安置于多个拆迁居民集中安置房小区，并与其他村或社区的居民相混合，由此形成了社区组织与集体经济组织之间边界不一的错杂现象。东阳的蒋桥头村则与其他村庄合并成立了兴平社区，村改为以小区命名。改为蒋桥头小区后，原有的村集体经济合作社组织继续保留，并成立了相应的党组织，独立自主地开展基层群众自治、集体经济经营管理和社区公共服务等活动。可见，在过去几十年的城镇化进程中，近郊村落已经变成为一个异常复杂、多样的社会共同体。在本书中，近郊村落是对处于城镇周边的村、社区或小区所辖地域、人口和组织等构成的社会共同体的总称。

二　城镇化

城镇化一词的使用显然晚于城市化概念。从一定意义上说，城镇化是中国学者根据中国特色城市化道路和实践而创造的一个新词汇，是城市化概念的"中国化"表述。据考证，1991年，辜胜阻在《非农化与城镇化研究》中最早使用并拓展了城镇化的概念，在后来的研究中，他力推城镇化概念，并获得一批颇有见解、影响较广的研究成果。

然而，对于城镇化概念，至今尚无统一的界定。应当说，城镇化是一个历史范畴，也是一个发展中的概念。党的十五届四中全会通过的《关于制定国民经济和社会发展第十个五年计划的建议》正式采用了"城镇化"一词，首次在最高官方文件中使用"城镇化"。在近年党的一系列相关文献中，进一步强调了中国城市化进程的特殊性，以及"城镇化"概念对于中国城市化的意义。

顾名思义，城镇化就是农村社会转变为城镇社会的历史过程。对于这一社会转变过程，不同学科可能会做出不同的关注。比如，人口学侧重于人口的地域转换，将城镇化视为"农村人口不断向城镇转移的一个人口地域转换过程"①；经济学更多地关注产业转移和集聚，把城镇化理解为第二、第三产业不断向城镇聚集的过程；地理学似乎更为关注城镇数量的增加和规模扩大；社会学则强调社会结构的变迁和社会生活方式的转换。可见，城镇化具有多元性，是一个综合的社会变迁过程。有人认为，城镇化"是化工、化人、化境共同发展的有机统一"②。

　　作为一个社会变迁过程，城镇化不应当是农村社会某一方面或某一领域的改变，而是一个复杂系统的社会整体变迁过程；不仅是一个城镇数量与规模扩大的过程，同时也是一种城镇结构和功能转变的过程；不只是表现为城镇人口和城镇数量、规模的增大，而且表现为城镇经济社会现代化和集约化程度的提高，以及随着人的生活空间和职业的转换而引发的生产方式与生活方式的演变。主要包括：（1）农村人口向城镇转移的过程；（2）第二、第三产业向城镇聚集发展的过程；（3）城镇数量和空间扩张及其引发的地域性质和景观转化过程；（4）城镇生活方式和城镇文化的扩散和传播过程。

　　从国内外城镇化实践看，人们习惯地以城镇人口在人口总数中的比例来测量城镇化率，衡量城镇化水平，把农村人口向城镇的转移视为城镇化的核心。然而，转移到了城镇未必表明就是完成了农民的城镇化过程，目前中国大量的转移农民并未真正实现市民化。根据中国城镇化实践，农民的市民化是一个极为特殊、非常复杂的社会转变过程。大致包含三方面：第一，身份转换。农民逐渐实现职业身份、社区身份、户籍身份等多重身份的转换，完成由农业劳动者到非农劳动者、由"乡下人"到"城里人"、由农村户籍到城镇户籍的转变。第二，权利同化。在身份转换的基础上，通过外部赋权，特别是政府的政策调整和管理创新，转移到城镇的农民逐渐脱离原有的农村和农民权利体系，而被纳入新的城镇和市民权利体系，享有与原城镇市民同等的权利和待遇，逐渐实现由农民权利待遇到市民权利待遇的转变。第三，城镇认同。在身份转换和权利同化的同时，通过多元互动、外部赋能和自身增能，进城农民逐渐适应城镇文化，融入城镇生活，获得城镇认同，成为"合格"的城镇居民。进城农民的城镇

---

①　辜胜阻：《非农化与城镇化的理论与实践》，武汉大学出版社1993年版，第1页。

②　卞华舵：《主动城市化——以北京郑各庄为例》，中国经济出版社2011年版，第19页。

认同是双向性的：一方面是自我认同，即他们在主观上愿意认同城镇，且自认为已经是城镇市民；另一方面是他者认同，即进城农民在客观上得到了城镇政府、城镇组织和原城镇居民的普遍认同，已经习惯地把他们视之为城镇市民。从一定意义上说，身份转换是农民市民化的基础，权利同化是农民市民化的关键，城镇认同则意味着农民市民化的完成。①

三　边缘化

边缘化是本项研究的主题。对于边缘化概念，人们有不同的用法和理解。先搞清"边缘"一词的含义，或许会有助于我们对边缘化的理解。在《现代汉语大词典》中，对"边缘"一词有两种解释：第一解释为"沿边的部分"；第二解释为"靠近界线的；同两方面或多方面关系的"。② 相应地，边缘化概念在当下主要有两种用法：一是指处于某个事物或体系的边沿位置和外围非核心地位，远离中心，被主流所排斥，所不包容。有人干脆解释为非中心、非主流。二是指介于两个或多个事物、体系之间，与两个或多个事物、体系相联系，呈现出临界性、多栖性。

综观边缘化的理论研究，社会科学界最主要地聚焦于城镇化进程中出现的各类边缘化现象。

一是从互动的视角研究事物的"两栖性"、"过渡性"状态。认为边缘化是指介于两种事物或体系之间，既被两者分割，又与两者关联的状态。最具代表性的是芝加哥学派对城镇化进程中出现的"边缘人"研究。他们认为："'边缘人'是适应与同化之间的过渡，他们是从原来的文化群体中出来的人，被两个世界分割，受这一分割的煎熬。但他们同时也是两个群体、两个社会的接触点。"③ 既被两个世界分割，又与两个世界关联的"边缘人"，容易产生角色冲突、心理失衡，并形成游离于社会主流文化之外的"亚文化"。

二是从排斥的视角研究事物的"边沿化"、"弱势化"状态。认为边缘化是指远离体系中心，脱离或排斥于特定社会体系，处于边沿地位或弱

---

① 卢福营：《边缘化：近郊村民市民化面临的问题》，《东岳论丛》2013 年第 6 期。

② 中国社会科学院语言研究所词典编辑室：《现代汉语大词典》，商务印书馆 1985 年版，第 64 页。

③ ［法］阿兰·库隆著：《芝加哥学派》，对立彬译，商务印书馆 2000 年版，第 47 页。

势境地。最具代表性的是南美学者对失地农民边缘化的研究。19 世纪 30 年代以来，南美国家在工业化、城市化进程中，出现了大批失地农民涌入城市的现象。然而，城市经济却难以承受失地农民的涌入，致使他们只能生活在城市外围的贫民窟，既无法找到正规的工作机会，也无法享受到城市公共服务设施带来的便利，而且因为经济地位极其低下，无法参与到城市的政治进程当中，呈现出边缘化的态势。南美学者认为"边缘化"往往发生在现代化进程中，由于现代化进程的不平衡、不同步，致使一部分人、地区和团体脱离了现代化的进程，或者说很难跟得上现代化的进程，只能处于"边缘化"的地位。①

　　两种视角主要是基于结构主义的静态分析，在城乡二元关系的分析框架下分别对城市化进程中移民群体的边缘化现象做出了深入研究。近年来，国内的一些学者借鉴和运用国外边缘化理论，陆续对失地农民的边缘化、进城农民工的边缘化等做了初步研究，取得了一定成果。但研究近郊村落城镇化变迁中出现的边缘化问题的成果较为少见，忽略了城镇化这一最重大最基础的社会变革对于近郊村落社会变迁的特殊影响。

　　本书研究的城镇化进程中近郊村落边缘化，特指近郊村落逐渐远离农村社会中心和主流，进入城镇社会，但又未充分融入城镇社会的状态。事实是近郊村落从农村社会到城镇社会转变的过渡性阶段和状态。根据实践分析，近郊村落城镇化过程中的边缘化表现为独特的"多重边缘化"：首先，近郊村落已经部分地进入了城镇社会体系，且尚未充分纳入城镇社会，介于城乡两种社会体系之间，呈现出"似城非城、似乡非乡"，又"亦城亦乡、非城非乡"的两栖化特点。其次，近郊村落不仅在地理位置上处于农村边沿地位，而且正逐渐地脱离农村社会体系，消减农村社会特征，向着背离农村社会中心和主流的方向发展，成为农村社会的非主流。最后，近郊村落不仅在空间上位于城镇周边地区，而且刚刚进入城镇社会，正在逐渐地吸纳城镇社会因子，获得城镇社会属性，但还没有能够完全融入城镇社会，没有被城镇主流社会所包容，受到了城镇主流社会的排斥。本项研究将对上述边缘化现象做出初步系统的分析，但会把关注点更多地聚焦于近郊村落的"城乡两栖化"特征。

---

① 江时学：《边缘化理论评述》，《国外社会科学》1992 年第 9 期。

上篇　总体分析

第一章　近郊村落的城镇化

作为农村社会向城镇社会的转变过程，城镇化不仅具有多元性的内涵，而且具有多样性的区域变迁路径。由于城镇化环境和城镇化主体的差异，不同国家、不同区域的城镇化势必呈现不同的路径选择。同理，不同的农村区域或村落在城镇化过程中也可能呈现出多样性的路径和方式。近郊村落作为离城镇最近的农村区域，在整个城镇化过程中居于极其特殊的地位，面临非同一般的环境，拥有不可类比的功能，由此决定了近郊村落城镇化的特殊性。

第一节　近郊村落城镇化的过程

所谓过程，简单地说，就是事情进行或事物发展所经过的程序。过程分析意味着对事物发展或事情经过的一种历时性考察。一般而言，过程分析大致可分两种方式：一种是对事物发展或事情经过做历时性的事实描述，在此基础上做出相应的经验总结；另一种是依据事物发展或事情经过的客观事实，分析和提炼出事物或事情发展的演变轨迹和变迁程序。这里主要依据对浙江9个近郊村落的调查，对近郊村落城镇化的变迁轨迹做初步的梳理。

调查发现，对于一个近郊村落而言，要明确其城镇化的过程起始于何时？以什么事件为标志？似乎是一项极其困难的事情，农村干部和群众均无法做出清晰、准确的回答。然而，这并不意味着近郊村落城镇化的过程分析缺乏可行性。从各村呈现的城镇化事实中，依然可以发现近郊村落城镇化变迁的大致轨迹。

从我们调查的9个村落观察，近郊村落城镇化基本可以20世纪90年代为界，宏观地分为两个时期：

一　村民个体的主动城镇化时期

改革前，中国实行僵硬的城乡二元体制，城镇与农村被严格地区隔在两个社会体系之中，特别是农村社会是农民聚居的社会共同体，世代从事着同样的农业生产。尽管部分近郊村落主要地以蔬菜种植经营为主业，从事着农商兼业型劳动，主要为城镇居民生活提供服务，但依然是农村社会，不属于城镇社会的构成部分。除极个别近郊村民通过参军、招用土地征用工等改变身份实现市民化外，很少有获得逾越体制束缚与限制的机会。同时，由于城镇化进程迟缓，很少有近郊村落被吸纳到城镇范围。

农村改革特别是农业家庭承包经营制的推行，极大地调动了农民的农业生产积极性，致使长期隐匿于集体农业劳动中的大量农村剩余劳动力显性化，形成了一股强大的向农外流动的势能。于是，在广大农村地区出现了乡镇工业的崛起，吸纳了大量的农村剩余劳动力。而对于近郊村落来说，农村剩余劳动力的转移更多地表现为伴随着城镇流动政策的开放主动地进入城镇从事第二、第三产业。

从调查的情况来看，最早进入城镇务工经商的近郊村民，主要是一些具有一定文化知识、非农技能或经营管理能力的年青村民。当初，因为家里还有一份承包田，他们往往早出晚归。白天在城镇工作，晚上回村里生活，工作地与居住地相分离。时常还需要利用清早和傍晚的工余时间，料理自己的承包田，其实从事着兼业型的劳动。从一定意义上说，这些近郊村民应当是最早流入城镇的农民工群体。借助于这种形式的乡城型流动，少量近郊村民部分地完成了非农化、市民化过程。但从一个社会共同体的整体看，近郊村落并未因此而实现城镇化。正是在此意义上，我们称之为近郊村民个体的主动城镇化时期。①

---

①　卞华舵指出农民个体主动城市化的主要发展路径是个体农民通过上学、参军、打工、从事个体工商业活动等方式进入城镇，实现自身生活水平的提高，进而逐步在思想意识和行为方式等方面摆脱农民的传统习惯，向市民化转变。参阅卞华舵《主动城市化——以北京郑各庄为例》，中国经济出版社 2011 年版，第 60 页。

二　村落整体的被动城镇化时期

调查发现，近郊村落的迅速城镇化基本起始于 20 世纪 90 年代。20世纪 90 年代以来，尽管近郊村民个体的主动城镇化过程并未结束，但总体而言，这一时期的近郊村落城镇化主要地表现在村落整体层面，更多是由地方政府推动的被动城镇化。

从一定意义上说，20 世纪 90 年代以来的近郊村落城镇化是在特殊的社会背景下产生的。近郊村落的城镇化进程无疑有村民主动寻求职业转换和城镇化的推动。在城乡分割的二元体制下，城乡居民的权利和待遇存在着明显的差异。受利益驱动，以及地处近郊的地理便利和空间优势的影响，在国家政策允许和鼓励农民流动的背景下，近郊村民特别是其中的年轻人主动脱离农业经营，到城镇务工经商，追寻其"市民梦"，一定程度地推动了近郊村落城镇化进程。

然而，历史地看，20 世纪 90 年代以来的近郊村落城镇化主要是城镇空间扩张的结果，突出地表现为政府推动的城镇化过程。在推动近郊村落城镇化进程的实践中，各地政府采取了一系列公共政策行动。集中地表现在：土地征用、房屋拆迁安置、户籍改革（"农转非"）、撤村建居、社会保障制度创新等。尽管上述项目的实施情况在不同的近郊村落有所不同，各地政府的城镇化具体政策也有所差异，但总的来说，近郊村落正是随着这些公共政策和政府行动的展开而逐渐地"被城镇化"。正因为如此，形成了当前中国近郊村落被动城镇化过程的特殊变迁轨迹和逻辑程序。

20 世纪 90 年代以来的近郊村落城镇化过程，大致分以下环节和步骤：

第一步：村落土地的城镇化。随着城镇经济社会的发展，原有城镇空间已经无法容纳经济社会进一步发展的需要，因此势必需要向近郊村落征用土地，实施城镇空间的扩张。从调查的 9 个村落看，浙江各地政府规模性地征用近郊村落土地开始于 20 世纪 90 年代初。为了城镇经济社会的发展，各地政府致力于各种类型的开发区、城市新城、工业园、商住区、经济适用房小区等的建设，批量征用近郊村落的土地，改变其农用地性质，转而实施非农开发利用。正是在通过地方政府的土地征用，近郊村落的土地率先实现了城镇化。据调查，杭州市良户社区的土地批量征用开始于

1992 年批准的杭州之江国家旅游度假区建设，1200 多亩土地被分批征用。杭州市头格社区的土地征用启动于 1993 年批准建设的杭州下沙经济技术开发区，目前社区仅剩 100 亩左右土地。杭州市大唐社区的土地征用则起始于 20 世纪 90 年代初的城北私营经济园区和居住区开发建设，2500 多亩集体土地目前仅剩 400 多亩。金华市区的陶朱路村社区的土地征用最早始于 1982 年，某国营公司因仓库建设需要征用该村 10 亩土地，当初只是零星的单位征用。批量的土地征用则起始于 20 世纪 90 年代以后的乡工业区开发，特别是 2000 年金东新区建设催生了大量的土地需求，陶朱路村社区的土地迅速地被政府征用。迄今已经被征用 1300 多亩，仅剩 400 多亩。台州的富强村从 2002 年开始土地陆续被政府和企业征用，原有 1500 多亩土地仅剩 200 多亩。村集体对现有土地进行了自主开发，通过建设标准厂房或出租土地等方式引进企业，发展非农经济。绍兴的外山头村自 20 世纪 90 年代以来 800 多亩耕地因市政道路建设和绍兴文理学院扩建的需要而被征用，仅剩 50 余亩。东阳蒋桥头的集体土地随着城市扩张，于 20 世纪 90 年代中期开始被政府征用，主要用于一些市政工程和公共设施建设。先后被征土地 400 多亩，调查时尚剩的 300 多亩土地正在征用商谈之中。诸暨城西新村的土地于 2003 年开始被征用，除按政府规定留置的集体开发用地和少量山地外，集体土地已经全部被征用。武义县大坤头村的土地在 20 世纪 90 年代后陆续被政府征用，主要用于防洪堤建设和经济适用房建设，目前仅剩 40 多亩集体耕地。可见，调查的 9 个近郊村落，批量的土地征用都发生在 20 世纪 90 年代以后，集体土地先后被地方政府征用，用于城镇公共设施建设和非农商业开发，目前已经基本完成土地的城镇化过程。

第二步：村民职业的非农化。村民从农业劳动者到非农劳动者的职业转换无疑是近郊村落城镇化的重要内容。然而，相对于土地城镇化而言，近郊村民的非农化过程要复杂得多。从一定意义上说，近郊村民的非农化既是一个被动的过程，又是一个主动的过程。一方面，由于近郊村落的集体耕地逐步地被政府征用，村民因此失去了农业经营的生产资料，被迫实现职业转换，由此表现出职业转换的被动性；另一方面，由于地方政府在征用近郊村落集体土地的过程中，未能同时对失地的近郊村民做出工作安排，近郊村民只能依靠自己的力量实现职业转换，从而呈现出特定意义上的主动性。事实上，基于农业比较利益低的客观现实，在政策允许的背景下，近郊村民主动寻求相对利益更高的非农职业过程早在 20 世纪 90 年代以来的土地城镇化前就开始了，而且始终在进行着。

从目前从事的职业来看，近郊村民有的进城务工，有的自主经商办厂，有的经营家庭物业，还有一些甚至赋闲在家。总体而言，由于无地可种，除极个别年龄较大的老年村民依然以种蔬菜等农业经营为生外，近郊村民基本不再从事农业生产经营，大多已经成了非农劳动者。

从 9 个村落的城镇化实践来看，近郊村民失去土地后的职业转换基本是市场化的结果。近郊村落集体土地被政府征用后，政府根据相关政策给予了一定的地价补偿，但没有提供相应的劳动力补偿和针对性的职业转换服务。而是采取放任政策，由村民自主进入非农劳动力市场参与就业竞争。由于没有纳入城镇劳动力市场和就业服务体系，因而缺乏就业保障和就业服务。在现有政策背景下，近郊村民在长期农业生产经营中积累的技能和劳动力因为土地被征用而失去了赖以结合的生产资料，因此处于特定意义上的"失能"状态。同时，近郊村民本来缺乏非农技能，失去土地后基本是以一种"无能"或"弱能"的非农劳动力被迫参与非农就业市场的"平等"竞争。从这个意义上说，在职业非农化过程中，近郊村民具有自身的独特性，而且明显处于边缘化状态。

第三步：人居环境的似城化。房屋拆迁安置是推进近郊村落城镇化的重要公共政策项目之一。在城镇建成区内的市民房屋拆迁，政府通常依据市场化的城镇居民住房政策原则，采用一次性货币化补偿，或货币补偿〔回迁安置的政策。与此不同，政府出于经济成本等因素的考虑，在近郊村民房屋拆迁过程中选择了非市场化策略，大多采取"低房价补偿（集中安置（公建分配或自建住宅（一般根据农村居民住宅标准）〕"的方式。① 有的就地规划改造旧村庄，按农村居民住宅标准审批宅基地，由村民自建或集体筹资统一建设新村社区。比如，东阳蒋桥头小区、武义大坤头村、诸暨城西新村等县级城镇的近郊村主要采取这类住房改造方式。村民住宅由集体统一规划，按农村住宅标准给予村民宅基地，由村民自建或集体统建，大多选择别墅式集中居住区模式。虽然有的村落村民住房拆迁

---

① 卢福营：《边缘化：近郊村民市民化面临的问题》，《东岳论丛》2013 年第 6 期。

安置工作尚未完成，但从现有的实践看，整个过程显得相对平稳。有的统一建设安置社区，根据农村居民住宅标准进行住房分配，对被拆迁的近郊村民实行集中安置。在政府强势推进下，拆迁安置工作得到了较为"有序"的推进。其中，有的以村为单位，整体性地拆迁安置。如杭州的头格社区。有的则根据城镇空间扩张的需要，打乱村落界限，分批拆迁分批安置于不同居住区。比如，杭州的良户社区、大塘社区。有意思的是，地处地级城镇的 3 个近郊村落无一例外地在村民住宅拆迁安置过程中遭遇到了困难，迟迟未能有效地推进住房拆迁安置工作，迄今没有完成村民住宅城镇化过程。

　　总的来说，由于政府加强了近郊村落居民住房建设的规划和管理，实施了独特的房屋拆迁安置政策，并结合拆迁安置对近郊村民的居住环境和景观进行统一规划和建设。如此，近郊村落因房屋拆迁从根本上改变了传统的乡村居住环境和散乱的居住模式，形成了近郊村落统一、集中、整齐、有序的新居住区格局。但是，近郊村民住宅和居住区的建设、管理未能完全融入城镇市民居住体系，在建筑容积率、基础设施、环境卫生、景观设计、公共服务等众多方面呈现出不同于城镇住宅和居住区的特点，从规划和建设上，普遍低于原城镇居民小区和商住区的标准。同时，近郊村民在长期的家居环境中形成的习俗一时难以根本改变，部分近郊村落的拆迁安置尚未完成等，致使近郊村民居住区出现了一些杂乱的景象。

　　此外，伴随着村落被征用土地的开发，近郊村落的村域内形成了诸如宽阔的道路、整齐的厂房、高大的商场、成片的商住楼和写字楼，以及各式各样的公共设施等大量城镇建筑。独特的近郊村民居住区与周边的城镇建筑相结合，形成了一种奇特的建筑和景观格局。这种"是城"而又"非城"的建筑和景观格局构成为近郊村落特有的人居环境，也成了近郊村落的显著"标志"。

　　第四步：户籍身份的"农转非"。户籍是区分城镇居民与农村居民身份的最关键标志。新中国成立以后，因种种原因中国实行了严格的户籍制度，将全体中国人分为农业户与非农业户两类户籍，分别实行不同的管理体制。由于一系列的权益和待遇被附着在户籍之上，致使两类户籍人员的权利与待遇存在着巨大差异，赋予了城镇居民远高于农村居民的权益和待遇。这种制度区隔，使城镇居民与农村居民成为两个具有显著差异的阶层。在城乡分割的二元经济社会体制下，因户籍之上附着了众多权益和待遇，致使农业与非农业的户籍界限构成了一道难以逾越的鸿沟。在一定意义上说，获取非农户籍曾经是广大农民的"梦想"。

农业户口是传统中国农民的主要特质之一，也是确定中国农民身份和权益的主要依据。在城镇化进程中，随着村落集体土地被征用，村民实现了职业转换，村民的家庭住房被拆迁安置，一些地方政府陆续地推动近郊村民户籍的"农转非"。试图借助改变近郊村民的户籍身份，推进近郊村落的城镇化进程。在调查的9个近郊村落中，有6个村落的村民全部或部分地办理了户籍的"农转非"

然而，在当下近郊村民"农转非"的实践中，改变的只是户籍登记的类别和形式，却没有赋予近郊村民相应的城镇居民权益和待遇。只是在提高城镇化率时，这些"农转非"近郊村民为国家和政府做出了特殊贡献。应当肯定，在近郊村落城镇化过程中，地方政府针对近郊村民出台了一些诸如失地农民养老保险、失地农民劳动技能培训之类专门性社会政策。但是，除此之外依然基本保留农村社会政策和社会福利，如农村基本养老保障制度、农村最低生活保障制度、新型农村合作医疗制度，等等，而不是实施城镇居民的社会保障制度，让他们享受同等的城镇居民权益和待遇，相反，近郊村民有可能因为户籍的改变而失去原有农业户籍成员的权益。如此，一方面，近郊村民在缺乏自主选择权的背景下，完成了户籍登记的"农转非"，成了形式上的城镇人口；另一方面，转变了户籍身份后的近郊村民依然不能同等地享受城镇居民的权利和待遇。正是基于这一系列的生活实践经验，出现了一些近郊村民"不愿意做市民"[1]、"不知道自己是农民还是市民"的现象。

第五步：基层管理的"村改居"。从20世纪80年代开始，中国普遍推行中国特色社会主义基层群众自治制度。在农村实行的是村民自治制度，在城镇实行居民自治制度。两种基层群众自治尽管具有相同的原则，但也存在着一些差异。特别是在基层治理实践中，表现出明显不同的组织结构和运行机制，也导致极为不同的治理绩效。

---

① 毛丹，王燕锋：《J市农民为什么不愿做市民——城郊农民的安全经济学》，《社会学研究》2006年第6期。

近年来，地方政府把"撤村建居"作为推进近郊村落城镇化的一项重要政策行动。即对一些纳入城镇范围的近郊村落实施组织重构，撤销原来农村基层社会管理体系下的村委会建制，改为城镇基层社会管理体系下的居委会建制，简称"撤村建居"或"村改居"，意在适应近郊村落城镇化的要求和基层社会新环境下的管理需要。本项研究的 9 个近郊村落，有 5 个完成了"撤村建居"工作，在形式上已经成为城镇居民自治体制下的治理单元。但在具体的实践运作中，5 个"撤村建居"近郊村落的做法有所差异。东阳的蒋桥头村在"撤村建居"过程中，与其他村庄合并建立了一个居委会，蒋桥头则只是居委会下属的一个小区，但保留了党支部、集体经济合作社组织。杭州的大塘、良户社区，则在"撤村建居"中撤销了原村委会和党支部，并实行了成员重组。重新组建的居委会下属的居民已经不再是原有村民，而是由按居住区划分的部分原村民与部分邻村村民的结合。但依据原有村民的经济关系，保留了集体合作经济组织。杭州的头格村、金华的陶朱路村则主要是将原村委会改为社区居委会，相应地，村党支部改为社区党支部，村集体经济合作社改为社区集体经济合作社。

实证表明，城镇化进程中的"撤村建居"行动主要表现为改变基层组织的名称，大多未对基层组织的职能和权限等做出重大调整，改名后的近郊村居委会所扮演的实质是村委会角色，并按农村村委会选举的要求进行换届选举。近郊村落的管理机构所管理的主要是原有村民和村庄的事务，对于其管辖社区范围内其他单位的事务一般不予过问。如此，与传统城镇社区管理形成了明显的区别，事实是一种表象性、形式化的居民自治。

事实上，相关法律和政策也没有赋予近郊村落基层组织自主管理社区内其他单位事务的权利，近郊村落居委会等基层组织和干部也不享受城镇基层组织及其干部的权利和待遇。此外，近郊村社区的管理工作也难以得到地方财政的支持，至少不能享受城镇基层社会管理的同等支持，在很大程度上需要依靠集体经济组织提供重要的财政支持。一句话，近郊村落已经在形式上脱离农村基层社会管理体系，但尚未真正纳入城镇基层社会管理体系。

宏观地分析，地方政府针对近郊村落采取的城镇化政策行动，在推进中国城镇化进程方面做出了不可否认的贡献，但无疑存在着一系列局限。从一定意义上说，这种在城乡分割二元体制背景下所做的近郊村落城镇化政策和政府行为选择，表现出明显的城镇偏好倾向，对近郊村落造成了不同程度和不同形式的权利侵害，并导致了独特的近郊村落边缘化现象。

鉴于当下政府行为在近郊村落城镇化的特殊影响，促进近郊村落城镇化的关键在于政府的角色转换和行为转变。各级政府应当转变城镇化观念，根据城乡一体化的要求，以及城镇居民与农村居民平等的原则，公平、公正地有序推进近郊村落的城镇化进程。同时，伴随着近郊村落城镇化进程的推进，村民群众势必会逐渐改变其生活方式、行为习惯、思想意识等，成长为真正意义上的城镇市民。相应地，近郊村落也将逐渐获得城镇社会的认同，最终融入城镇社会体系，构成为城镇社会的一部分。

第二节　近郊村落城镇化的水平

城镇化水平的度量是中国城镇化研究最棘手的问题之一，其实质是一个城镇化概念的操作化定义问题。在习惯上，一般以城镇人口在总人口中的比重作为衡量一个国家城镇化水平的指标。[①] 然而，不同时期不同国家的城乡划分标准千差万别。辜胜阻等研究认为，根据国际经验，城镇化的定义有 6 种类型：人口规模型、行政区划型、人口规模 + 非农人口比重型、人口规模 + 人口密度型、城镇基础设施型、复合型等。[②] 可见，城镇化水平的度量没有一种统一的国际化标准可供选择，人们可以选择多种标准度量和研究城镇化水平。比如，根据有关部门公布的数据，2012 年，中国的城镇化率达到了 52.57%。但有学者明确指出其中还有 17% 没有融入城市，存在着城镇化的虚高问题。[③]

那么，应当如何度量近郊村落的城镇化水平？本项研究中调查的各个近郊村落的城镇化水平到底如何？这里结合中国近郊村落城镇化的实践做些分析。

---

① 辜胜阻、简新华：《当代中国人口流动与城镇化》，武汉大学出版社 1994 年版，第 261 页。

② 辜胜阻：《非农化及城镇化理论与实践》，武汉大学出版社 1993 年版，第 159—160 页。

③ 陈耀：《注重提升城镇化建设的品质》，《中国社会科学报》2013 年 7 月 1 日，B04 版。

一　近郊村落城镇化水平的度量标准

调查表明，20 世纪 90 年代以来，浙江各地均进入了近郊村落城镇化迅速发展阶段，成为提升国家城镇化总体水平的一个重要因素。调查的 9 个村落无一例外都是在 20 世纪 90 年代以后借助地方政府的推动而进入快速城镇化阶段。然而，由于各地政府对近郊村落城镇化的推动力度不一，特别是在推动特定近郊村落城镇化过程中所采取的具体行动不同，导致近郊村落的城镇化水平呈现出明显的非均衡性。

我们认为，城镇化不应当只是人口的非农化，或者是城镇人口比例的增加，而是一个复杂的社会综合变迁过程。城镇化作为一个农村社会向城镇社会的转变过程，不仅仅是农村人口的职业转换、人居模式的改变，而且涉及生产方式和生活方式的转变，以及行为模式和思想观念等多个层面的深刻变化。据此，城镇化水平的度量需要建构一个综合性的指标体系。近郊村落的城镇化更是一个特殊的城镇化过程，不宜简单地照搬度量城镇化水平的一般标准，需要将城镇化的一般经验与当下中国近郊村落城镇化的现实实践结合起来，设定一套具有针对性的特殊度量标准。

根据我们调查所获资料分析，本项研究初步选择以下核心指标作为度量近郊村落城镇化水平的重要指标。

（1）经济结构的非农化水平。城镇化首先意味着村域经济的非农化和村民职业的非农化。在近郊村落的城镇化进程中，上述两项变迁主要是通过村民个体主动务工经商，以及地方政府征用村落集体土地实施非农开发利用而实现的。村落经济结构的非农化水平，主要有以下两项度量指标：一是村域经济的非农产值量及其在村域生产总值中的比重；二是居民从事非农职业的人数及其在总劳动力中的比重。

（2）人居模式的城镇化程度。在人们眼里，二元体制下的传统城乡社会之间，建筑形态、景观格局、公共设施等存在着明显的差异，由此形成了城乡有别的两种人居模式。近郊村落的城镇化无疑意味着其人居模式的转变。在实践中，近郊村落人居模式的转变主要是借助于地方政府推动的旧村改造或村民房屋拆迁安置而实现的。因此，我们以近郊村落的旧村改造或房屋拆迁安置的进展状况为度量人居模式城镇化程度的指标。

（3）户籍居民的身份转变情况。在中国城乡二元分割体制下，户籍身份是界分农民与市民的关键性指标。从户籍登记和法理意义上说，个体户籍身份的"农转非"也就意味着其由农民转变为市民。习惯上，人们往往以城镇户籍人口数为度量城镇化率的主要指标。在中国现行的管理体制下，户籍身份上附着有一系列的权益和待遇，致使农民与市民成了两个具有明显等级差异的社会阶层。长期以来，许多农村人口以获得非农户籍身份为重要的人生追求，甚至不惜付出重大代价。在近郊村落的城镇化过程中，村民户籍身份的转变主要是通过地方政府推行的"农转非"特殊行动。从实践观察，其实质只是户籍登记意义上的"农转非"，被转变为非农户籍的近郊村民仍然不能完全享有原城镇市民的权益和待遇。但是，无论如何，近郊村民户籍身份的转换都应当是度量城镇化水平的一项重要指标。

（4）基层管理的模式转换状况。当下中国的城乡基层社会管理服务选择了不同的模式，在城镇实行社区居民自治和街道行政管理，农村的村庄则实行村民自治和乡镇行政管理。在法理上，虽然城乡都实行基层群众自治，但在实际运行中存在着巨大差异。对于城镇社区，政府几乎包揽了公共设施建设和提供公共服务的责任。对于农村，似乎真正由村民自我管理、自我教育、自我服务，地方政府基本不负责村庄的公共设施建设和公共服务工作，村民自治的费用基本由村集体经济承担。此外，村集体和村民还需要无偿地完成政府下延到村的一系列任务。因此，基层管理服务模式的转换应当是近郊村落城镇化的应有之义。在近郊村落城镇化实践中，基层管理服务模式的转换主要表现为"撤村建居"（或叫"村改居"）。故此，以是否"撤村建居"作为度量近郊村落城镇化的一项指标。然而，由于各地政府推行的"撤村建居"改革存在着较大差异，相关近郊村落的基层管理服务模式因此而呈现出不同的情状。总体而言，各近郊村的"撤村建居"主要停留在形式和表象上，实践中基本还是依照农村基层管理服务的模式运作，故而在度量近郊村落城镇化水平时，我们不仅要看是否"撤村建居"，而且还要看村落管理服务的客观事实。

（5）户籍居民的社会保障情况。在二元社会体制下，城乡居民分别实施两种权利体系，特别是在社会保障和福利服务上存在着巨大差异，深刻地影响着城乡居民的生活方式、行为习惯和思想观念。近郊村落的城镇化内在地包含着村民的权利同化。也就是说，在身份转换的基础上，通过外部赋权，特别是政府的政策调整和管理创新，近郊村民逐渐脱离原有的农村和农民权利体系，而被纳入新的城镇和市民权利体系，享有与原城镇市民同等的权利和待遇，即同城同等权利待遇。权利同化实质就是近郊村民逐渐实现由农民权利待遇到市民权利待遇的转变，事实是一个逐渐被赋予更多权利和待遇的过程。① 由于城乡权利体系较为复杂，而且在当下的近郊村落城镇化实践中权利体系的转变过程相对滞后，目前主要停留在极为有限的社会保障政策创新上。故此，本项研究从实际出发，选择以居民的社会保障情况作为度量近郊村落城镇化的一项指标。

应当肯定，生活方式、社会角色、文化价值等层面的转变都是城镇化的重要内容。然而，这些内在性因素较为复杂，而且其转变是一个渐进的过程，难以以此确定城镇化水平的度量标准，故而暂且不做考虑。需要声明的是，本书不做研究，并非意味着这些因素对于近郊村落的城镇化不重要。

二　9 个近郊村落现有的城镇化水平

依据以上近郊村落城镇化度量标准的建构，对被调查的 9 个近郊村落城镇化水平进行度量和测评，各村落（村、社区、小区）的城镇化现状如表 1 所示：

表 1　　　　　　　　　9 个近郊村落的城镇化水平

	村域经济	村民职业	人居模式	户籍身份	基层管理	社会保障
大塘社区	基本非农化；有少量农地	非农化	全部拆迁安置，入住大型居住区	劳动力转为非农户，其他居民保留农户	完成"撤村建居"；集体合作经济与社区管理混合型管理	未纳入城镇社会保障；过渡型社会保障
头格社区	基本非农化；有少量农地	非农化	全部拆迁；安置房正在建设	近 60% 居民"农转非"，其余居民保留农户	完成"撤村建居"；村民自治主导型管理	未纳入城镇社会保障；过渡型社会保障

----

① 卢福营：《边缘化：近郊村民市民化面临的问题》，《东岳论丛》2013 年第 6 期。

	村域经济	村民职业	人居模式	户籍身份	基层管理	社会保障
良户社区	完全非农化	非农化	2/3 农户拆迁安置，入住大型居住区；其余正在拆迁安置中	全部"农转非"	完成"撤村建居"；村民自治主导型管理	未纳入城镇社会保障；过渡型社会保障
陶朱路社区	基本非农化；有少量农地	基本非农化；少量老年菜农	旧村改造正在进行中	全部"农转非"	完成"撤村建居"；村民自治主导型管理	未纳入城镇社会保障；过渡型社会保障
富强村	完全非农化	非农化	旧村改造正在进行中	少量"农转非"，90%以上为农业户	未"撤村建居"；村民自治型管理	农村社会保障
外山头村	基本非农化；有少量农地	非农化	部分拆迁安置	未"农转非"，保留农业户	未"撤村建居"；村民自治型管理	过渡型社会保障
城西新村	完全非农化	非农化	完成 60% 旧村改造	未"农转非"，保留农业户	未"撤村建居"；村民自治型管理	过渡型社会保障
大坤头村	基本非农化；有少量农地	基本非农化；少量老年菜农	完成 80% 旧村改造	未"农转非"，保留农业户	未"撤村建居"；村民自治型管理	农村社会保障

	村域经济	村民职业	人居模式	户籍身份	基层管理	社会保障
蒋桥头村小区	基本非农化；有少量农地	基本非农化；部分中老年务农	完成旧村改造	未"农转非"，保留农业户	完成"撤村建居"；社区管理与小区村民自治混合型管理	未纳入城镇社会保障；过渡型社会保障

从表 1 可见，城镇化进程中的近郊村落具有一系列共同性。

首先，近郊村落的集体土地被当地政府征用，村域经济实现了非农化的结构性转变。浙江农村的非农经济相对发达，改革开放以来，一些近郊村落的村民先后经商办厂，从事非农经营，形成了以非农经济为主体的村域经济结构，如蒋桥头、城西新村等。但是，这些村落的相当部分村民特别是中老年村民依然主要以务农为生，多数近郊村落则依然是以农业经营为主，特别是陶朱路、大坤头等部分村落，依托地处近郊的地理优势，成了当地城镇居民的"菜篮子"。20 世纪 90 年代以来，中国的城镇化进程加速，随着城镇空间的迅速扩张，有的近郊村落集体耕地全部被征用，有的大部分被征用，村落居民因此而失去了从事农业经营的土地，无奈地转向非农经济：有的尝试着办厂，有的经商，主要地依托私有住宅经营小超市、便利店、小吃店、建材店、棋牌室、游戏室、洗澡室、家庭旅馆、洗车店、维修店、移动和电信的代理点等等；有的从事物业经营，主要依靠房屋出租收取租金，成为新型食利者。除村民个体非农经营之外，村集体也主要依靠出租或经营集体所有的店面房、标准厂房、综合楼等物业获取经济收入。个别村落则较好地利用当地政府的政策支持，对集体土地进行了有效开发，实现了非农集体经济的跨越式发展，如大塘社区、富强村、大坤头村。

总之，一方面，村域农业经济因大量土地被征用而失去生产资料，逐渐走向衰落甚至终结；另一方面，各村的非农经济得到了不同程度的迅速发展，逐渐成为村域经济的主体，近郊村落的经济基本完成了非农化过程。

其次，近郊村落的劳动力先后转向非农行业，村民职业实现了非农化的结构性转变。从统计学上分析，近郊村民基本已经非农化，从事农业经营的村民几乎可以忽略不计。目前，只剩下不多的几位年老村民因为无从事其他工作的技能，依然利用村落仅剩的一点土地经营农业以增加家庭收入。即便是这些人也因为缺乏土地而不再是充分就业的农业劳动者。近郊村民职业的非农化转换主要的两种路径：一是受利益驱动主动地实现职业的非农化转换。在现有体制下，尽管国家给予了农业经营者特别的支持，但从事农业与非农业存在着明显的地位和利益差距，这是不可否认的现实。正是这种地位和利益的差异，形成了特殊的"拉力"，诱导近郊村民陆续地从农业经营中转移出来，从事非农职业。特别是近郊村落得天独厚的地理条件，为近郊村民进城务工经商提供了便利。20 世纪 80 年代以来，正是在比较利益的拉动下，部分近郊村民特别是其中的年轻人陆续地转移到了非农领域，或经商办厂，或进城进厂。二是因土地征用被动地实现职业的非农化转换。近郊村落的耕地陆续被当地政府征用，村民们因此而失去了赖以生存的生产资料。正是政府土地征用而造成的农民"失地"，形成了特殊的"推力"，迫使近郊村民不得不从农业经营中转移出来，从事非农职业。20 世纪 90 年代以来，正是在失去土地的背景下，一些近郊村民特别是其中的中老年人被迫转向非农领域。由于他们长期从事农业经营，缺乏非农技能，对于他们而言，"失地"也意味着"失能"。所以除少数尝试经营小店、创办工厂等外，多数村民只能进入低端城镇劳动力市场，从事保洁、保安、保姆、散工、零工、帮工之类低技能非农工作，或者经营家庭物业，甚至赋闲在家。

　　总之，一方面，由于比较利益的拉动，年青或有非农技能的近郊村民主动转向务工经商；另一方面，由于集体承包土地被政府征用，中老年或缺乏非农技能的近郊村民被迫转向非农行业。如此，近郊村民基本实现了由农业劳动者到非农劳动者的职业转换，并形成了极为特殊的近郊村民职业结构特征。

　　最后，近郊村民的社会保障逐渐扩大，村落居民的社会保障和公共服务开始了"去农化"转变。在传统的城乡分割二元体制下，城乡社会分别实行两套差异显著的社会政策。城镇社会的公共福利和公共服务基本由地方政府负责，农村社会的福利和服务则主要依靠村级组织承担。农村居民基本被排斥在政府提供的社会保障范围之外。唯其如此，农村的土地不仅具有生产资料的功能，在中国的特殊社会政策环境下，还拥有维持农民生计的社会保障功能。伴随着村落集体土地的征用开发和村民房屋的拆迁安置，政府在近郊村落地域范围的基础设施和公益建设方面实施了较大投入，近郊村民因此而获得了一定的利益。同时，为保障近郊村民的生活，浙江省政府专门出台了被征地农民社会保障政策，由地方政府、村集体、村民个人三方付费，为近郊村民提供养老保险。在调查的9个近郊村落中，只有富强村没有享受被征地农民社会保障政策。因为该村没有遵照地方政府要求实施统拆统建的旧村改造，政府对其实施了特殊的"惩罚"，不给予富强村村民享受被征地农民社会保障政策待遇，因此仍然沿用农村社会保障政策。此外，部分地方政府开始新的探索。比如，东阳市政府允许近郊村落的村民自主选择参与城镇居民医疗保险或新型农村合作医疗，杭州市则尝试实行城乡统一的基本医疗保险政策。

可见，在地方政府的推动下，在公共设施建设和公共服务领域初步形成了一套特殊的近郊村落社会政策，特别是社会保障的范围和水平逐渐扩大。这些政策虽然有别于城镇社会政策，但也明显地不属于农村社会政策范围，具有过渡性特征，呈现出"去农化"趋向。

然而，在看到近郊村落城镇化共同性的同时，也发现各个近郊村落在其城镇化进程中表现出众多差异性。特别是在房屋拆迁安置、户籍身份改变、管理模式转换等方面，显示出较大差异。其中，杭州市的3个社区由于统一实施市政府的相关政策，城镇化的进程和水平具有较大的一致性，都基本完成了房屋的拆迁安置、撤村建居，部分村民改变了户籍身份。3个地级（中等）城市的近郊村落，由于各地政府政策不一，因而城镇化的进程也不相同。金华的陶朱路村完成了村民的"农转非"和"村改居"；绍兴的外山头村既没有"农转非"，也没有"村改居"；台州的富强村只有极少数村民"农转非"，且没有"村改居"。有意思的是，三个近郊村都共同存在着房屋拆迁安置难的问题。由于相关政策不明确、不连贯、不稳定，拆迁安置和旧村改造工作受到村民群众的种种阻挠而进展迟缓，导致违章建筑普遍、环境脏乱、景观形象破败、村民矛盾尖锐等一系列社会问题，甚至引发了近郊村民的强烈不满和抗议，成为社会稳定的隐忧，也成为令当地政府头疼的棘手问题。县级（小）城镇的3个近郊村落村民均未改变户籍身份。除东阳的蒋桥头"撤村建居"外，都依然保留着原有的农村管理体制。旧村改造工作也得到了较顺利的推进。只有诸暨的城西新村，由于是一个新合并的村庄，旧村改造的进展遭遇到了一些新的问题。

根据以上描述的共同特征和个别差异，大致可以城镇化程度和边缘化状态为标准，将近郊村落分为两类：

类型一　脱离农业的村庄

脱离农业的村庄主要是指那些因土地被征用而基本完成了村域经济和村民职业的非农化转变，但尚未"撤村建居"和改变村民的户籍身份，依然保留着较完整的村落形态和景观格局的近郊聚落，也可以称之为"工业化村庄"、"没有农业的村落"。在调查的9个村落中，武义的大坤头村、诸暨的城西新村、绍兴的外山头村、台州的富强村属于这类近郊村落。具体地看，这些村落之间也存在着种种差异。然而，从宏观上分析，这类近郊村均具有两个明显特点：

第一，村域经济和村民职业基本完成了非农化过程。尽管还可以见到少量的农田和个别的农夫（农业劳动者），但在总体上几乎可以忽略不计。

第二，村落社会尚未脱离农村身份。虽然已经没有了农业，但还没有在制度层面上去除"农"字号。（1）没有"撤村建居"转换村落的基层管理方式，在管理体制上依然实行村民自治。（2）没有"农转非"改变村民的社会身份，在户籍身份定位上依然是农业户口，即农民；（3）已经或正在进行旧村改造，但有别于城镇居民的房屋拆迁安置，它主要依据农村的农民住宅标准和相关政策实施改造。经过改造的新村虽然整齐划一、面貌一新，但其建筑格局、景观设计、公共设施等与城镇社区存在着明显差别，故人们时常习惯地称之为"新村"。（4）社会保障正在日益扩大，但总的来说依然没有纳入城镇社会保障体系，最多也就是享受失地农民养老保险之类特殊政策。

类型二　尚未走出乡村的城镇社区

尚未走出乡村的城镇社区主要是指那些已经"撤村建居"，形式上成为城镇社区，但事实尚未完全脱离农村，留存着种种乡村社会痕迹的近郊聚落，也可以称之为"乡村型城镇社区"、"城镇化村落"，是一种"亦城亦乡"、"名城实村"的社区形态。在调查的9个村落中，杭州的大塘、良户、头格三个社区，以及金华的陶朱路村社区、东阳的蒋桥头小区属于这类近郊村落。宏观地分析，这类村落有以下特点：

第一，已经完成"撤村建居"。即至少在体制层面上，实现了"村改居"的形式转换，在此基础上，重组了村落组织。按城镇组织建制设立社区，或者成为社区下辖的居民小区。从形式上看，这些近郊村落已经是城镇基层社会单位，实现了乡村组织到城镇组织的社会转变，其城镇社会性质得到了法律承认和政府认同。

第二，保留了种种乡村社会的痕迹。这些凭借行政手段刚刚从乡村社会脱胎出来的城镇社区，尚未完全走出乡村社会，依然不同形式不同程度地呈现出乡村社会的特征。（1）沿袭村民自治方式管理社区。调查发现，各地的"撤村建居"工作主要是转换一下基层组织的名称，对于"村改居"后基层社会管理服务的运行方式基本没有变化，仍然以原有的村民自治制度为主要依据，基层管理服务的经费主要依赖社区集体经济，形成了村民自治主导型或具有典型农村基层管理特征的混合型基层管理。在一定意义上说，这种近郊村落的基层社会管理是一种特殊的"边缘治理"。[①]（2）不能同等享受城镇待遇。村落集体土地基本被政府征用而改变性质和用途，村民也已经非农化，甚至完成了户籍身份的"农转非"（东阳的蒋桥头除外）和"撤村建居"，但没有被纳入城镇社会管理服务体系。总体而言，这些近郊村社区及其居民依然没有脱离农村社会管理服务体系。换句话说，尚未实现"权利同化"，享有同城同等权利待遇。[②] 具体地说，一方面，在这些近郊村落，政府仍然主要实施农村社会保障制度和就业政策，如新型农村合作医疗制度、农村基本养老保险、农村最低生活保障、被征地农民养老保险、失地农民劳动技能培训等；另一方面，这些近郊村民拆迁安置区的管理服务和公益建设，主要还是依靠村级组织和集体经济。

---

① 李意：《边缘治理：城市化进程中的城郊村社区治理——以浙江省 T 村社区为个案》，《社会科学》2011 年第 8 期。

② 卢福营：《边缘化：近郊村民市民化面临的问题》，《东岳论丛》2013 年第 6 期。

第三节　近郊村落城镇化的主要特点

对于近郊村落城镇化的特点，可以从不同的角度和层面进行分析。这里笔者根据在浙江省9个近郊村落的调查，进行比较和归纳，揭示当下中国近郊村落城镇化的主要特点。

一　城镇化进程的非协同性

近郊村落城镇化是一个复杂的系统工程。作为由农村社会向城镇社会的系统性变迁，近郊村落城镇化既要求内部各要素之间协调共进，又需要与外部环境实现良性互动。然而，根据对浙江省9个近郊村落的调查分析，近郊村落的城镇化进程呈现出较明显的非协同性。具体表现如下：

第一，城镇化内部各要素的城镇化过程出现非同步性。在近郊村落城镇化实践中，各地政府过于偏重于地方经济发展和地方财政收益，片面地强调土地的开发利用和空间的扩张，大量征用和开发近郊村落的集体土地，为此甚至不惜运用一些不合理、不合法的手段。但是，对近郊村落的发展和村民的权益关注较少，对于因集体土地被征用而失去生产资料和劳动技能的近郊村民的技能培训、职业转换、社会保障等没有做出充分考虑和合理安排，出现了所谓的"要地不要人"倾向。有人将近郊村落城镇化的这种现象称之为"土地城镇化"。近郊村落因土地被征用基本完成了产业和职业的非农化，但部分村庄未能同步实行村落管理体制和村民社会身份等方面的改变，依然属于农村建制，属于农业户籍（即农民身份），形成了"没有农业的村庄"、"不搞农业的农民"、"无地种有街逛的农民"。有些近郊村落虽然已经"撤村建居"，但其居民还是农业户籍，或依然实行村民自治，凡此种种，不胜枚举。

第二，城镇化缺乏与外部环境的良性互动。近郊村落拆迁安置过程中，缺乏一体化的规划，长远发展的眼光，与其周边环境不相协调，以致近郊村民集中居住区成为独特的"孤岛"。其结果可能成为若干年后需要再进行改造的"城中村"。土地被征用后近郊村落的可持续发展缺乏明确、合理、有效的政策环境。比如，一些地方政府在土地征用过程中出台了留置地政策，旨在为失地和"去农化"后的近郊村落经济社会发展提供条件，但政策实施中时常出现诸如留置地不及时返还、返还的留置土地缺乏开发价值、给了地但不给配套的土地开发政策等情况，致使政策运行梗阻、失效。"撤村建居"后，基层组织的管理权限和管理职责不清，运行机制缺乏，致使管理的运行偏离制度，并出现一系列的基层管理服务"真空"和失控现象。比如，在近郊村落地域内入驻了许多非本村的单位，租住了相当多的非村籍村民，近郊村落的基层组织基本不予过问或无权过问。

二　城镇化方式的非主动性

关于城镇化的方式，人们有不同的认识。有人认为："20 世纪 50 年代以来，我国的城镇化出现了两种截然不同的发展模式：一种是政府包办型的自上而下的发展模式，另一种则是以民间推动为主的自下而上的发展模式。"[①] 有人则根据城镇化动力主体的不同，将城镇化分为主动城镇化与被动城镇化，认为主动城镇化"是一种内生型的城市化，其动力主体是农民"，被动城镇化"是一种外部因素推动的城市化，其动力主体是地方政府"。[②]

近郊村落的城镇化过程较为复杂，而且各地各村也存在一些差异。根据调查所获事实，当下中国近郊村落的城镇化并非简单地由内部因素或外部因素、地方政府包办或民间推动。如前所述，近郊村落的城镇化过程无疑是近郊村落和村民主动寻求城镇化、市民化的过程。在城乡分割的二元体制下，城乡社会无论生存、发展环境还是权利、待遇均存在着明显的差异，实现城镇化因此成了近郊村落组织和村民追求的梦想。特别是近郊村民受利益驱动，以及地处近郊的地理便利和空间优势的影响，在国家政策允许和鼓励农民流动的背景下，较早地主动脱离农业经营到城镇务工经商，一定程度上推动了近郊村落城镇化进程。但是，客观地分析，当代中国近郊村落的城镇化主要是城镇空间扩张的结果，突出地表现为政府推动的城镇化过程，特别是国家政策和地方政府行为是推动当前中国近郊村落

---

① 辜胜阻，刘传江：《人口流动与农村城镇化战略管理》，华中理工大学出版社 2000 年版，第 320 页。

② 卞华舵：《主动城市化——以北京郑各庄为例》，中国经济出版社 2011 年版，第 60—63 页。

城镇化的关键因素。改革开放后，特别是 20 世纪 90 年代以来，在近郊村落城镇化过程中，各地政府采取了一系列城镇化政策行动。尽管这些政策项目的实施情况在不同近郊村落有所不同，各地政府的城镇化具体政策也有差异，但总的来说，近郊村落正是伴随这些城镇化政策和政府行动的展开而逐渐地"被城镇化"。

当然，不应当否认近郊村落组织和村民群众在这些城镇化政策行动中的参与。在近郊村落城镇化政策的制定过程中，有关部门通过多种途径不同程度地征求和尊重了村落组织和村民的意愿与需求，在政策行动实施过程中村落组织和村民群众更以不同的支持或抗议方式实现了其参与行为。比如，正是村民群众的拥护和支持，大坤头村、蒋桥头村等一些近郊村落的旧村改造得到了较为顺利的展开。相反，也正是由于村民群众的抗议和抵制，外山头村、富强村、陶朱路村等一些近郊村落的房屋拆迁和旧村改造长期无法有效推进。故此，我们有理由说，现行近郊村落的城镇化政策行动，表面看似乎只是地方政府的单方面行动，事实则是地方政府与村落社会博弈的结果。村落社会和村民群众以多种方式参与了这一城镇化政策过程，成为影响和推动近郊村落城镇化的重要动力因素。

然而，在承认村落社会和村民群众在近郊村落城镇化过程中的参与行为和推动作用的同时，也不应否认一个客观事实：在近郊村落城镇化政策制定与实施过程中，村落社会和村民群众基本处于被动地位。他们虽然以各种方式不同程度地影响着这些城镇化政策过程，但既非政策的制定者，也不是政策实施过程的组织者。在这里，地方政府似乎是主动推动近郊村落城镇化的主体，村落和村民则更多地扮演着被动接受者的角色；地方政府始终居于主导地位，发挥支配作用，村落和村民则无奈地处于服从地位，发挥特定影响，呈现出典型的"强政府—弱社会"的博弈关系。从这个意义上说，当下中国近郊村落的城镇化主要是原有城镇空间扩张的需要和形式，是地方政府推动的结果，是一种被制度化安排的结局。近郊村落的城镇化过程并非出于近郊村民群众的自身意愿，对于村落社会和村民群众而言，往往是一种无奈的选择。故此，从近郊村落的角度考察，其城镇化方式具有明显的非主动性。

三　城镇化量度的非完全性

针对当前中国城镇化实践，特别是地方政府的城镇化行动，人们提出了种种质疑。比如，城镇化质量不高，存在一定的伪劣性；城镇化不圆满、不彻底；城镇化形式化，表里不一。这里我们使用"城镇化量度"一词来表达上述关注。

根据对 9 个近郊村落的调查，当下中国近郊村落的城镇化事实存在着量度上的非完全性。具体表现在以下主要方面：

第一，城镇化过程的不彻底性。客观地说，近郊村落正处在城镇化的进行时态，即正处在从农村社会向城镇社会的转变过程之中，尚未完成城镇化任务。唯其如此，近郊村落的城镇化过程势必呈现出一定程度的不彻底性。

然而，当下中国近郊村落城镇化过程的不彻底性，并不能简单地归结于城镇化的过程性表达，更重要的是现行地方政府城镇化行动的一种特殊表现。近些年来，各地政府为推动城镇化进程，出台了众多相关的城镇化政策，并针对近郊村落城镇化实施了一系列政府行动，有力地推动了中国的城镇化进程，促使我国进入了城镇化高速发展的新时期。但是，必须理性地认识到，现行地方政府的城镇化政策行动存在着不少局限，其中一个重要的方面就是城镇化不彻底、不充分。比如，受到民众广泛质疑的"土地城镇化"现象。政府"要地不要人"，只注重近郊村落集体土地的征用开发，以提高 GDP，而没有同时关注近郊村民的城镇化转变。由于土地被政府征用，近郊村民因此失去了赖以从事农业经营的生产资料，同时也意味着失去了长期积累的农业劳动技能和经营本领，然而，村民失了地，有的甚至于转变了户籍身份，但没有被纳入城镇就业体系，得不到就业服务和劳动保障，享受不了城镇居民的权利和待遇。政府实实在在地利用近郊村落土地的开发利用，实现了城镇的空间扩张；同时也确确实实地未能同步推进近郊村民的城镇化，没有及时地把他们吸纳到城镇社会体系之中，使之形成了游离于乡城之间的边缘人。一些学者把这种城镇化过程不彻底现象称之为"不完全城镇化"。

第二，城镇化任务不圆满。近郊村落城镇化是一项复杂的社会改造工程，内在地包含着广泛的内容和多方面的任务，至少需要完成近郊村落经

济的非农化、人口的城镇化，以及人居环境和空间景观、生活方式、管理
模式和文化价值等多方面的城镇化转变。而从我们在 9 个村落的调查来
看，几乎都实现了村落经济的非农化和村民职业的非农化转变，人居环
境、空间景观、生活方式、文化价值等在多数村落也有了较大改变，但与
城镇社会还有一定差距，特别是在基层管理和权利待遇等方面依然存在着
明显差异，基本保留了原有的农村社会特质。有意思的是，部分近郊村落
土地城镇化了、村民职业也完成了非农化，但村落居民还是农业户籍，村
落依然归属农村基层管理体系；有的村落已经"撤村建居"，形式上、法
律上已经纳入城镇基层社会管理体系，但其居民依然保留农业户籍，还是
农民身份，如此，形成了独特的由没有农业的村落和农民组成的城镇社区
等边缘化的基层社会形态。总之，城镇化的任务尚未完成，还不圆满，处
于"半城镇化"状态。

　　第三，城镇化行动表里不一。围绕着近郊村落城镇化，各地政府依据
自己对城镇的理解，将中央和上级政府的政策与当地实际相结合，采取了
一系列的城镇化行动。应当肯定，地方政府的城镇化行动是当下中国近郊
村落城镇化最为强大的推动力。然而，也正是由于政府力量的过于强大，
难免出现一些未能充分关注近郊村落民众权益的现象，甚至于主观上的
"好心"办了客观上的"坏事"，有些城镇化政府行动则表现出表里不一
的情况。最为典型的是：（1）"撤村建居"行动，习惯上也称"村改
居"。各地地方政府根据上级政府的要求，根据近郊村落的实际，选择部
分近郊村落实施了"撤村建居"政策行动，近郊村落因此而改变了基层
组织名称，比如，村委会改为居委会、村党支部改为社区党支部等。组织
名称的转换意味着原近郊村落已经被撤销，并以不同形式新组建了城镇基
层单位——社区或小区。从形式上讲，政府下文推动的这一改变，意味着
近郊村落从此由乡村转变为城镇的一部分，纳入了城镇社会管理体系。然
而，在实践中，已经"村改居"的近郊村落依然实施农村基层管理体制
或者以村民自治为主导。（2）"农转非"行动。户籍是区分农民与市民的
最关键的身份标志，而且是一种权益和待遇的标签。在现行的户籍制度
中，户籍不再只是人口登记意义上的管理行为，在户籍身份之上附着着一
系列的权益和待遇。城镇化进程中的近郊村民要实现市民化，至关重要地
是需要冲破这一户籍束缚，完成户籍身份的"农转非"。在 9 个近郊村落

里，部分村落全部村民统一实现了"农转非"，有些村落则部分村民实现"农转非"，有的尚未推动村民"农转非"工作。然而，调查发现，即使已经实现"农转非"的村落，这种社会身份转变也只存在于人口登记意义上的，政府没有同时赋予附着于户籍之上的权益和待遇。户籍登记上已经成为非农户籍，也即获得了法律意义上的城镇市民身份，但事实仍然是农业户籍成员的权益和待遇，被排斥在城镇权益和待遇体系之外，未能实现"权利同化"。户籍身份的转换与权利待遇的转换不一致、不协调，我们把这种城镇化现象称之为"表象城镇化"，这种政府行动无疑影响了近郊村落城镇化的质量。

四 城镇化格局的非均衡性

近郊村落城镇化格局上的非均衡性，突出表现在以下几个层面：

第一，城镇化政策的非均衡。总体而言，现行中国的政府管理是一种集中型体制，中央和上级政府高度集权，但在某些领域地方政府又享有高度的自主权。在当下近郊村落的城镇化过程中，中央缺乏明确、统一的政策，给地方政府留下了较大的自主空间。地方政府显然拥有高度的自主权力和弹性空间，可以结合本地实际进行灵活操作。正因为这样，在近郊村落城镇化政策上表现出明显的地区非均衡性。一方面，各地政府的近郊城镇化政策存在着多样性；另一方面，同一近郊村落城镇化政策在不同地方具有差异性。比如，在近郊村落土地城镇化过程中，有的地方政府出台了留置地（有的地方称"留用地"）政策，金华陶朱路村社区则没有这项政策。有的地方实施了失地农民劳动技能培训政策，大多地方则尚未出台相关政策。有的地方政府允许近郊村民自主选择参加新型农村合作医疗或城镇居民基本医疗保险，多数地方则不允许近郊村民自主选择。又如，同样的一项留置地政策在不同地方可能具有不同的内容。武义县按被征用地的3%、杭州市则按被征用地的10%给予近郊村落留置地，彼此之间相差三倍多。同样的人居环境改造，杭州市实行类似城镇的拆迁安置政策，其他地方政府则采取旧村改造政策，绍兴的外山头村则拆迁安置与旧村改造政策并用。同样的土地征用政策各地政府给予的补偿标准不统一。绍兴外山头村正是由于在用于绍兴文理学院扩建的土地征用中遭遇到不公平对待，村民群众有着强烈的不满。同样用途的土地征地，外山头村因当初隶属绍兴县管辖，故按绍兴县的政策给予补偿，土地补偿费为 15000 元/亩。而邻近的府山街道府山村则隶属越城区管辖，按越城区的政策标准给予补偿，土地补偿费为 25000 元/亩。如此，近郊村落的城镇化进程呈现出一定的随意性和多元性。

近郊村落城镇化政策的地区非均衡固然有各地近郊村落村情差异的客观因素，但主要的原因可能是由于地方政府的主观因素及其干部的个人意志，特别是地方政府权力的自主空间。

第二，城镇化状态的非均衡。近郊村落的城镇进展势必会受到多种因素的影响。诸如近郊村落自身的经济社会发展状况，即具体的村情不同；近郊村落城镇化所处的发展阶段，即发展水平不一；地方政府的近郊村落城镇化政策和行动，即政府推动的差异；近郊村落社会的城镇化行动策略，即村落组织和村民群众采取的城镇化行为不同，等等。这些因素都有可能导致近郊村落城镇化状态的非均衡性，形成城镇化在不同近郊村落之间的差异性。比如，蒋桥头村已经"撤村建居"，但在 9 个近郊村落未被征用的土地最多，且村民未"农转非"；富强村已经没有农地，但居民还是没有"农转非"，村落也没有"村改居"；大坤头村在旧村改造中进行别墅式安置，村集体同时借此实施房地产开发推动集体经济发展。杭州 3 个近郊村落的被拆迁户均集中安置于高层公寓。绍兴外山头村民以种种方式抵制拆迁改造，致使拆迁和旧村改造步履维艰。诸暨将三个村合并组建了城西新村；东阳则撤销了蒋桥头村，改组为兴平社区下辖的自治小区；杭州在"撤村建居"中对原有近郊村落实施了拆分和重组，部分原大塘村民和相邻村庄的村民联合组建了大塘社区。凡此种种，导致了近郊村落城镇化的多元化，形成了"万花筒"式的格局。

第三，城镇化博弈的非均衡。近郊村落的城镇化是国家与社会的互动和博弈过程。地方政府代表国家主动推动近郊村落的城镇化进程，构成为博弈的一方；以基层组织和村民群众为具体形式的近郊村落社会则选择独特的城镇化行为影响着城镇化的过程，构成为博弈的另一方。在近郊村落城镇化进程的博弈中，两个局中人存在着显著的力量差异。地方政府掌握着信息资源、政策资源、权力资源、财政资源等多方面的优势，而且是近郊村落城镇化进程的领导和组织者，是推动近郊村落城镇化的动力主体和运行过程的主导者。而近郊村落社会一方，尽管拥有人数多、可利用集体抗争手段等有利因素，但缺乏资源，处于受动和被支配地位，在博弈过程中显然处于力量对比的劣势地位。调查表明，尽管各近郊村落的城镇化过程表现的博弈模式有所不同，但在总体上地方政府均处于力量对比的优势地位，形成了非均衡的博弈模式。

第二章　空间格局：城乡因子的交错叠合

　　空间格局是城乡经济社会结构在地域上的投影。在城镇化推进过程中，近郊村落逐渐被扩张着的城镇所吸纳而走向终结。然而，因多重因素的影响，在城镇化过程中，近郊村落往往不能迅速而充分地融入城镇经济社会体系之中，从而导致城乡因子在村域空间上的交错和叠合，形成介于城乡之间的独特边缘化图景。

　　处于城镇"外围地带"的近郊村落，无疑是城镇化过程中必然存在的一种空间形态。人们对它的理解，首先依赖于物质层面（主要是指空间格局）上的感知。这就像我们置身于都市空间一样，"川流不息的人群、便利的道路和交通、气势恢宏的建筑、景致宜人的绿地和风景带、流动的音乐、灯火辉煌的夜景，不同功能、特性各异的物质因素无不让我们感受到一个扑面而来的现代化的城市气息。"① 虽然因城镇化环境和城镇化方式的差异，近郊村落在城镇化过程中可能呈现出多样性的空间格局，但是在总体上会形成一种共同的感观形象，即在空间格局上呈现出"似城非城"、"似村非村"的城乡叠合特性。

第一节　错杂化：地理区位与生活环境

　　环状紧凑式地分布于城镇周边的近郊村落是沟通城乡经济社会的过渡地带，是城镇空间向外扩张的先行区域，具有极为特殊的地理区位（见下表）。正是这种独特的地理区位，使得城乡各种要素容易在这里发生互

---

　　① 张鸿雁编：《城市·空间·人际：中外城市社会发展比较研究》，东南大学出版社2003年版，第3页。

动、交错和叠合，继而形成奇特的人居环境。

9 个近郊村落的地理区位

	近郊村落类别	地理区位
大塘社区	大城市（省会城市）近郊村落	位于杭州市江干区丁桥镇东部。东与三义行政村接壤；南临大农港，与丁桥行政村交界，与广厦天都城大型商住区相邻；西濒丁桥港，与赵家行政村相邻，与杭州私营经济园区相接；北至上塘河，与沿山行政村相望，与皋城旅游区相连
头格社区	大城市（省会城市）近郊村落	位于杭州经济技术开发区的西南部，距离下沙街道办事处约 2 公里。东南与浙江省武警副食品基地、七格社区仅一河（月雅河）之隔，南临钱塘江，艮山东路横穿头格社区
良户社区	大城市（省会城市）近郊村落	位于杭州市西湖区转塘街东南 4.6 公里处，之江新城东南部，东与浮山和南村相邻，南与回龙村接壤，西至石龙山社区，北至中共杭州市委党校
陶朱路村社区	中等城市（地级市）近郊村落	位于浙江金华市东北郊，东依 03 省道，西靠金华城北工业园区，南至浙赣铁路复线，北邻金华二环北路，金华汽车东站、金华农产品批发市场设在村域内，目前已经成为一个重要的交通枢纽
富强村	中等城市（地级市）近郊村落	位于浙江省台州市椒江主城区西大门，紧邻 82 省道和台州大道，北靠椒江码头，永宁河穿村而过，离最近的商住楼仅有 400 米左右
外山头村	中等城市（地级市）近郊村落	位于浙江省绍兴市南面，距离绍兴城南街道办事处约 2 公里。西、南与绍兴文理学院河西校区及南山校区相连，东面毗邻长城社区。104 国道南复线穿村而过，交通便捷
城西新村	小城市（县级城镇）近郊村落	位于浙江省诸暨市西郊城乡结合处，东临诸暨市区，南靠县龙山脉隧道口，西接袜业重镇大唐镇，北有绍大线穿村而过，距高速公路出口和火车站约 3 公里

	近郊村落类别	地理区位
大坤头村	小城市（县级城镇）近郊村落	位于浙江省武义县城西南郊，南接政府兴建的拆迁安置小区——栖霞花苑，北靠熟溪河，东与中南经济合作社相邻，西临永（永康）武（武义）公路二线
蒋桥头村小区	小城市（县级城镇）近郊村落	位于浙江省东阳市东郊，被称为"吴宁的东大门"。东面与兴平社区成家里小区相邻，南邻荷塘社区四联小区，西接卢宅社区，北临东阳江。兴平东路横穿蒋桥头小区，南邻环城北路与 37 省道

一　城乡错杂的建筑形态

简单地说，建筑形态是建筑的空间布局、主体结构、外观设计、材料质地等要素和特质的有机组合，它是人们观察和认知近郊村落空间格局的一个最为直接的视角，这里主要从建筑布局和建筑风格两个方面进行考察。

一般而言，建筑形态集建筑的艺术性和实用性于一体，反映了一定时空坐落下的经济发展水平以及人们的生产生活方式和艺术审美情趣，实质是某类社会文明的一种具体体现。在城市和乡村这两种文明类型中，建筑形态作为一个重要的文化载体，从一个重要侧面体现了城乡社会独特的文化气质。中国地域辽阔，各地经济社会发展和文化差异明显，乡村建筑形态存在着较大的地域性差异。但是，乡村建筑作为一个区别于城镇建筑的类别，与都市中那些鳞次栉比的高楼大厦相比都明显呈现出低矮、稀疏等特质，体现着中国的乡土文化气息。然而，对近郊村落进行近距离的观察，很难从建筑形态上发现传统意义上的城乡反差，而是给人一种亦城亦乡、非城非乡的视觉感受，形成了一种中介型或两栖型的建筑形态。只要身临其境，就能很容易地将这种建筑形态与近郊村落联系在一起。

按照中国城镇化的发展模式，近郊村落大多会陆陆续续地被纳入城镇建设和发展总体规划体系，因此近郊村落在城镇化过程中能得"风气之先",显得比一般农村村落更具有城镇的某些特质。但在城镇化的特殊阶段,近郊村落由于处于城镇中心区域辐射功能的边缘,往往被政府部门所忽视或"有意"遗忘,在建设和管理水平、资金和技术投入等方面都明显滞后于城镇建成区,这些因素在很大程度上决定了近郊村落与众不同的建筑形态。从调查的情况来看,近郊村落的建筑形态具有两个特点:

第一,城乡叠合的建筑布局。由于近郊村落大都已经被纳入城镇建设规划区范围,地方政府开始关注和控制其建筑布局,对近郊村落的新建设项目和近郊村民住宅建设进行了统一规划和管理,于是,不同程度地形成了一些经过有序规划的现代建筑和统一设计的新型民居。但是,由于受多种因素的影响,地方政府在近郊村落发展规划,特别是规划实施过程中缺乏统一、有效的政策和举措,从而给近郊居民在建造房屋时的自主性和随意性提供了弹性空间,导致了近郊村落建筑布局的无序性。正是这种建筑规划和管理上的有序与无序并存,导致了独特的近郊村落建筑布局。一方面,失去了一般乡村建筑的乡土气息和田园氛围;另一方面,又没有城镇建成区建筑那样的恢宏气势和现代气息,缺乏功能分化和协调有序的美感。而且近郊村落的土地集约利用程度明显低于城镇建成区,建筑物稀疏有余、齐整不足。例如,位于杭州西湖区的良户社区虽然已经"撤村建居",名义上已属于西湖区城市区域的一个组成部分,但在附近一公里左右,除了2008年投入运行的杭州市委党校和正在建设的杭州卷烟厂、钱江BLOK商街等较为大型的现代建筑群外,能够看到的稍有现代城市特色的建筑群落也只有回迁安置小区——"良户家苑"了。该小区建筑以多层和小高层为主,周边散落着零星的菜地和成片的荒地,稍远处是一些高低不一的传统农居,一眼看去显得十分孤独突兀、格格不入。总之,现代城市建筑与传统乡村建筑在近郊村落地域空间上叠合,构成了一种独特的无序包围着有序、农村包围城市、传统包围现代的村落建筑布局。

第二,多元杂呈的建筑风格。风格多样的建筑是近郊村落建筑形态的另一大特色。浙江属于中国沿海发达省份,乘市场经济改革之风,乡村经济社会发展较为迅速,农民人均纯收入已连续位居全国各省区之首。生活富裕之后的浙江农民,大都喜欢在住宅建造方面花心思。因为缺乏统一的规划和管理,各式各样的农民住宅如雨后春笋般迅速涌现。在过去一个时期的城镇化进程中,近郊村落大多被列入"经济开发"或"旧村改造"

的范围，村域经济非农化程度高，经济类型多样，建筑风格更是多元并存。一方面，由于浙江农村经济发展水平较高，而住宅又是农民家庭体现其经济实力的重要象征，因此农村住宅普遍向多层化、别墅化发展。由于缺乏统一规划和设计，民居的建筑风格相互模仿和简单改造的痕迹较为明显。从调查的几个近郊村落来看，二至四层的别墅式民居比较普遍，但各自在建筑结构、墙体颜色等方面则显得杂乱无序，有些住宅甚至完全是户主凭自己的想象加以建造，除了鲜艳多彩的外立面、金属装饰的栏杆外，阁楼往往还建设成西欧城堡式的形状，外观显得不土不洋。另一方面，近郊村落范围内往往有一些呈区块分布的安置房、成片的商住楼和写字楼以及整齐的标准厂房等各式建筑。如此，在一个村落地域内同时存在着风格迥异的多种建筑类型，有些甚至存在着极大的反差。例如，位于绍兴诸暨陶朱街道的城西新村，周边既有像"国会金色"、"江南会"、"迪奥水立方国际会馆"、"环球壹号"等豪华的高级会所，而旁边又有一幢幢低矮的民居，甚至是破旧的老式住宅。

二　斑驳杂乱的景观格局

在诸多描写近郊村落的文字中，常常能读到类似如下的景象：在村落的主干道两旁排列着新旧不一、高高低低的多层民居，不管里面是否有人从事经营活动，一楼的大门大多设计或改造成店面门的形式，一些从事经营活动的户主还习惯在门口搭建遮阳棚等简易的构筑物，门口或许还零星栽种着几棵小树、横七竖八地停放着一些车辆；道路的两旁往往相间竖立着几根电线杆，上面架设着的电线相互缠绕，犹如蜘蛛网般地横亘在上空，有时还可以看到上面挂着几条宣传政策或做广告的横幅；道路上零落着不少垃圾，一旦来往车辆鸣笛疾驰而过，纸片、塑料袋、树叶等垃圾便随之在飞尘中翻卷，偶尔还可以看到受惊吓的小狗在惶恐地向一边躲闪；房屋的后边很可能就是几块零星分布的菜地或成片长着杂草的荒地，其间还有荒废的池塘或污浊的小溪，上面漂浮着一些五颜六色的垃圾，经过长期的风吹日晒已显得破旧不堪；不远处，在通向城镇中心的宽阔道路两旁，也许就是正在兴建的安置小区、大商场、写字楼或整齐的标准厂房……在我们调查的9个近郊村落中，这种斑驳杂乱的景观格局随处可见。在城镇化推进过程中，地方政府和村落组织出于对近郊村落杂乱景观格局的厌恶，往往以旧村改造、拆迁安置、新农村建设等策略加以应对，试图通过对农民的住房建设、生产生活方式等方面做出详细规定，实施制度规制，并借助一定的经济手段和奖惩措施加以引导、激励和规范。例如，金华东阳的蒋桥头村于 2005 年 10 月 10 日出台的关于村民建房的规定就是一个典型。其主要内容摘录如下：

一、今后建房规定为：外墙、围墙统一格式，要求整齐划一建造，按照村镇规划统一实施，允许挑出宽 2 公尺的阳台，长度四间挑出两间，三间挑出一间，地基按公路基准高 45 厘米，后檐高 10.6 米，屋栋高 13.6 米。

二、新建房屋不能向外开烟囱，不能在公共场地构筑、种植、堆放杂物，房前屋后不准种菜，必须搞好绿化。金字、后墙可以开车库门，不能做台阶。

三、建房户可建长度为 8 公尺的庭院，围墙一律建敞开式。

四、下水道、窨井等附属工程由村统一进行，建房户交 1 元/平方米附属工程费，化粪池必须建在房屋内。

五、拆建、移建一律交村 3 元/平方米管理费，建房占地费 1000 元/间。

六、2006 年春节前清理完原屋基废土，10 月 30 日前外墙粉刷完毕，2006 年 10 月 30 日前如不建造房屋，屋基收回重新报批。

七、建房户向村交押金 2000 元/间，其中 1000 元用于拆除旧屋清理废土，经村干部验收合格后退回；1000 元用于主体工程，外墙粉刷完工后经村干部验收，如无违章，退回押金。

八、屋基安排在路边的建房户，要保护好村统一种植的绿化树，为了保证树木不受损害，要求另交 1000 元/株的押金，等外墙粉刷结束后，如无损坏退回押金。

九、上一批造在上四什路边的建房户，要求每户种好 3 株直径 8 厘米以上的樟树，到年底如不能成活，在年终发生活费时，每株扣回 500 元。

毋庸置疑，通过改造、拆迁、建设，近郊村落的景观格局将会得到较大的改善。地方政府及其官员同样热于近郊村落的景观改造，因为物理空间层面上的改善效果直观、明显，能较为直接地显现政绩。然而，由于近郊村落正处于城镇化的进程之中，村落景观的乡—城转换尚未完成，因而势必导致其景观格局的过渡性。同时，由于地方政府未能从城乡一体化的高度充分重视近郊村落的城镇化过程，导致政府城镇化行动的缺失，没有将近郊村落统一纳入城镇社会管理体系，也没有实施特殊的针对性规划、管理和建设，依然简单化地视同农村社会加以对待，由此在村落景观上呈现出诸如"没有农地和农业的村庄"、"城镇中的新农村"之类景观格局。加之，有街可逛、无地可种的近郊居民无奈地在农外寻求生存与发展，特别是以民居等物业为资本开发和经营物业经济，以获取一定的经济收益。村级组织也依托政府给予的特殊政策，对留用地实施物业经济之类开发利用。正是多种因素的综合作用，在近郊村落村域空间内形成了斑驳陆离的景观格局。

三　介于城乡的公共设施

中国的近郊村落城镇化是一种行政力量主导下的"规划性变迁"过程，明显呈现出"摊大饼式"的空间结构演变趋向。近郊村落处于城镇周边，在城镇公共基础设施向农村腹地不断延伸的过程中，往往是"近水楼台先得月"。因此，近郊村落在公共设施方面往往比农村的传统村落更具有城市社区的味道。但是，长期以来我国的公共设施建设实施城乡有别的两种政策体系，城镇公共设施基本由政府负责，而农村公共设施基本由集体负责。近郊村落作为介于城乡之间的特殊社会，未能在短时间内充分享受城镇公共设施建设的待遇，地方政府也往往出于财政负担等方面的考虑，设法将近郊村落的公共设施建设责任转嫁给近郊村落，由村集体自己负责。因受村落公共设施基础、村集体经济实力和基层组织治理能力等因素的影响，造成了近郊村落公共设施建设的相对滞后，特别是在道路、供水、排水、供气、环卫及照明等公共基础设施方面存在较为明显的缺失。在"道路硬化"、"路灯亮化"、"四周绿化"、"河水净化"、"环境美化"等方面，近郊村落明显滞后于城镇社区。

现代化是"个人改变传统的生活方式，进入一种复杂的、技术先进的和不断变动的生活方式的过程"[1]。农民向市民的转变，在很大程度上就是日常生活方式的改变。对于农民而言，劳动和生活基本处于一体化状

---

① ［美］埃弗里特·M. 罗吉斯，拉伯尔·J. 伯德格：《乡村社会变迁》，王晓毅、王地宁译，浙江人民出版社 1988 年版，第 309 页。

态，而城市居民一般有严格意义的日常性的消费、休闲、娱乐生活，并拥有健全的社会服务设施与网络。随着商业经济的不断兴起、公交等基础设施的不断完善，越来越多的近郊村民过上了便捷、舒适的城市生活方式。例如，饭后散步遛狗、跳舞健身等娱乐休闲方式在近郊村居民群体中逐渐盛行起来，但近郊村民用以休闲娱乐的广场、公园、绿地等公共设施的面积明显滞后于城镇社区。正因为如此，许多近郊村居民认为自己所在的村落或社区依然还是个农村。

同时，作为城乡过渡地带，近郊村落常常是城乡公共交通的交叉点、中转站，城乡人口和物资经由这里得以流通。可以说，城市公共交通网络向近郊村落的放射状扩展，便利了近郊村民的出行，扩大了他们的社会活动半径。例如，杭州的免费公共自行车是一项较为成功的交通系统创新，在城区能便捷地使用，市民出行过程中的"最后一里"问题应该说得到了较为完满的解决，但近郊村民往往难以享受这一便利。比如，处于杭州城郊的良户社区，随着城市主干道科海路的建成，原先穿村而过的坑坑洼洼的马路被改造成了宽阔笔直的公路，但在村落附近公交站、公共自行车租借点之类公共交通设施却一个都没有，很多居民外出不得不先搭乘家人或朋友的摩托车、电动车等交通工具前往一公里之外的公交车站。

此外，近郊村落的地理区位决定了其空间格局演变的动态性。"现代城市流动大，变化快，人口、资本、商品信息以及人们的需求、观念都处于不断的变化之中，城市结构和职能也在不断变化，职能地域之间的组接关系越来越不稳定。"[1] 近郊村落作为乡村向城市过渡的边缘地带，是城市化最直接、最敏感的地区，其最大特点是空间结构不稳定。[2]

第二节　碎片化：村域空间与居民聚落

"城镇化在空间意义上就是城镇'群''带'化"[3]，突出城镇发展的区域性联动和协作。遗憾的是，在中国的城镇化实践中，由于受"土地

---

①　向德平：《城市社会学》，武汉大学出版社 2002 年版，第 62 页。
②　杨山：《城市边缘区空间动态演变及机制研究》，《地理学与国土研究》1998 年第 10 期。
③　张鸿雁：《中国新型城镇化理论与实践创新》，《社会学研究》2013 年第 3 期。

财政"、"GDP 锦标赛"等地方政府行为的影响，"摊大饼式"的城镇发展模式仍占主导地位，由此导致交通拥挤、环境污染、地价上涨等"城市病"日益加剧。在此背景下，越来越多的城镇在新一轮的产业规划过程中不得不采取"退二进三"的发展战略，引导一些污染程度高、占地规模大的传统工业由市镇中心逐渐向外转移。地理位置及发展政策相对优越的近城村落自然而然地成了城镇工业转移的首选之地，相当部分近郊村落因此而逐渐纳入了工业区、开发区、新城区的范围。

工业园区和各类开发区的建设和发展离不开一系统配套的基础设施，这无疑会推进城镇主干道、水电路网等各类市政设施加速向近郊村落的延伸，同时也在一定程度上带动了城镇中心的人口、住宅、机关和企事业单位等陆续向郊区迁移。在这个主要由城镇产业转移而引致的城镇化过程中，近郊村落无疑面临着来自外部的强大冲击和分割力量，近郊村落以往所保持的连续性和整体性逐渐被打破，最终形成了近郊村落空间格局的碎片化现象。

一　村域空间切割

市政设施建设是城镇产业向城郊地区顺利转移的重要基础，也是城郊物理空间实现城镇化的一个重要标志。城镇空间的向外扩张，首先就涉及道路桥梁、管网线路、园林绿化等市政设施的建设，相关建设项目的土地供给则有赖于在近郊村落的土地征用和房屋拆迁。

从一定意义上说，"传统村落系统的自然态演变过程，在外界输入的信息和能量相对稳定的情况下，遵循着一定的自组织演变的规律。其组成的各个子系统之间存在着较为良好的互动关系和相互催化、共生的关系，这也是其在保持同构性的前提下有着持续发展的活力的原因所在。"① 然而，地处城乡交错地带的近郊村落，在城镇空间扩张过程中客观上成了城镇市政设施向外延伸的"首冲地带"，各种市政设施（特别是纵横交错的交通网络）的建设和完善，形成了一股股强劲的切割力量，打破了近郊村落以往相对封闭和完整的地域边界，模糊了当地居民特别是年轻居民对村域范围的集体记忆。例如，2003 年至 2009 年间，杭州西湖区的良户社

---

① 王浩：《村落景观的特色与整合》，中国林业出版社 2008 年版，第 6 页。

区多次被征用的集体土地，主要就是为了满足杭州转塘科技经济开发有限公司建设科海路、浮山路、良浮路、石龙山路等城市主干道延伸路段对土地的需要。由于不同的路段对土地所在的位置和面积不同，土地征用又是分批次进行，每一次征用土地往往是某个或某几个村集体土地中处于某一方位的部分土地。比如，2005 年被征用的 61.25 亩土地，是为了实施科海路（含袁浦路）及沿路绿化和砌坎工程项目的需要。2008 年 1 月先后两次被征用的 6.43 亩和 12.6 亩土地，分别是为了实施浮山东路（党校段）工程建设项目和良浮路（袁浦路—浮山东路）工程建设项目的需要。如此，良户社区的集体土地就犹如不断被蚕食的桑叶，土地每被征用一次，村域整体就多出一个缺口。在这个过程中，原本有着特殊村落文化符号意味、承载着村落居民集体记忆的古树木、老建筑也在推土机的轰鸣声中不断倒下、消失。调查过程中，一位 68 岁的老年居民指着一片片荒地向我们诉说：那里曾经是村里某一古树的遗址，这里曾是他小时候玩耍的乐园。交谈中，我们知道他是一位对这个村落满怀深情的老人，对村落的城镇化变迁，表现出一脸的茫然与不舍。2007 年，在听说村又要开始新一轮的征地拆迁工作，许多邻里将因此而被拆散、分开，他主动联系村老年协会的多位老人，发起捐款行动，并组织力量花了十个月时间编写了良户村的郑氏家谱。对他而言，一棵棵古树的倒下、一幢幢老房的拆除，不仅意味是村落生态和空间格局遭受破坏，更意味着美好的村落记忆的残缺和消失。

市政设施的大规模延伸构成了一股强大又难以抵御的侵入力量，对近郊村落原先的外部空间环境以及村民的生产生活方式造成了明显的冲击和分割，打破了村落的连续性和完整性。当然，这种外力的冲击对于近郊村落的发展并非是全然消极的。比如，它能在某种程度上带动村落经济社会的发展，也使得近郊村落与外界的交通联系更为方便。但是，应当理性地认识到，这种外力冲击不仅打乱了村落经年累月而形成的交通网络，而且造成了村落空间的碎片化。许多原本便于村民交往的村间小道被各类市政设施所阻隔或淹没，甚至成了无法通行的断头路。村落内部居民之间的相互往来不得不绕道而行，由此给近郊居民的生产生活带来了种种不便。同时，原有的村落空间被新的路网所分割和重组，村域空间的连贯性和整体性被打破后形成了大小不一、形状各异的多个碎片。

二　村落边界交错

传统村落作为当地居民的社会生活共同体是一个典型的"熟人社会"，村落边界较为明确且相对封闭。李培林指出："一个完整的传统村落具有高度重合的五种边界，即社会边界、文化边界、行政边界、自然边界和经济边界。在工业化、城市化过程中，村落的边界发生分化，这种分化遵循着一个从边缘到核心、从表层到深层、从经济边界到社会边界的次序。而每一层边界的分化，都伴随着新的社会冲突和社会整合。"[①] 可以说，传统村落与外部环境之间的边界是清晰的，这村的与那村的、本村人与外村人，诸如此类的村落内外区分在村民群众心中十分明了。然而，在村域内部，经济、社会、文化等方面的边界就显得较为模糊。对此，有学者做出过较为精当的分析："由于'熟人社会'的村庄体系具有多重的社会关系及相对单纯的文化形态，因而村庄的公共性和透明度得以加强，而私密性相对削弱。村落的整体布局较为疏朗，建筑之间的相对开放度较强，所谓'鸡犬之声相闻'便是农村生活的真实写照。村落整体开放度的增强，使得整个村落形态具有丰富的层次，公共空间、半公共空间以及私密空间之间的关系较为模糊，其间存在着一些模糊的界域，这也是村落中丰富的交往系统的一种物化体现。"[②]

相对而言，城镇社会则具有多元、开放等内在属性。在城镇化过程中，近郊村落结构体系逐渐地由封闭状态走向开放或半开放状态，已是被事实一再证明的社会发展规律。随着近郊村落的征地拆迁，村落土地的性质和用途发生了变化，并呈现出多样化状态。按照相关法律的规定，我国实行的是城乡二元化的土地管理制度，核心是城乡土地具有不同属性。例如，《中华人民共和国宪法》第十条规定，"城市的土地属于国家所有。农村和城市郊区的土地，除由法律规定属于国家所有的以外，属于集体所有；宅基地和自留地、自留山，也属于集体所有。国家为了公共利益的需要，可以依照法律规定对土地实行征收或者征用并给予补偿。"《中华人民共和国土地管理法》第二章"土地的所有权和使用权"中对该土地管

---

① 李培林：《村落的终结——羊城村的故事》，商务印书馆 2004 年版，第 142 页。
② 王浩：《村落景观的特色与整合》，中国林业出版社 2008 年版，第 5 页。

理制度作了更进一步的细化，同时规定："农民集体所有的土地依法属于村农民集体所有的，由村集体经济组织或者村民委员会经营、管理；已经分别属于村内两个以上农村集体经济组织的农民集体所有的，由村内各该农村集体经济组织或者村民小组经营、管理；已经属于乡（镇）农民集体所有的，由乡（镇）农村集体经济组织经营、管理。"因此，当城镇空间扩张需要农村集体土地时，首先必须通过征用等手段转变土地性质，将农村集体土地转化为城市非农建设用地。正是在土地征用和房屋拆迁过程中，近郊村集体土地逐步改变了集体性质和农业用途，变成为城市非农用地。如此，在城镇化进程中，近郊村域构成为集体土地与国有土地、农业用地和非农建设用地并存的复合地区，既承接了来自城市的空间扩散，又保存了村落的基本格局，同时还派生出一些特别活跃的边缘性用地类型。土地性质和用途日趋多样化，呈现出板块拼贴式的平面结构：既有宅基地、自留地、自留山等属于农民集体所有的土地，又有被政府征用的非农建设用地及其建设于这些土地之上的各种类型和形式的机关、企业、学校、事业单位，以及车站、市场、商住区、经济适用房小区、农居安置区，等等。在土地性质和用途多元化的背后，实质是多种形式的机关和企事业单位相继入驻近郊村落地域范围，各类单位往往通过围墙和门禁与外界隔离，形成相对独立的"王国"。

　　总之，在土地征用开发和房屋拆迁安置等政府行为的推动下，近郊村落的地域范围内形成了集体农业用地与国家非农业用地共存、村落共同体与外来非村属单位交错的局面，已经很难划清村落的地理边界。有人形象地描述道：近郊村域空间"主要表现为工业企业用地和农业用地并存，现代化公寓楼和农村住宅并存，温室大棚和绿化用地并存，畜牧养殖场和交通道路并存等"[①]。从我们考察的 9 个近郊村落地域平面图看，近郊村民的聚居点、村落集体所有的土地、建筑等时常被道路、公共设施以及外单位建筑和物业所分割，呈碎片状分散于原村落地域的多个区块，形成了村落边界的交错。

---

　　① 任志远等：《城郊土地利用变化与生态安全动态》，科学出版社 2006 年版，第 11—12 页。

第三节　混合化：社区格局与人居环境

社区格局是一定时空背景下社区功能和结构的物化体现，是人们生产生活方式塑下的结果。从时间维度来看，农村社区和城镇社区处于城镇化进程的同一发展链条上，存在先后继替的发展次序；从空间维度来看，农村社区和城镇社区呈现的是一种在地理空间上的圈层化分布，形成的是城镇——乡村社区连续体。城乡这种先进与落后、中心与边缘的时空结构，代表着两种可以相互参照的经济模式和生活方式，而城乡社区格局之间的差异成了它们最后的注脚。

在中国特别是浙江农村，由于长期受小农经济传统的影响，农民大都过着一种"男耕女织"式的乡村生活，家庭是基本的生产和生活单位，以农为主，以工为辅。他们在家中往往饲养禽畜以补贴家用，人畜共居的现象并不算少见。在《江村经济》中，费孝通对江南农民住房的空间布局有过较为翔实的描述："一所房屋，一般有三间房间。堂屋最大，用来做劳作的场所，例如养蚕、缫丝、打谷等等。天冷或下雨时，人们在这里休息、吃饭，也在这里接待客人或存放农具和农产品。它还是供置祖先牌位的地方……广义地讲，一所房屋包括房前或房后的一块空地。这块空地既作为大家走路的通道，也用作一家人干活、堆放稻草或其他东西的地方。在这块地里种上葫芦或黄瓜就是小菜园，房屋附近还有养羊或堆放东西的小屋。"[1] 当然，在传统的农村社区，生产与生活混杂的现象还不仅限于一家一户内部，就是整个村庄也可以像是个众人共居的"大庭院"："村中的道路不只是人们穿行而过的地方，它还是人们攀谈、张望、吃饭和兜售一些小商品的地方；打谷场也不只是人们穿行而过的地方，这里还是人们的社交场所，大人、孩子、老人都汇聚来，工作行为与社交行为似乎统一在一起。"[2]

城镇社区则存在着两种相互作用的运动："结节运动"和"均质运动"。结节运动实质是指城镇中的某个地段对人口这种"质点"具有吸引

---

① 费孝通：《江村经济》，上海世纪出版集团 2007 年版，第 96—97 页。

② 王浩：《村落景观的特色与整合》，中国林业出版社 2008 年版，第 5 页。

作用，形成一个个或大或小的集聚中心。均质运动是指城镇地域在职能分化中保持同质、排斥异质的过程，使城镇地域形成一种结构性的职能地域体系。在这两种运动的共同作用下，城市内部出现了明显的地域分化和功能分区，形成了诸如由工业区、商业区、居住区、文教区等功能区构成的城市社区格局①。

城镇化进程中的近郊村落既具有一般的农村社区所普遍存在的生产和生活混杂的现象，同时又具有不断促进生产和生活功能分化、分区的现实需求和外在推力。这种处于过渡型的发展状态，使得近郊村落具有较为明显的生产与生活混杂的问题，同时呈现出其在"乡——城"转换过程中所具有的异质性。

一　功能混杂的人居模式

人居模式的改变是近郊村落城镇化的重要表现。一般农村社区的人居模式是与农业生产活动紧密相关的。而在近郊村落，随着大量的土地被征用、房屋被拆迁以及越来越多的流动人口的不断集聚，整个村落的经济社会生态已然明显走向非农化，势必影响村落传统的人居模式。不过，根据我们的调查，近郊村落的人居模式虽然受到较大的影响，但从总体上看，过去的日常生产生活中所养成的一些习性并没有根本性改变，特别是生产和生活功能混合的问题仍旧比较突出，并时常以新的形式得以表达。

居民的居住模式虽然有所改变，但其房屋的空间布局中，生产和生活功能的分化并不十分显著。我们调查的9个近郊村落，都已经实现非农化或基本非农化，许多居民也因为拆迁安置而陆陆续续住进了新建的安置小区。由于各地在拆迁安置方面的政策措施存在较大差异，被安置的近郊村居民的居住模式也不太一样。像东阳蒋桥头小区、武义大坤头村、诸暨城西新村等县级城镇的近郊村落，大都由村民自建或集体筹资统一建设新村社区，其房屋结构多为别墅式或联排式。而像杭州的头格社区、良户社区、大塘社区等大城市周边的近郊村落，一般都是在政府的强势推动下，统一建设集中安置小区，并根据相应的农村住宅标准进行住房分配，其房屋结构多为多层或小高层。但不管哪种类型的居住模式，居民生产和生活

---

① 向德平：《城市社会学》，武汉大学出版社 2002 年版，第 72—75 页。

混杂的现象均不同形式、不同程度地存在。

在传统的中国农村社会里，悠久的农耕文化基础上形成的特殊风水理念正配合了农民世代沿袭的生产生活方式。在信奉风水的老农民那里，像房屋结构、器具摆放都有一定的讲究，因为它们背后代表的是一种人们无法左右的神秘力量，决定着一个人或一个家族在财运、事业和荣誉等方面的兴衰。正是基于这样的思想观念，长期以来，"独门独户，有天有地"的住房格局更是被认为是一座良居不可或缺的空间结构要素。上述几个县级城镇近郊村落安置房的建设之所以多为别墅式或联排式，固然有当地地价较为便宜的因素，但最重要的还是因为政府与村民在安置住房模式博弈过程中的一种妥协。可以说，农居的布局是乡土文化的有机组成部分，它反映了当地居民的生活方式、生活态度和生活追求。随着工业化、城市化对土地的需求不断攀升，近郊村落的地价也在一轮又一轮的征地拆迁过程中"水涨船高"。土地资源的稀缺性，也深刻影响了近郊村民的居住模式，对于许多大城市周边的近郊村民而言，别墅化的安置房已成了遥不可及的梦。然而，告别农业耕作史的农民，却难以割舍旧有的生产生活方式，在日常生活中的很多方面都沿袭着农民固有的习惯，并不会随着居住空间的改变而迅速改变。例如，在诸暨市城西新村，村民在搬进多层式的安置公寓房后，还习惯于在厨房砌上一个灶头，在家门口放养几只鸡、鸭等家禽，在草坪上开发几块零星菜地……同时，农民们也往往设法将住宅等生活资料转变为生产资料，特别是在安置房底楼开办家庭作坊、小型企业，或开办日用品商店，形成"楼下生产，楼上生活"的房屋格局。更多的近郊村民则将多余的住房用于出租，收取租金。调查发现，近郊村落拆迁安置过程中出现的诸多社会矛盾，固然有着很多的经济利益因素，但基于生产生活方式的改变而引发的"文化的冲突"也不容忽视。

另一方面，随着城镇化的不断推进，近郊村落虽然也逐渐被纳入城镇区域规划体系，但由于在"中心—边缘"资源分配结构下，近郊村落的功能分区规划仍然较为滞后。不可否认，"中国城镇的建立和发展受政府支配，形成了政治中心和经济中心两位一体的城镇网络。"① 这种城镇体系的优点，就是可以通过非经济力量将分散的、有限的生产要素予以集

---

① 向德平：《城市社会学》，武汉大学出版社 2002 年版，第 171 页。

中。但"长期以来，由于城乡二元分割体制的影响，中国的城镇规划往往局限于'市区'，而忽略了市区与郊区的统筹规划，导致郊区成为城镇规划的'空白地带'，无序发展"①。许多近郊村落虽然已经被归入城镇的地域版图，但又迟迟享受不到城镇发展的同等政策待遇，在居住、生产、商业等功能区的布局方面缺乏科学的全面规划，特别是生产功能与生活功能交错混杂的状况较为典型，基本处于一种自发的无序状态。某些地方政府甚至于将楼上生活、楼下生产，生产与生活场所相结合的模式视为近郊村落经济社会可持续发展的成功典型加以推广，因此进一步加剧了近郊村落社区格局的混合化状态。

二　良莠不齐的建筑群落

"城市是地域生产力的集中表现形式……城市从内部社会结构的分化到开放式结构的地域性扩张，其功能之一就是通过市场关系配置区域和空间资源。"② 近郊村落由于得益于其连接城镇的较为便利的地理区位，往往也爆发出较为强大的地域生产力，集中体现在日益多样和繁荣的物业经济。物业经济的发展水平与物业项目所处的地理区位紧密相关。用通俗的话来说，不同的地段和交易条件将决定物业项目的具体收益。

在近郊村落城镇化过程中，地方政府也意识到失去土地之后的农村经济发展和农民生活水平将受到很大的影响，像土地征用、撤村建居等工作会面临较大阻力。为了保证工作的顺利进行，同时也给农村发展留有余地，地方政府出台了各种留置地或留用地政策，即政府在征用近郊村落集体所有土地时，按照被征土地面积的一定比例核定留用地指标，让被征地集体经济组织用于发展第二、第三产业，壮大集体经济、安置失地农民。在这方面，各地的具体政策差异较大。在调查的 9 个近郊村落中，留用地比例最高的是杭州市，为 10%；最低的是武义县，为 3%。此外，金华陶朱路村社区则没有留用地。

与此同时，近郊村落物业经济的发展也导致各类违章建筑层出不穷。

---

① 胡际权：《中国新型城镇化发展道路》，重庆出版社 2008 年版，第 135 页。
② 张鸿雁：《侵入与接替：城市社会结构变迁新论》，东南大学出版社 2000 年版，第 410 页。

面对房屋出租等可观的物业经营收益，近郊村民作为理性"经济人"的逐利性日益凸显。他们为了扩容有限的空间并从房屋出租中谋利，在压缩自己生活空间的同时，总是尽量新建、扩建或改建私宅以供出租。如此，拆旧建新、擅自加层、扩大建筑面积等违章私建活动十分突出和普遍，直接导致了聚居区内建筑物的错落密集、建筑密度和容积率的居高不下及居住环境的拥挤压抑。[①] 特别是一些沿街搭建的简易用房，更是条件恶劣、外观简陋和分布随意，不但挤占了有限的绿地、院落和道路，还严重地破坏了社区的空间布局和景观环境。

此外，近郊村落存在较为严重的违法转用土地问题。这些违法转用土地的来源大多是村集体留用地，也有部分是通过村集体回租的农民承包地，还有村集体直接租用或购买的农民承包地。这些违法转用的农用地主要用于村集体自主开发建设酒店、加油站、市场、商务楼、小产权房等物业，或出租转让给一些私人企业（部分租期长达 30 年至 50 年），用于开办休闲农庄、砖窑、沙场等非农业建设项目，由此形成了种种形态各异的建筑群落。

三　"脏、乱、差"的村落环境

刘易斯·芒福德在论述城市空间问题时曾指出，城市只是一种容器，而任何一种容器的真正价值并不在容器的器物本身而在于容器所形成的空间[②]。同样，近郊村落由于其独特的地理区位和复杂的社会生态，越来越显现出其作为"容器"的作用。作为城市经济社会向农村地区疏解和渗透的首要地带，近郊村落"既要承受来自城市内部外泄的'城市压力'，又要接纳广大农村的腹地向城市转移中的人流形成的'农村压力'"[③]，在人口、商品、信息等方面发挥着重要的集散功能，对流动人口具有较大的吸引力和容纳力，因此成了城乡冲突的缓冲地带。同时，当下中国近郊村

---

① 吴晓：《"边缘社区"探察——我国流动人口聚居区的现状特征透析》，《城市规划》2004 年第 1 期。

② 张鸿雁：《城市·空间·人际：中外城市社会发展比较研究》，东南大学出版社 2003 年版，第 232 页。

③ 张鸿雁：《侵入与接替：城市社会结构变迁新论》，东南大学出版社 2000 年版，第 454 页。

落的城镇化更多是一种被动的、被卷入的社会变迁过程，对于那些当了大半辈子农民的近郊村民而言，生活习性已经养成，思维方式基本固化，变成"市民"往往等于进入了一个陌生的日常生活世界，需要面临着诸多的选择、学习和适应。①

此外，由于地处城镇边缘，近郊村落往往缺乏全面、统一的规划，公共基础设施不全，业态布局缺乏协调性；人口结构复杂，不同职业、地域和身份的人群交错杂居，生产生活方式多元而混杂，等等。这些因素最终造成了近郊村落环境和社会秩序的错杂无序状况。在调查中发现，"脏、乱、差"已经成为相当部分近郊村落的共同环境问题。比如，城西新村的垃圾问题曾经成为附近居民一个头痛的问题。2012年7月21日，有个叫"goldenmean"的网民还在"百姓论坛"里发表了一条题为《城西新村频繁火烧垃圾什么时候处理》的帖子引发了诸多网民的关注。该网民表示，10天内已经连续4次向环保举报电话"12369"举报垃圾焚烧的问题，并附上多张现场图片，"有图有真相"地表达自己的不满。随即，一些网民开始跟帖：

　　　　网民"老被说重名"说：城市快速发展，管理严重落后。

　　　　网友"荒火妖莲"说：扔垃圾的人素质确实不高，其实有些垃圾分分类就可以清爽很多的。这个图一看就真的让人倒胃口。清理垃圾的人么真叫一个懒，直接火一点完事，好好的新挫挫个垃圾站被焚烧的墨乌墨乌。可恶的。

　　　　网友"大唐盛世"说：嗯，大唐草塔基本都是烧的，因为做袜子多余的杂物，一烧黑压压的。草塔中学门边一棵树都烧死了，举报也没人管理，烧的人，有很多是环卫自己烧的，一烧垃圾就少了，他们就少干活，问题，轻纺这些东西很有毒的。

　　　　网友"春天之歌2012"说：可恶，旁边的欣泰小区垃圾站更是脏臭，半月未见有人清理，有关部门严重不作为，期待领导关注。

---

　　① 毛丹、王燕锋：《J市农民为什么不愿做市民——城郊农民的安全经济学》，《社会学研究》2006年第6期。

第三章　社会结构：边缘要素的复杂组合

近郊村落城镇化是一个动态的综合性社会变迁过程，社会结构转换无疑是这一变迁过程的重要组成部分。从一定意义上说，城镇化进程中近郊村落社会结构的边缘化，实质是动态城镇化过程的一个具有过渡性质的聚合体。中国农村社会经历了几千年的发展，积淀了深厚的文化和地域归属，形成了特殊的社会结构。近郊村落在城镇化过程中逐渐地脱离原有农村社会，走向农村社会系统的边缘或进入城镇社会系统的边缘，介于农村社会与城镇社会两个系统之间，形成了一种具有多重边缘化特征的独特社会结构。近郊村落既区别于城镇社区，又区别于农村社区，呈现出一种"非城非乡"又"亦城亦乡"的社会存在。

第一节　去农化：村落经济结构的变迁

近郊村落社会结构的边缘化首先表现为村落经济结构的去农化。去农化并非意味着落后和不发展，而是指一种特殊的存在形式、发展方式和相对状态。在特定意义上说，近郊村落经济结构的去农化变迁显现了特殊的发展意蕴。

众所周知，农村的村落之所以属于农村社会系统，首先是因为其经济上表现出的农业属性。几千年来，农村社会形成了其独特的经济属性——在农地上经营农业，农地、农业因此构成最为核心的农村社会属性和社会表征。近郊村落的城镇化说到底就是一个经济去农化过程，即一种逐渐失去农村经济属性的社会变迁。从调查的 9 个村落来看，当下中国近郊村落城镇化进程中的经济结构变迁，集中地表现为两个非农化。

一　集体土地的非农化

从一定意义上说，城镇化是一个土地等生产要素集聚的过程。城镇化进程必然伴随着大量的农村土地征用与开发，伴随着城镇化进程的推进，"一片片田野从人们视野中消失，一群群农业人口进入楼宇堂皇的城市"①。特别是在目前中国近郊村落的被城镇化模式下，地方政府在相当程度上依赖于土地征用等行动推动城镇化的加速发展，由此生发出了一系列的社会现象和社会问题，土地征用因此而逐渐地成了近郊村落城镇化过程中的一个焦点和热词。

集体土地的非农化，又称农地的非农化，指的是农用地转变用途，成为居住、交通、工业、商业服务业等城乡建设用地的过程②。农地向来就是农村经济的主要生产要素，集体土地的非农化对城镇化和工业化提供了重要的支撑作用，也是近郊村落经济结构转换的重要前提和具体表现。有学者指出，经济发展和土地的非农化之间存在着耕地库兹涅茨曲线假说，这是一种类似于库兹涅茨曲线的倒 U 形关系，随着经济的发展，耕地损失率（土地非农化）呈现先减小后增大再减小的趋势③。相对来说，位于城市边缘的近郊村在土地非农化问题上表现得尤为明显。因为近郊村落所处的区域往往是城镇周边或者是产业聚集地带，这一地带土地增值效应明显，而且处于城乡二元结构冲突和转换以及市场经济转型的前沿，经济转型所诱发的各种体制机制性的利益矛盾冲突最为集中。

在城镇化过程中，我国农村土地非农化的途径主要有两种：一种是国家首先征用农村集体所有的土地，然后再以划拨或出让的方式把农地转化为非农建设用地；第二种是在不改变集体土地所有权的情况下将农地转化为非农建设用地④。根据我们对 9 个近郊村落的调查，近郊村落集体土地的非农化与上述结论基本一致。

---

① 刘宗劲：《征地制度研究：对中国城市化进程的追问》，中国财政经济出版社 2008 年版，第 6 页。

② 张宏斌等：《土地非农化调控机制分析》，《经济研究》2001 年第 12 期。

③ 曲福田、吴丽梅：《经济增长与耕地非农化的库兹涅茨曲线假说及验证》，《资源科学》2004 年第 5 期。

④ 杨文杰：《关于农用土地的非农化问题》，《云南行政学院学报》2005 年第 3 期。

第一，被动的土地非农化。在过去几十年的城镇化过程中，近郊村落的城镇化本质上是一个政府主导的社会变迁工程。特别是在集体土地非农化过程中，政府行为始终占据着支配性地位。我国的土地管理制度实施的是一种城乡有别的二元性体制，城市土地和农村土地的性质和用途有着严格的区别。根据相关土地管理法规的规定，城市土地属于国有，主要用于非农用途；农村土地属于农民集体所有，主要用于农业用途。但是，因城镇化发展等需要，地方政府可以通过调整城市规划和土地征用，将农村集体土地纳入城市规划区，将集体所有土地转变为国有土地，将农业用地征用为工业用地或建设用地。在这一过程中，政府发挥着主导和支配性作用，村落集体组织和村民群众处于被动的地位。故而，站在近郊村落的立场和角度看，它表现为被动的土地非农化。

按照土地管理法规定："国家为了公共利益的需要，可以依法对土地实行征收或者征用并给予补偿。""任何单位和个人进行建设，需要使用土地的，必须依法申请使用国有土地。"政府不仅是农业用地转换为工业用地或建设用地的唯一仲裁者，而且还拥有将农村土地征用后转换给城市使用的唯一性的、决定性的和排他性的权力。[1] 政府还控制着土地资源的配置，使土地从征收到出让配置、一进一出两个通道完全受政府控制调配，政府因此可以从土地的差价中得到巨额收益。在很多地方，政府实际上已经成为城市土地和农村集体土地的共同经营者。本项研究中所调查的 9 个村落，无一例外地存在着土地被政府征用的情况，而且土地征用推动的被动性土地非农化在整个近郊村落集体土地非农化过程中占据绝对的主导地位。具体见下表。

表 3—1　　　　　　　　9 个近郊村落的土地征用情况　　　　　　　　单位：亩

	头格社区	大塘社区	良户社区	陶朱路社区	外山头村	富强村	蒋桥头小区	城西新村	大坤头村
原有土地	2000	2515	1205	1700	800	1500	618	4000	240
被征用土地	1800	2100	1084	1300	750	1300	270	3600	200

注：调查时，蒋桥头村小区的约 300 亩集体土地正在征用中。各村落未被征用的土地中包含根据当地政府规定按征用土地一定比例留给村落集体，用于发展集体经

济的留置地。

　　进而言之，通过政府征用而实现的集体土地非农化过程，实质上就是集体土地的国有化过程。它不仅改变了土地的用途，而且转换了土地的性质和所有者。因为政府的土地征用，使得近郊村集体失去了被征用土地的所有权。因为大量村集体土地被征用，近郊村民成了失地农民，近郊村也逐渐成了"没有农地的村庄"。

　　第二，主动的土地非农化。所谓主动的土地非农化，其行为主体是农村集体组织，在不改变土地的集体所有性质的前提下，通过自主行动改变土地用途，实现非农开发利用。由于近郊村落所处的特殊地理区位和土地非农经营的利益驱动，近郊村落集体组织难免产生强烈的行动欲望，设法实施集体土地的自主开发利用。我们调查的 9 个近郊村落，几乎都面临着一个相同的问题和行为选择，这就是最大限度地自主开发利用村集体土地。近郊村落普遍认识到了集体土地在城镇化过程中是一种具有高升值性的资产，努力实现集体土地价值的最大化。而"一旦土地成了在农业领域以外的经济领域生产经营的资本，城郊村的集体经济就获得了新的生产增长方式"[1]。应该说，这是近郊村落组织和村民群众的理性选择，不仅告别了原来那种"靠天吃饭"的非理性的自然空间[2]，而且与政府土地征用相比，集体土地的自主开发所能获得的收益不仅更多而且可持续。

　　不过，调查中发现，这种主动的土地非农化过程并不容易。一般而言，地方政府出于多种目的，对近郊村落自主转变农地用途，实施集体土地非农性开发利用的做法给予了较为严格的限制，甚至于按规定用于村落经济发展的留置地的开发也时常会遭遇种种阻挠和困难。比如，诸暨市城西新村的留置地与当地其他近郊村落一样，因非农开发用地指标限制等原因基本处于闲置与荒废状态。故此，总体而言，由村落自主实施非农开发利用的农地数量有限，在非农化集体土地中只占极小比例。在实践中，近郊村落集体组织往往会借助自己拥有的社会关系资源，采取一些变通方

---

　　[1]　路小坤：《徘徊在城市边缘：城郊农民市民化问题研究》，四川人民出版社 2009 年版，第 98 页。

　　[2]　孟德拉斯：《农民的终结》，李培林译，社会科学文献出版社 2005 年版，第 57 页。

式，设法实施集体土地的非农开发。

二　村域产业的非农化

在中国传统社会里，农村主要以农业为主，兼营副业，特别是江浙一带农村是典型的男耕女织式小农生产，农业无疑是农村社会的根本性要素和重要标志。我们所调查的9个近郊村落，在改革开放以前，类似于其他农村社会，村域经济主要以种植业为主。除陶朱路、大坤头等少数村落主要种植和经营蔬菜外，其他村落均以粮食生产为主业。村集体间或办过一些乡镇企业，但均因经营不善而未能长期坚持。改革开放以来，国家先后出台了一系列允许和鼓励农村非农经济、个私经济发展的政策，受国家政策激励和利益驱动，近郊村落逐渐出现了非农经济。有的是集体兴办的企业，更多则是村民个人和家庭兴办或经营的企业，由此开始推动近郊村域产业结构的转变。然而，尽管近郊村域经济结构发生了新的变化，但总体上依然是以农业为主导，是一种家庭承包农业经营为主导，多种产业经营共同发展的经济格局。

随着城镇化的加速发展，近郊村落的集体农地陆续被政府征用。大规模的土地征用从根本上切断了近郊农民与土地的联系，近郊村落因无地可种而失去了继续从事农业经营的基础，因此成为"没有农业的村庄"。

可见，近郊村落的产业结构转换既是村民寻求自身发展的自主选择过程，更重要的是政府征用土地而诱发的社会变迁过程。在某种意义上说，土地征用在近郊村域产业结构变迁中具有特殊意义，致使近郊村域产业结构的非农化呈现出一定程度的被动性。

从城镇化模式的角度看，由于过去一个时期中国的"土地城镇化"政策倾向，致使中国式的土地征用具有一系列独特性。即地方政府在征用近郊村落集体土地的过程中，主要关注土地的城镇化需求和经济开发利用，对于征地以后近郊村域经济和近郊村民如何发展，没有做科学的规划，也没有统一、明确的政策，呈现出一定程度的"无制度可依"状态。地方政府热衷于获得近郊村落的土地用作城市基础建设或商业开发，却很少关注土地征用后农村及农民的发展问题。唯其如此，近郊村落只有利用这种"政策空白"留下的自由空间，自主选择村域经济发展道路。我们调查的9个近郊村正是根据自己对城镇化的理解，结合本地的具体实际，自主选择了各具特色的村域经济发展道路。

客观地说，9个近郊村落产业的非农化进程，主要是伴随着城镇化特别是土地征用行动而启动的。此前，这些村落的村民和村组织尚未做好发展非农经济的准备，只是在迅速而猛烈的城镇化行动中被卷入村域经济非农化的发展大潮。面对失去的土地、获得的土地补偿款以及政府返还的留置地显得一筹莫展。调查中，不少村干部和群众对如何处置因土地被征用而获得的补偿款、如何在失地后组织村民发展经济、如何引导失地农民谋求新的生存空间和发展机遇等，表达了自己的担忧、疑惑、无奈、无力。大坤头村书记告诉我们说："该村村民原来主要是菜农，集体土地被征用，意味着村民群众因失去菜地而同时失去了一辈子积累的劳动技能，对于之后能做什么显得无奈又无力。不少人因缺乏适用技能而难以获取理想工作岗位，长期闲着无事又可能引发新的社会问题。村集体虽因土地征用补偿等而拥有上千万元资金，但对于如何处置和利用巨量资金发展村落经济，村干部也觉得没有能力、无计可施。"尽管各村原有经济基础不一，产业结构也存在着一定差异，但在城镇化进程中似乎又都站在了同一起跑线上，即在失去土地，无法继续以农业为生的背景下，利用手中的土地补偿款和留置地进行有效的非农经济开发和经营，实现经济利益最大化与村落社会和谐发展。

调查中发现了一个有意思的事实：几乎所有的近郊村落均选择了以物业经济为主的村域经济发展道路。

当下近郊村落的物业经济主要表现为两种形式：（1）集体物业经济。近郊村组织抓住其独特的区位优势和城镇化发展的需求，不同程度地利用集体拥有的留置地、固定资产和土地补偿款等，实施物业开发和经营。有的直接出租土地，有的建设并出租标准厂房、综合楼、店面、农民工公寓等，有的与相关企业合作共同建设和经营商业综合楼等。总之，主要以土地使用权转让、楼宇建设和出租经营的方式获得收益。（2）家庭物业经济。在城镇化过程中，特别是房屋拆迁、旧村改造行动中，近郊村民大多享受到了"一户一宅"的农村住房建设政策或按面积补偿的房屋拆迁安置政策，并利用从集体分配的土地补偿款和家庭积蓄自建或购置了相当的私有住宅。在这一过程中，依据相关政策部分家庭甚至拥有了多幢别墅或住宅。村民们于是利用多余的私有住宅等房产开展物业经营。多数出租给外来人员住宿，有的出租开办商店或工厂，以获取经济收益。

可以肯定地说，物业经济已经成为近郊村域产业结构的重要部分。应当说，这是近郊村落抓住城镇化发展的契机，利用自身条件和资源而选择的一种经济发展模式，取得了客观的经济收益，也为保持村落社会和谐做出了特殊贡献。同时，需要理性地看到，从一定意义上说，这是一种在土地被征用后通过资产转换而形成的"食利"型经济形式，有人戏称为"房东经济"。

此外，由于各村落的客观基础不同，对城镇化和村域产业非农化的主观认识不一，以及各村落所在地方政府供给的政策差异，不同近郊村落的产业结构转换也表现出一定的非均衡性。从宏观上划分，大致形成了以下模式：

第一，集体经济主导型产业非农化。即在城镇化过程中，主要依靠经济联合社等集体组织，利用村落集体拥有的条件和资源，实施非农开发经营。比如，富强村以"集体征用"的形式把尚未被政府征用的土地从承包村民那里流转出来，由村集体统一经营管理，借此形成一定的土地规模，以便开展非农开发经营。他们通过"筑巢引凤"的形式，出租土地或厂房等给企业，将工业引入本村域，由此推动了村域非农经济迅速发展。当年，费孝通先生曾经指出："我们不走把农民集中到城里去发展工业的路子，而是让农民把工业引进乡村来脱贫致富，这是在一定具体历史条件下做出的选择，使农民和已有的城市相结合，产生中国新型的社会关系"[1]。从一定意义上说，富强村的村域经济发展模式是在一定历史条件下所作出的选择，是一种城乡各要素在此相互磨合而达到的相互平衡与妥协的状态。大塘社区则借助经济联合社实行股份合作，资产量化到人，集体统一经营，独立开发或合作经营，以物业经济为主，多种产业共同发展。大坤头村则主要借助地方政府给予的旧村改造特殊优惠政策，由村集体统一利用土地征用补偿款等集体资产，变通性地实施房产开发和经营，获取了较大集体收益，但面临着村域经济可持续发展的困境。

第二，个私经济主导型产业非农化。即在城镇化过程中，主要依靠个人和家庭，利用集体分配的土地补偿款等自有资金、自有房产，以及自身

---

① 转引自宋青宜《中国未来的脊梁：新乡绅》，《观察与思考》2010 年第 5 期。

经营管理技能等，实施非农开发经营。主要表现为两种类型：（1）建设或购置并出租私有住宅，从事物业经营。由于近郊村民私有住宅面积较大，不同程度地拥有空闲房屋，因此物业出租几乎是所有近郊村民普遍经营的项目，成为一种普及性的经济形式。总体而言，当下的近郊村民乐于当房东。（2）利用自有或租用场所经商办厂。根据调查，这种经济形式在近郊村民中占有较小比例，相反，许多外来人员租用近郊村民的住宅经商办厂的较多。故此，一进入近郊村落，映入眼帘的是琳琅满目的商店和工厂，但老板大多是非近郊村民。9个村落中较典型的是城西新村，村民楼里到处都是个私经营的工厂和商店，村民家庭通过出租或经营，收入丰厚，但由于集体留置地无法开发等原因，集体经济薄弱，甚至面临着入不敷出的局面。

根据以上分析，不难发现，在城镇化进程中，近郊村落经济结构变迁的"去农化"趋势明显，村落因政府土地征用而逐渐地失去农地，进而没有了农业，失去了农村社会的经济属性，部分或完全地脱离农村经济体系，形成了独特的非农化经济结构。虽然非农化水平因村落不同会有所差异，但非农经济已经占居绝对主导地位。从"趋城化"的视角观察，近郊村落经济的非农化无疑意味着其正在走向城镇社会。但是，近郊村落的经济结构与典型的城镇经济结构存在着显见的差异，以物业经济为主导的村域经济不属于城镇经济的主流。正是基于这一特点，近郊村落经济的结构变迁，与其说是城镇化，不如说是非农化。无论在农村经济结构还是城镇经济结构中，均处于非中心地位，呈现出双重边缘性。

第二节　非农化：村民职业结构的转换

在传统农村社会中，村落居民以务农为谋生手段，农民即农业劳动者自然而然地成了农村居民的职业定位。农村社会之所以为农村，一个重要因素是因为有农民。然而，伴随着工业化、城镇化的推进，近郊村落的村民逐渐地从农业劳动中转移出来，转而从事第二、第三产业，实现了职业的非农化转换。根据对9个近郊村落的调查，当下近郊村落中依然以农业经营为主的村民已经是极少数，而且几乎都是老年村民。从职业转换的角度看，近郊村民已经基本或完成实现了非农化。

历史地看，近郊村民职业的非农化转换具体表现为两种主要途径和方式。

一 近郊村民主动寻求职业的非农化转换

在城乡分割的二元体制下，农业经营与非农经营之间客观地存在着较大的比较利益差距。相对而言，农业生产条件艰苦、农业经营收入低微，特别是在中国社会分层结构中，农民居于下层地位。过去，在严格的国家政策控制下，农村居民被固着在农村，没有流动的自由，被迫世代从事农业生产经营。改革开放后，国家逐步放开了农村工业发展政策，并允许和鼓励农村剩余劳动力向外流动。在此宏观政策背景下，受利益驱动，以及地处近郊的地理便利和空间优势的影响，近郊村民特别是其中的年青人较早地主动脱离农业，转向非农经营。或从事个体经营，或经营企业，或进厂进城务工，追寻其"工人梦"，一定程度地推动了近郊村民职业的非农化。比如，东阳蒋桥头人多地少，历史上，村民们就有做泥工、搞建筑，向农外求生存的传统。在20世纪80年代，不少村民外出创业经营，特别是从事建筑工程承包和施工管理等工作。目前，村落居民中大约有15%的劳力在外经商办厂，15%左右的劳动力在外从事建筑工程承包、建筑监理、施工管理等工作。同时，相当部分的村民陆续进入各类企事业单位务工。

二 近郊村民被动实现职业的非农化转换

从特定意义上说，当代中国近郊村落的城镇化主要是城镇空间扩张的结果，突出地表现为政府推动的被城镇化过程，致使近郊村民的职业转换在相当程度上表现出被动性。具体地说，近郊村民长期从事农业劳动经营，缺乏非农技能，难以在非农领域寻求好的岗位，获取理想发展前景。特别是陶朱路、大坤头等村原来是当地城镇的蔬菜基地，因村民种植和经营蔬菜业具有相当高的经济效益，相当部分村民尤其是那些缺乏非农技能的中老年村民事实上缺乏职业非农化转换的主观意愿。然而，随着城镇化建设的推进，村落集体土地先后被政府征用，近郊村民因此而失去了赖以从事农业耕作的土地，成了"无地可种"的农民。为了生存和发展，他们被迫转向非农领域寻求新的职业。从这个意义上说，"城市化是推动城郊村社会成员非农化的主要力量"①。

与其他类型的村落不同，近郊村落由于其靠近城镇的特殊区位，村民的职业转换以"就地非农化"为主。近郊村民无须付出太高的流动成本，基本以"离土不离乡"甚至"离土不离村"的方式实现职业的非农化转换。相比较而言，近郊村民向外跨区域流动的比例相对较小，离开土地的村民更多的是借助地处城镇边缘的区位优势，发展个私非农经济或进城进厂务工。据统计，富强村拥有劳动力 1200 人左右，其中常年在乡以外务工、经商的有 250 人，占劳动力总数的 20.83%，而留在本地的则占到79.17%，选择留在本地的村民占了大多数。具体见下表。

表 3—2   2011 年富强村农户及人口情况   （单位：人）

总人口数	汇总劳动力数	汇总劳动力数						
		从事家庭经营	从事第一产业	外出务工	其中常年外出务工			
					总数	乡外县内	县外省内	省外
2131	1200	450	80	750	250	120	90	40

数据来源：2011 年台州市椒江区农村经营管理统计年报：农村经济基本情况分析表

绍兴市外山头村紧邻绍兴文理学院，村民群众充分利用学生及外来人口大量集中的条件发展物业经济，全村 80% 以上村民有房屋出租，一般村民出租有 4000—5000 元/月，最高的有 10000 元/月左右。出租和管理私有房屋因此成为部分村民失地后的重要职业和主要家庭收入来源，出现了靠房租为主要收入途径的"食利层"。同时，外山头村村民从实际出发，失地后陆续转向非农领域，寻找各式各样的非农就业机会。有的开出租车和三轮车、有的在学校周边开小店、有的进企业和商店打工，部分缺乏非农技能者则选择保洁、保安之类低技能工作，或到建筑工地做零工，甚至赋闲在家。

东阳蒋桥头人历史上就有外出经营的传统，因此外出者相对多些，约

_____

① 董金松、李小平：《城市化背景下城郊村社会成员的职业分化研究——以浙江三个村庄为例》，《浙江省委党校学报》2006 年第 6 期。

占30%，在一定意义上说这是一种例外。然而，伴随着村落的城镇化，目前约30%以上蒋桥头小区居民在东阳市区的工商企业就业，主要从事准入门槛较低的商场营业员、家政服务人员、保安、门卫及车间工人等工作。

从非农化的程度分析，近郊村民职业呈现出完全非农化和部分非农化两种情况。完全非农化是指完全脱离农业转而从事其他经营活动。部分非农化则指尚未完全脱离农业，或者主要从事非农业劳动，兼顾农业；或者以农业经营为主，兼做其他工作。总体而言，近郊村民的非农化程度较高，多数村民已经完全非农化。但是，不可否认的是，在职业非农化转换过程中，一些特殊的村民群体因缺乏非农劳动技能，只能选择在零星、分散的剩余集体土地里继续从事一些农业劳动经营，以寻求有限的收益。相当部分近郊村民则处在不充分就业状态。在调查中发现，相当部分四五十岁以上的近郊村民赋闲在家，或以打零工维持生计，或处于无业状态主要依靠出租房屋获取生活来源。此外，还有一些"自愿失业"者不愿就业，其中不乏年轻劳动力。这部分村民选择"自愿失业"主要基于两个因素：一是村民自身的素质。这些人一般文化程度低、缺少非农劳动技能，但对工资要求高。二是村落、家庭的高收入。近郊村落因土地征用补偿和集体物业经济发展等普遍拥有相对较高的村集体福利，村民家庭往往有一笔稳定而丰厚的房租收入，客观上能够保障村民生活无忧，这在客观上助长了部分村民的"自愿失业"选择。他们宁愿失业玩乐，也不愿选择低收入、低层次的工作岗位。

近郊村民职业非农化转换的一个重要特点是：部分村民职业非农化转换的被动性。他们因为集体耕地逐步地被征用而失去农业经营的生产资料，被迫实现职业转换。由于无地可种，基本不再从事农业生产经营，已经成了非农劳动者。从各地近郊村落城镇化的实践来看，近郊村民失去土地后的职业转换基本是市场化的结果。近郊村集体土地被政府征用后，政府根据相关政策给予了一定的地价补偿，但没有提供相应的劳动力补偿和针对性的职业转换服务。这些失去土地的农村劳动力被投入到非农劳动力市场参与就业竞争，由于没有纳入城镇劳动力市场和就业服务体系，因而缺乏就业保障和就业服务。在现有政策背景下，因为土地被征用，长期农业生产经营中积累的劳动技能和劳动力要素突然间失去了赖以结合的生产资料，部分近郊村民因此处于特定意义上的"失能"状态。同时，近郊村民本来缺乏非农技能，失去土地后基本是以一种"无能"或"弱能"的非农劳动力被迫参与非农就业市场的"平等"竞争。故此，这些近郊村民在职业转换过程中只能选择一些保安、保洁、钟点工、门卫之类低技能、低地位、低收入的工作岗位。总体而言，相当部分近郊村民受现行政策和自身素质的局限，失去土地后被迫流向非农领域中低层次、低技能的非主导性行业，从事一些边缘性岗位的工作。

第三节 异质开放：村落成员结构的重构

社会成员结构是社会结构的重要构成部分，其变迁总是与经济社会发展紧密相连的。社会成员结构变迁既是社会发展的结果，同时又是社会发展的表现。伴随着城镇化的推进，近郊村落的成员结构发生了并仍在发生着一系列的变化。

宏观地说，传统农村社会的成员结构具有高度的同质性、封闭性，村落是一个基本由本村籍人口构成的单纯性社区。正因为这样，村落成员彼此之间相识相知，是一个典型的"熟人社会"。城镇社会则不同，其成员构成相对复杂，开放度高、异质性强。除特殊时期的一些单位社区外，城镇社区主要是一些由不同职业、不同籍贯，甚至于不同民族、不同国家的人口构成的复杂性社区。正因为这样，其成员相对多元，彼此之间未必相识相知，是一个典型的异质性社会。

近郊村落的城镇化客观地推动着村籍人口的多元性流动，以及在此基础上的分化与重组。改革开放以来，"随着限制农村人口流动的政策及城乡关系的逐步放开和松动，以及市场机制被引入农村，致使农村人口的社会流动受利益驱动在不同经济单位之间、产业之间、社区之间全面展开"。[1] 近郊村落作为城镇化的前沿，其成员自然而然地参与到了这一流动过程之中，由此导致了成员的分化与重组，引发村籍成员的结构性变

---

[1]　卢福营：《群山格局：社会分化视野下的农村社会成员结构》，《学术月刊》2007 年第 11期。

迁。近郊村落靠近城市，交通便利，特殊的地理区位吸引了大量的外来流动人口，使近郊村落的社会成员结构更加复杂。突出地表现在：

一　村籍成员结构的异质化、异构化

首先，非农化过程中的异质化。在一定意义上说，近郊村落的城镇化首先表现为村落人口的非农化。正如前面所述，近郊村民的非农化是一个复杂、多样的过程。在这一过程中，村民不仅仅只是在职业上实现了由农业劳动者向非农业劳动者的转变，而且导致了职业的多元化。村民群众不再统一从事某种特定的行业，而是根据自身条件和客观环境转向了不同的非农领域和岗位。有的经商、有的办厂、有的经营物业、有的进企业务工、有的到商店当营业员，还有相当部分从事保洁、保安工作，甚至于做一些零工、散工或赋闲在家等。伴随着职业的多元化，村民的工作单位身份和社区身份也发生了多元分化。同一村落的村民只是户籍在村，相当部分村民的工作单位已经不再是村集体，实现了多元性的选择，有的从事个私经营、有的在集体单位务工、有的进入国有单位工作、有的受雇于外资企业或个私企业甚至于各类家庭。同时，相当部分村民的工作地点已经不再在村，选择了多种工作地点：大多早出晚归，生活在村、工作在周边城镇；有的工余时间在村，工作在邻近乡村；有的远走他乡创业或务工，工作、生活均不再在村；还有相当部分人留守在本村。从调研情况来看，近郊村落中绝大多数村民还是居住在村内的，但是也有一些村民因为外出经商或寻求更好的居住环境而选择城区或外地居住；还有一些人是在村内居住，但是其工作却在城区或周边乡村，呈现出类似于"日出而作，日落而息"的"钟摆"状态。故此，在某种意义上说，近郊村落的户籍人口已经出现了异质化，相当部分近郊村民不再是完全意义上的村落成员，打破了原有村落社会成员的均质性格局。

其次，城镇化过程中的异构化。最主要地是由各地政府推行城镇化政策和行动的差异所引发的。由于不同近郊村落的城镇化水平不同，以及政府城镇化行动的差异，近郊村民的社区身份形成了多种形式的转换，由此导致了不同近郊村落成员的结构性差异。集中地表现在：（1）不同近郊村落城镇化进程的差异，导致了近郊村落成员结构的异构化。一些近郊村落完成了撤村建居，如金华陶朱路村社区、东阳蒋桥头小区、杭州的大塘、头格、良户社区等。相应地，村民实现了社区身份转变。而另一些近郊村落则尚未实施撤村建居，依然属于农村社会，由此导致了近郊村落之间成员结构的差异。（2）不同地方政府推动近郊村落城镇化的政策和行动差异，导致了近郊村落成员结构的异构化。有的地方政府在城镇化进程中对近郊村落进行合并，将若干近郊村整合为一个城镇社区、集中安置小区，如东阳蒋桥头小区。但转换为城镇小区后，其村民的户籍身份依然没有改变。有的地方根据拆迁需要对近郊村落成员实行重新分化组合，一个近郊村的村民被安置于多个集中安置小区，分别属于不同社区。相反，一个近郊村民集中安置社区则由多个原近郊村的部分村民组成。如杭州的大塘，从2004年底，在市、区二级政府的推动下起动了丁桥镇第一个近郊村民住房拆迁安置大型居住区建设项目——大唐苑，到2013年7月，经历多批次的拆迁后最终完成村民的安置工作。由于分批拆迁，原大塘村的居民不再安置在同一居住区。同时，一个拆迁安置户集中居住区也不只是安置一个村的居民。由此形成了一个村的居民分散于不同居住区，多个村的居民同住于一个居住区的现象，打破了原有的村或社区的概念。目前的良户社区也一样，它是由良户和许家两个村庄合并而成，还包括部分浮山村的拆迁户。有些地方政府则对近郊村实行整体的拆迁安置或旧村改造，如杭州的头格、台州富强、武义的大坤头、绍兴的外山头。诸暨的城西新村则是2006年在政府推动下由山下赵、陶朱、桑园陈三个村合并成立的新近郊村。有的近郊村落部分成员转变了户籍身份，如杭州的头格、大塘、良户三个村落，台州的富强村。大塘共有1826人，2004年12月15日，随着撤村建居，全社区劳动年龄段967人办理了农转非手续；富强村共有2131口人，其中有200多人在2002年政府征用本村土地的时候转为了城镇户口。也有相当部分近郊村落，其成员尚未转变户籍身份。如城西新村、大坤头、外山头村等。东阳蒋桥头尽管完成了撤村建居，但村民还是没有转变户籍身份。

二　村域成员结构的复杂化、多元化

所谓村域人口指的是生活在某一村域内的人口，是以村域为单位，生活在这一地域共同体内的全部人口，既包括本村人口也包括外来人口，有学者也将这种人口聚集形态成为"新人口聚集区"①。随着城镇化的推进，近郊村落地域范围内的人口结构呈现出日益复杂化、多元化的趋向。

首先，"一个村域、两个世界"。由于特殊的地理区位和生活环境，近郊村域或多或少地吸引了部分外来人口的入住。其中，相当部分近郊村，外来人口在数量上超过了村籍人口，甚至多出许多倍。比如，富强村本村人口 2131 人，外来人口 5000 多人；外山头村本村人口 1502 人，外地流动人口 4000 多人；城西新村本村人口 3350 人，外来人口 5000 人左右，其中办理暂住证的流动人口 2200 多人。上述统计数据中的"外来人口"，主要是指居住在近郊村落，但户籍不在村的人员。大体上有三个来源：一是在本村企业务工，居住于企业职工宿舍或租住在村民住宅中的非本村籍人员；二是少量在近郊村落租用场地从事个私经营并租住在村的非本村籍人员；三是在周边城镇务工经商，租住在近郊村落的非本村籍人员。这些外来人口虽然居住并一定程度地生活在近郊村落，但他们主要是房租客、外来人员，其权利和义务基本不在近郊村落。一方面，他们无权行使基层社会管理权、不享受村落的集体福利待遇；另一方面，他们不受村落组织管理，村落组织几乎没有管理他们的权力。尽管一些外来人员长期在近郊村落工作生活，甚至于超过十年，但由于制度的局限和文化的差异，近郊村落的外来成员事实处于边缘状态，难以融入当地社会。由此导致了近郊村域成员结构的"一个村域、两个世界"的格局。

其次，"一个村落、两种待遇"。随着近郊村落集体土地的被征用开发，一些企业和单位陆续进驻到原近郊村落的地域范围。这些进驻单位的成员虽然工作生活在近郊村落，但户籍不在村，没有村籍关系。受制度的区隔，这些近郊村域成员与近郊村籍成员享有不同的待遇。一方面，进驻村落的企业职工只是村域成员而非村籍成员，因此不享受近郊村集体的福利待遇；另一方面，进驻村落的企业职工基本没有纳入近郊村落的基层社会管理。目前中国的基层社会管理实行基层群众自治，由居民群众自我管理、自我服务、自我教育。但由于制度设计的局限，现行基层群众自治实践中，主要根据户籍来界分是否本村成员。因此，即使是近郊村落地域范围内的单位，其成员没有本村落户籍，则无基层群众自治权利。同样，也

---

① 秦玉霞等：《村域范围内新人口聚集区规划构想》，《许昌学院学报》2007 年第 5 期。

意味着他们不受村落组织的管理。

总之，在城镇化过程中，近郊村落的成员结构正经历着急剧的流动与分化，逐渐地从均质、封闭向异质、开放转变。处在转变过程中的近郊村落成员结构呈现出异常的复杂、多样性，构成了一种独特的结构。异质性、开放性、多元性、过渡性成了近郊村落成员结构的重要特点。它包容了一系列城镇社会成员结构的因素，但与城镇社会成员结构又存在着明显差异；留存着农村社会成员结构的很多痕迹，但又明显地区别于传统的农村社会成员结构。

第四节　多元混合：村落组织体系的重组

在传统定位中，近郊村落属于农村社会系统，至多也是一种较为特殊的村庄，因此近郊村落的基层组织设置依照农村基层社会管理体系。在浙江农村，村落基层组织基本由村党组织、自治组织、集体经济组织三个系统构成主干，相应地，设村支委、村委会、村集体经济合作社管委会三个村级组织。在此基础上，再根据各地农村实际，设置若干村级配套组织。随着城镇化的推进，近郊村落的组织发生了变化，逐渐地实现了基层组织体系的重组。从调查来看，村落组织体系的变迁集中表现在以下方面。

一　"村改居"背景下基层管理组织体系的转换

中国现行的基层社会管理是具有中国特色的社会主义基层群众自治制度，根据城镇与乡村的客观实际，实行城乡分治的两种体制。在农村实行村民自治，城市则实行居民自治。随着城镇的扩张，部分近郊村落逐渐被纳入城镇空间范围，并实施了"撤村建居"。伴随"村改居"的改革，近郊村落的管理体制和村落组织体系发生了变革。

"撤村建居"是地方政府推动的一项强制性城镇化改造行动。借助这一行动，近郊村落在管理体系上实现了由村民自治到居民自治的根本性转换，相应地，组织设置需要做同步调整。这里我们转录杭州西湖区对良户"撤村建居"、金华市金东区对陶朱路"撤村建居"的批复文件：

关于同意撤销转塘良户行政村建制设立良户社区的批复

西政发〔2008〕146 号

转塘街道办事处：

你街道《关于要求撤销良户行政村建制建立良户社区的请示》（转街办〔2008〕160 号）收悉。经研究，现批复如下：

一、同意撤销转塘街道所属良户行政村建制，设立良户社区。

二、良户社区四至：东接浮山村、横埭村，西临石龙山社区，南至回龙村，北界浮山村、贤家庄村。区域面积 0.79 平方公里，住户 269 户，人口 1162 人。社区居委会驻良户 1 号。

接文后，尽快办理有关手续，并按照《中华人民共和国城市居民委员会组织法》、《杭州市实施〈中华人民共和国城市居民委员会组织法〉办法》和《区委办公室、区政府办公室关于规范社区专职工作者管理的若干意见》（西委办〔2005〕9 号）的有关规定组建社区居民委员会，并选举产生居委会成员。

杭州市西湖区人民政府

二〇〇八年十一月十日

关于同意撤销东孝街道东关等二个村民委员会设立东关等二个社区居民委员会的批复

东孝街道办事处：

你们报来《关于要求撤销东孝街道辖区东关等二个行政村的请示》及《关于东孝街道辖区建立东关等二个社区居委会的请示》悉。经由区政府授权并经审核，同意撤销东孝街道东关、陶朱路等二个村民委员会，设立东关、陶朱路等二个社区居民委员会。新设立的东关社区居民委员会的管辖范围为东起浙江贸易学校的东界线，南到义乌江，西至安居街（向北延伸至铁路）经人民东路至诚和街（向南延伸至义乌江），北临原东关村与陶朱路村的村界，不包括戴店小区；陶朱路村社区居委会的管辖范围为原陶朱路村民委员会管辖范围，村经济合作社暂保留负责原村集体资产的运作和管理。望你们做好撤村建居后的组织机构建设和农转非等有关完善工作。

　　此复

金华市金东区民政局

2003 年 11 月 21 日

关于撤销东关等二个村党支部设立东关等

二个社区居委会党支部的决定

东关、陶朱路村党支部:

　　根据金东区 ［2003］57 号文件《关于同意撤销东孝街道东关等二个村民委员会设立东关等二个社区居民委员会的批复》精神, 街道党工委经研究, 决定撤销东关、陶朱路二个村党支部, 设立中共金华市金东区东孝街道东关社区支部委员会、中共金华市金东区东孝街道陶朱路村社区支部委员会。新设立的社区党支部由原村党支部委员组成, 按原支部分工继续负责管理新设立的社区居民委员会内的党建工作。

中共金东区东孝街道工作委员会

2003 年 12 月 17 日

　　可见, 各地政府在"撤村建居"过程中的具体做法有所差异, 审批"撤村建居"的权力主体和实施"撤村建居"的行动主体似乎也有所不同, 但是, "撤村建居"的政策和行动内容大致相仿。一般均将原来的村改为城镇社区, 相应地, 将原村党支部改为社区党支部, 将村委会改为居委会。具体的管辖范围不变, 为原近郊村落的空间范围。基于近郊村落村民共同占有集体土地等集体资产等特殊情况, "撤村建居"过程中均保留原有的村集体经济组织。对于其他村落配套组织的变化, 基本没有给予必要关注, 不做具体要求和规定。在调查中发现, 所谓的"撤村建居"或"村改居"改革, 主要是一个组织名称的转换过程, 村落管理的实质没有发生根本性的转变。

　　首先, 从基层组织体系看, 基本沿袭原村落组织结构。三个社区基层管理核心组织, 外加若干配套组织。比如, 陶朱路村社区设有社区党支委、社区居委会、社区集体经济合作社管委会, 另外还有团支部、妇代会、居民代表会议、治保委员会、环境卫生委员会、护村队、社会治安综合治理平安创建小组、社会治安综合治理工作室、治安帮扶领导小组、私房出租和私房暂住人口登记站、双禁领导小组、平安家庭创建领导小组、安全生产领导小组、建房领导小组、老年协会、调解委员会、财务监督小组、科普协会等配套组织。不难看出，在上述组织中，诸如集体经济合作社管委会、建房领导小组、护村队、环境卫生委员会等相当部分组织属于农村基层组织性质。

其次，从基层组织功能看，基本沿袭原村落管理功能。主要地是在村民或村民聚居范围内实施自我管理、自我服务、自我教育。对于原村籍居民及其聚居点外的人和事，尽管在本社区范围之内，也基本不予过问。在实践中，城乡两种基层群众自治的运作存在较明显差异。在农村，村民自治主要面向村民，围绕村民公共事务，对于村域空间范围内的其他事务基本无权也无责任实施管理和服务。在城镇，居民委员会等社区基层组织实际只是政府的下派机构，主要承担政府下延的工作。其基层社会治理主要针对辖区户籍居民和辖区公共事务，对于辖区地域空间内的公共事务都有权且有责任实施管理和服务。

最后，从基层组织运行看，社区党组织、居委会、合作社管委会等均由本社区居民，即原村民组成。社区党支委、居委会不是由辖区内的党员、居民民主选举，而是由原村民党员和村民选举产生。决策管理过程基本遵循村民自治的规则。故此，在调查中，时常会听到这样的回答：说说是社区、是居委会，但实际还是村、还是村委会。

二　失地后村落经济组织的变迁

在当下中国农村社会中，村落经济组织相对简单，一般包括家庭经营的农业承包户、个私经营的企业或商店、集体经济合作社、集体或股份合作企业。大致可以分为两类经济组织：一是私有经济组织；二是集体经济组织。随着城镇化的推进，近郊村落的两类经济组织发生了巨大变化。

农地征用和非农性开发是一项近郊村落城镇化的重要行动。调查表明，9个近郊村落的农地在城镇扩张过程中逐渐地被政府征用，用于公共设施建设或非农性商业开发。在这一过程中，有三个近郊村落已经完全失去了从事农业经营的农地，其余6个村落的农地已经大部分被征用且正在继续被征用。政府在征用近郊村落农地的过程中，按相关政策给予了一定土地征用补偿款，从而推动了近郊村落集体土地资产的多元性非农化转换。部分用于集体经济发展、部分用于村落公共设施建设和公共管理、部分分配给村民转变为私有资产（或用于建房或用于创业或用于消费）。伴随着资产形式的多元性转换，村落经济组织发生了重大变化。

首先，私有经济组织发生了多元变迁。随着农地被征用，一系列家庭承包经营的农业户因失去赖以耕作的土地而消失。农业家庭承包户这一村落经济的微观组织随之逐渐减少，甚至在一些村落中完全消失。相反，非农性的私有经济组织逐渐增多。其中，一部分近郊村民利用从村集体分配的土地征用补偿款和家庭积蓄开办商店、经营企业等，在村落范围内形成了一批私营企业、个体经营户等私有经济组织。相当部分近郊村民则抓住城镇化进程带来的机遇，出租私有住宅获取经济收益，形成了一种独特的村落经济组织形式——私房出租户。

其次，集体经济组织发生了重大转换。在农地被征用前，近郊村落的集体经济组织主要是根据政府相关要求，以土地等集体资产为基础建立起来的村集体经济合作社。合作社是村落的经济法人，全体本村农村户籍村民为合作社社员。个别近郊村落可能还创办了一些集体企业，但在我们调查的9个村落，在城镇化进程启动或者说农地大规模被征用前创办的集体企业均已经倒闭。随着集体土地被征用，村集体经济合作社赖以建立的集体土地实现了资产形式和资产性质的转换，在此背景下，村落集体经济组织也发生了相应的变化。由于各村的城镇化进程及其所在地方政府的城镇化政策不同，村落集体经济组织的变化也表现出不同的特点。总体而言，失地后近郊村落的集体经济组织变化具体表现为以下形式：

（1）根据地方政府的政策，对原有村集体经济合作社进行股份合作制改造，建立新的股份合作经营性质的经济合作组织。比如，杭州市江干区的大塘村在"村改居"后根据杭州市政府的安排对村集体经济组织进行改革创新，将村集体资产量化，按股份分配到人，实行股份合作经营，成立大塘股份经济合作社。该组织由大塘村全体居民股东联合组建，按《大塘股份经济合作社章程》的规定，为"撤村建居后集体经济的一种新型组织形式。"按照计划管理和民主管理的原则，实行独立核算，自主经营，自负盈亏。

（2）建立企业化经营、社区化管理的集体经济组织。在浙江农村基层管理实践中，集体经济合作社管委会与村支委、村委会并存，三个村级管理组织之间缺乏明确的职能分工。按相关部门的要求，集体经济合作社社长原则上由村书记兼任。集体经济合作组织的功能事实没有得到有效发挥，往往以不同方式不同程度地为村支委和村委会所取代。从调查的情况来看，村集体经济合作社基本上是一个虚设组织。比如，台州的富强村在20世纪90年代初就成立了集体经济合作社，但集体经济合作社既没有明确的组织机构，也缺乏独立自主的权力，其运行过程基本依附于村"两委"。加之，当时村集体除土地资产外几乎没有集体经济和产业，所以村集体经济合作社只是一个应政府要求而建立起来的"空架子"。随着城镇化的推进，富强村领导班子看到了近郊村落集体土地的价值。于是，在2003年，成立了富强村实业总公司，公司领导由村干部兼任，对集体土地进行开发。他们通过土地出租，或者在村集体土地上建造标准厂房出租给企业，或者以土地入股等方式与外来企业合作，将外来企业引入本村，以此促进村落经济发展。公司负责村集体土地的开发、集体资产的经营以及进驻企业的管理等。公司事实是一种"村企合一"组织，实行企业化经营、社区化管理。公司通过对土地等集体资产的经营获取经济收益，同时承担着众多社区公共职能。公司需要负责村落公益建设，承担村落集体福利责任，等等。

（3）集体经济合作社的职能转换。在城镇化过程中，一些近郊村落的集体经济组织得以保留。即便是一些"撤村建居"后的近郊村落，地方政府考虑到近郊村落长期存在集体经济的事实，以及原村集体经济处置的复杂性等因素，在"撤村建居"行动中，往往选择保留近郊村落原有的集体经济合作社。然而，在近郊村落，尽管集体经济合作社的组织形式继续保留，但其组织功能已经发生根本性变化。传统意义上村集体经济合作社，主要基于集体土地等共同财产而建立，其主要职能是集体土地的发包、集体资产的出租和经营等。当下保留的近郊村落集体经济合作社，显然因土地被征用而失去了原有最主要的土地发包职能，其主要功能已经转变为如何实现集体资产的保值增值。基于村落领导人的不同认识、不同素质，以及近郊村落具体条件，各个近郊村落集体经济合作社的职能转换也有不同表现。但总的来说，大多采取物业经营（建设、租赁集体房产、公共设施等）、与外单位合作经营、收取利息等方式，争取集体资产的保值增值。

总之，近郊村落的经济组织因城镇化特别是土地被征用而发生了重大变化，形成了一种既不同于传统农村社会，又区别于城镇社区，富有自身特点的经济组织格局。

三　社区建设中村落组织的错杂

近年来，为构建社会主义和谐社会，各地响应党中央的号召，结合地方实际，开展了多种形式的社会建设活动和社会管理创新。应当说，社会建设和社会管理创新并非近郊村落所独有。从行动目的看，也不是为了推进近郊村落的城镇化。但是，这些建设和创新行动在近郊村落形成了特殊的表达，导致了村落组织的新变化。

从某种意义上说，近年来在近郊村落集中开展的社会建设主要是社区建设工作。具体表现为两种情况：

一种是农村社区建设。农村社区建设主要是在世纪之初在农村中推行的一项社会建设工程。在城乡二元体制背景下，那些没有"撤村建居"的近郊村落，即相当于前面所说的"没有农业的村庄"自然按照农村的要求实施了以服务为导向的农村社区建设。根据当地政府对农村社区建设的要求建立村社区服务中心，成立了相应的村落组织。其中，我们调查的城西新村所在的诸暨市是全国农村社区建设的示范单位，按照市政府相关部门提出的农村社区建设要求，结合村落实际，建立了城西新村社区服务中心，下设"六站、五室、四栏、三校、二厅、一家"。六站即党员服务站、农技服务站、计生服务站、劳动保障服务站、医疗服务站、救助服务站；五室即办公室、调解室、阅览室、活动室、避灾室；四栏即公开栏、信息栏、宣传栏、阅报栏；三校即党校、村民学校、法制学校；二厅即村民议事大厅、便民服务大厅；一家即星光老年之家。城西新村社区服务中心主要为本村村民提供社区服务，但一定程度上打破了村籍界限，同时为村落辖区范围内的外来人口提供某些服务，呈现出近郊村落的特点。但是，调查中发现，服务中心的机构设置显然是按政府要求"照本"挂牌，并未充分考虑近郊村落的客观实际。比如，城西新村已经没有农地、没有农业，但村服务中心依然下设农技服务站。同时，村服务中心建筑面积达

2000多平方米，犹如政府办事大厅，脱离了近郊村落实际。走访城西新村服务中心时发现，服务中心大楼内各个房间门口基本挂有不同站、室之类机构或组织的牌子，各机构或组织名义上均有相应的工作人员，但由于农村干部原则上不脱产上班，故而基本上都是"铁将军"把门。为方便村民群众办事，村集体专门雇请了两位老干部、老党员在服务中心值班，提供便民服务。至于村落建立社区服务中心后，原有村落组织是否调整，与原有村党组织、村民自治组织等是什么关系，职能如何划分，这些似乎没有给予充分考虑。在实践中，城西新村依然主要按原有惯例开展工作。村民群众也仍习惯地有事找"村干部"。街道领导也表示村社区服务中心并没有发生实质性的作用，并带来了某些不必要的混乱和浪费。

另一种为城镇新建（或称拆迁农户集中居住区）的社区建设。随着近郊村民房屋的拆迁安置，形成了一种新型的城镇社区——新建社区、拆迁农户集中居住区。由于这些近郊村落的拆迁安置、撤村建居等均是政府推动的城镇化行动，因此地方政府承担了一定的责任，给予了较多关注。然而，从调查的情况看，这些村落尽管也建立了居委会之类的城镇社区管理组织，但其组织体系还不够健全，与城镇社区的组织系统比存在着明显的差距，尤其是社区服务组织的发育和建设相对滞后。但是，在新建社区建设过程中，也建立了一些针对性的新型社区组织。在近郊村落征地、拆迁过程中，利益矛盾和社会冲突极其突出，村民的不满行为、信访事件，甚至是群体性抗争事件时有发生，对社区稳定形成了新挑战。据此，在社区建设过程中，保持社区稳定成了突出问题和社区的重要工作。相应地，一些近郊村落社区按当地政府的要求建立了一些相应的组织和机制。比如，杭州大塘社区先后建立了综治工作站（室）、维稳（信访）工作领导小组、信访及突发事件工作领导小组、处理信访（维稳）工作领导小组等。

此外，近年地方政府部门推行了一系列的社会管理创新，相当部分创新项目最后落脚于最基层的社区，因而在近郊村落中分别建立了五花八门的组织，比如推广舟山网格化管理经验中设置的网格组织、浙江省综治办推广的村服务中心，等等。由于政府部门在社会管理创新中缺乏统一协调和整合，出现一个近郊村落拥有数十个组织机构的局面，形成了近郊村落组织多元混合、职能错杂的格局。

　　"社会结构是整个社会的基本架构"①，通过社会结构变迁的分析可以窥探社会变化的基本方向以及未来的特征。近郊村落位于城市系统和农村系统的交接地带，既有很强的村落表象性因素，也具有明显的城镇化因素，在社会结构与社会形态上更多地体现出一种过渡性和边缘性，"已成为一种特定的、介于城市与乡村之间的连续统一体。"② 从特定的角度看，近郊村落的社会结构存在着一系列的矛盾与冲突，面临着众多新问题，并赋予了特有的张力性。

　　在城镇化过程中，近郊村落的社会结构变迁趋向半开放性。近郊村落是城镇与农村两大系统的交锋地带，也是两大系统之间的缓冲地带，从而客观上要求近郊村落社会具有开放性，要求其社会结构能够更好地包容、接纳这些压力。然而，调查发现，近郊村虽然接纳了很多来自城镇的因素，但在某些领域却始终保持着封闭性。最典型的表现是近郊村集体经济组织的封闭性，即便不再有集体土地、撤村建居，集体经济组织依然严格以村籍为界限，集体经济组织提供的收益和福利始终在相对固定的村民内部分配和享受，特别是一些经济发达的近郊村落，"村民的身份被严格地界定，同时，与村民身份相伴随的是村庄成员对村庄资源和机会的垄断要求"③。

---

① 钟涨宝：《农村社会学》，高等教育出版社 2010 年版，第 85 页。
② 顾朝林、熊江波：《简论城市边缘区研究》，《地理研究》1989 年第 3 期。
③ 高春凤：《自组织理论下的农村社区发展研究》，中国农业大学出版社 2009 年版，第 84 页。

第四章　治理体制：基层治理的多元混合

中国现行的基层社会治理，实行城乡有别的两种基层群众自治制度：城镇实行居民自治，农村实行村民自治。受多种因素影响，城乡两种基层群众自治在实践中呈现出明显的差异。然而，我们在近郊村的调查发现，在近郊村落的社会治理实践中，村民自治和居民自治两种基层群众自治的制度因子共存，呈现出典型的双轨性。

根据国家相关法律的安排，城乡基层群众自治的主要内容是"三个自我"：自我管理、自我服务、自我教育。据此，我们从基层管理、基层服务、基层教育三个层面考察近郊村落基层社会治理的双轨性。

第一节　基层管理的双轨化

所谓管理，是指一定的组织通过制定一定的规则对组织内部的成员进行分工，共同完成目标的过程。基层社区的自我管理，就是由村（居）民群众依据法律程序设立一定的组织，选举一定人员，处理（村）居民自己的事情。对此，国家法律做出了较为明确而具体的规定。但是，在基层群众自治的实践中，农村村民自治与城市居民自治之间存在着显著差异：第一，农村村民自治具有较强的自发性，自治特点较为突出。而城市社区的居民自治则具有很强的规划性，自治特性不明显。第二，在农村村民自治活动中，自治主体基本上都是具有村籍的自然人。而在城市，除了作为自然人的居民外，自治主体还包括各种单位和组织。第三，农村村民自治建立在土地等生产资料集体共有基础上，村民一出生就是村庄的当然成员，自动享受村籍带来的福利。而城市社区没有共同的经济基础所维系，社区成员的界定较为困难，其流动性较强，更不用说具备这种特殊福利。第四，农村的村民委员会具有一定的经济管理职能，村级公共事务的经费来源于村集体经济。而在城市，社区自治组织一般不承担管理经济事务的职能，城镇公共事务开支由政府承担。[①]

众所周知，在城镇化前，近郊村落实行的是农村村民自治制度。然而，在城镇化进程中，近郊村落应该实行何种基层社会管理制度？在城乡二元结构背景下，国家法律似乎尚未对处于城镇化进程中的近郊村落基层社会管理做出统一的制度安排，因此给地方政府的城镇化行动留下了较大的自由空间。正是在此背景下，由于各近郊村落城镇化进度的差异，特别是各地政府对近郊村落城镇化的认识不同，采取了多样性的近郊村落基层社会管理政策，致使近郊村落的基层群众自治表现出多样性。总体而言，根据是否实施"撤村建居"政策，近郊村落的基层群众自治大致可以在形式上分为两类：

一是已经"撤村建居"的近郊村落，至少在形式上或法理上已经实现"村改居"，即村民委员会改为居民委员会，村民自治转变为居民自治。"撤村建居"意味着该近郊村落被纳入城市体系，享受城镇政策与待遇。在调查的9个村落中，杭州的大塘、良户、头格社区，金华的陶朱路村社区、东阳的蒋桥头小区等属于这一类别。

二是没有"撤村建居"的近郊村落，依然在形式上或法理上实行村民自治。故此，即使其发生了多大变化，不再有农业和农民，但仍然属于农村社会体系，只能享受农村政策和待遇。在调查的9个村落中，武义的大坤头村、诸暨的城西新村、绍兴的外山头村、台州的富强村等属于这类村落。

然而，在对城镇化进程中近郊村落社会管理的考察发现，在基层社会管理的实践中，两类近郊村落的基层群众自治共同呈现出了明显的双轨性。尚未撤村建居的村落虽然保留村民自治制度，但由于土地被征用导致村域经济和村民职业的非农化，使得这些村落的社会管理突破了村民自治的自我管理范畴，不同程度地融入了城镇居民自治的因子。在管理体制上完成了"撤村建居"的村落，形式上已经是城镇基层社会单位，实现了

---

① 徐勇：《"绿色崛起"与"都市突破"——中国城市社区自治与农村村民自治比较》，《学习与探索》2002年第4期。

从乡村社会管理到城镇社会管理的组织转变，但实践中仍然沿袭着村民自治的管理模式。近郊村落基层群众自我管理的双轨性，打破了传统的城乡二元治理结构，导致了界限分明的城乡两种基层治理体制的模糊，在中国特色城镇化进程中形成了一种独特的"边缘治理"[①]模式，并在多个层面得到了不同程度的表达（如下表4—1所示）。

表4—1　　　　9个近郊村落的基层社会管理基本情况

	管理模式	管理组织	管理职能	管理对象	管理经费
大塘社区	完成"撤村建居"；集体合作经济与社区管理混合型管理	社区党委、社区居委会、股份经济合作社	村落集体留用地开发和集体经济经营、提供社区服务和集体福利、维持社区和谐、拆迁安置	原近郊村落村籍人口、社区居民、外来流动人口	大部分基础设施建设，环境卫生费用由社区集体经济支出；社区"两委"纳入社区工作者体制，由市财政支付
头格社区	完成"撤村建居"；村民自治主导型管理	社区党委、社区居委会、经济联合社	村落集体留用地开发和集体经济经营、提供社区服务和集体福利、维持社区和谐、拆迁安置	原近郊村落村籍人口、外来流动人口	大部分基础设施建设，环境卫生费用由社区集体经济支出；社区"两委"纳入社区工作者体制，由市财政支付
良户社区	完成"撤村建居"；集体合作经济与社区管理混合型管理	社区党支部、社区居委会、股份经济合作社、	村落集体留用地开发和集体经济经营、提供社区服务和集体福利、维持社区和谐、拆迁安置	原近郊村落村籍人口、社区居民、外来流动人口	大部分基础设施建设，环境卫生费用由社区集体经济支出；社区"两委"纳入社区工作者体制，由市财政支付

---

① 李意：《边缘治理：城市化进程中的城郊村社区治理——以浙江省T村社区为个案》，《社会科学》2011年第8期。

	管理模式	管理组织	管理职能	管理对象	管理经费
蒋桥头村小区	完成"撤村建居",村改为小区;社区管理与小区村民自治混合型管理	小区党支部、村委会、经济合作社、经济监督委员会	集体经济经营与发展、提供社区服务和集体福利、维持小区和谐、土地征用	原近郊村落村籍人口、外来流动人口	大部分基础设施建设、环境卫生费用、小区管理组织的开支等由集体经济支出;小区主职干部的工资由市财政支付
陶朱路村社区	完成"撤村建居";村民自治主导型管理	社区党支部、社区居委会、社区经济合作社、居务监督委员会	集体经济经营与发展、提供社区服务和集体福利、维持小区和谐、旧村改造	原近郊村落村籍人口、外来流动人口	大部分基础设施建设、环境卫生、社区管理组织等费用均由社区集体经济支出
富强村	未"撤村建居";村民自治型管理	村党支部、村委会、村经济合作社、实业总公司、村监委	集体经济经营与发展、提供社区服务和集体福利、维持小区和谐、旧村改造、配合街道管理外来人口	村籍人口、外来流动人口、村域内外来企业	环境卫生、村组织等费用由村集体经济支出;部分基础设施建设由政府、村、企业共同承担;村主职干部报酬部分政府承担
外山头村	未"撤村建居";村民自治型管理	村党支部、村委会、村经济合作社、村监委	集体经济经营与发展、旧村改造、提供社区服务和集体福利、维持小区和谐、管理外来人员	村籍人口、外来流动人口	基础设施建设、安全保卫、环境卫生、村组织等费用均由村集体经济支出;政府财政对环境卫生等部分补助

续表

	管理模式	管理组织	管理职能	管理对象	管理经费
城西新村	未"撤村建居"；村民自治型管理	村党支部、村委会、村经济合作社、村监委、村社区服务中心	集体经济经营与发展、旧村改造、提供社区服务和集体福利、维持小区和谐、留用地开发、外来人员管理	村籍人口、外来流动人口	大部分基础设施建设、环境卫生、社区服务、村组织等费用均由村集体经济支出；政府承担部分特定基础设施和社区服务的费用
大坤头村	未"撤村建居"；村民自治型管理	村党支部、村委会、村经济合作社、村监委	旧村改造、集体经济经营与发展、提供社区服务和集体福利、维持小区和谐、留用地开发	村籍人口、外来流动人口	基础设施、环境卫生、水电费、村组织等均由村集体经济支出；村主职干部报酬部分由政府发放

当然，两类近郊村落基层管理中的双轨性具有一些不同的表现形式。

一 没有"撤村建居"村落社会管理的双轨制

武义的大坤头村、诸暨的城西新村、绍兴的外山头村、台州的富强村属于这一类别的近郊村落。村落的土地被城镇化了、村民职业也完成了非农化，是典型的没有农业、农民的村庄，但由于没有实施"撤村建居"，依然归属农村基层社会管理体系。村级管理组织仍然主要是村党支部、村委会、村经济合作社等。其中，城西新村所在的诸暨市为全国农村社区建设示范单位，于是按当地政府的要求建立了村社区服务中心，中心下设了多个组织。但事实上，在村落社会管理中，无论有多少块牌子、多少个组织，在实践中村级组织均以书记和主任为主导构成统一的领导集团——村班子，实现一体化运作。村落社会管理的主要职能是对内重点发展村落集体经济，维护村落社会和谐；对外负责完成街道、乡镇下派的任务，协助管理外来流动人口；其管辖范围因土地被征用而缩小，主要处理村民聚居范围内的人和事，对于被征用的原村落集体土地已经不属于本村财产，建立和设置在其上的单位、人员、财产等均不在村组织管辖范围。但考察发现，虽然这些近郊村落名义上实行农村基层管理体制，但又有别于传统的农村基层管理，不同程度地融入了一些城镇居民自治的因素。

第一，在普通的农村基层社会管理中，村庄组织管辖的是熟人社会中的人和事，村庄边界明确，人员单一，管理事务相对纯粹。而在近郊村落社会管理中，由于土地陆续被征用，村庄边界变得模糊，再由于大量外来人口涌入，生活或工作在村落内，导致人员结构复杂，使得近郊村落社会管理对象与范围不再局限于本村人口，管理事项相对复杂。特别是外来人口管理已经构成为这类近郊村落社会管理实践绕不开的议题。比如，在绍兴外山头村，本村人口只有1000多人，而外来人口数倍于本村人，最多时候高达7000多人；在台州富强村，本村人口2300人左右，而外来人口是本村人口的两倍多。诸暨城西新村的外来人口因个私企业和房屋出租户众多难以统计，但肯定远远超过了本村人口3350人的数目。一方面，大量外来人口的存在为这些近郊村落的经济发展提供了可能；另一方面，随之带来的治安、卫生等问题也为近郊村落的社会管理出了难题。外来人员主要是个体私营企业主、企业务工人员、商店营业员、建筑工人，以及各类城乡散工等，其中混杂有一些流氓、吸毒者，躲避计划生育的超生人员、通缉犯之类违法犯罪人员等。访谈时，外山头村书记向我们道出了苦衷："我们外山头村的压力很大。附近如果没有派出所，估计发案率会高很多。我们村在治安管理方面存在着经费、人员不足等问题。希望绍兴文理学院（紧挨外山头村）能够对村里提供一些支持，希望学校能帮忙呼吁，让政府的政策、经费能向村里有所倾斜。如设立一个基金，由村委、学校、公安来共同管理，大家一起努力改善治安环境和卫生条件。"可见，由于管理边界模糊化、管理对象扩大化，导致了村落社会管理事项和内容的城乡混合，是村非村、又村又城，呈现出两栖化特点。

第二，在普通的农村基层社会治理中，村落集体的土地等财产为全体村民共有，农村内部一切公共事务的经费支出由集体经济承担，包括村庄基础设施建设费用、村庄环境卫生管理费用、村公共组织运行经费，等等。上述4个近郊村落，由于尚未"撤村建居"，故而这些公共费用名正言顺地由村集体支付。但调查中发现，这些近郊村落的公共费用开支已经区别于一般农村，不同程度地得到了政府财政的支持。比如，绍兴市外山头村的部分卫生管理费用由政府承担，主要用于村庄与大学城之间主干道的卫生保洁和管理。台州富强村的一部分基础设施建设由政府、企业、村庄三者共同承担。城西新村所在的街道政府将辖区内各村的环境卫生保洁服务统一发包给环卫公司，经费主要由村集体出资，政府给予适当补助。可见，近郊村落的社会管理经费，无论在支出或来源上，均有别于一般农村，包含了一些城镇社区管理的因子，即政府财政提供管理经费。

之所以形成上述特性，固然有社会管理制度安排滞后的因素，但从村落自身因素看，主要是近郊村落经济社会结构变化的结果。一方面，随着城镇化进程的加剧，失去土地等生产资料的近郊村民逐渐开始转向经营出租屋、创办和经营个私企业等，由此吸纳了大量外来人口，并引发了一系列新的社会管理需求和挑战。正是近郊村落经济社会结构的变化改变了村落社会管理的内容与对象，形成了近郊村落社会管理的"又村又城"特点；另一方面，虽然这些近郊村落尚未"撤村建居"，但土地完全或部分地被政府征用开发，村落已经被纳入城镇发展的规划控制区范围。政府负责的市政基础设施、公共环境以及其他一些公共服务顺理成章地向近郊村落延伸，近郊村落成了先得月的近水楼台。此外，为吸引外来企业入驻近郊，政府往往会加大投入，积极营造优良的投资环境。在这一过程中，时常会对近郊村落提出一定的管理要求，同时给予适当经费补助。如此，这些近郊村落的社会管理经费一定程度地突破了完全由集体经济支出的单一结构，形成了以集体经济为主体、公共财政等为补充的基层社会管理经费结构。

二　已经"撤村建居"近郊村落社会管理的双轨制

在本项研究的 9 个近郊村中，有 5 个完成了"撤村建居"工作，在形式上已经成为城镇居民自治体制下的基层单位。但在具体的实践运作中，5 个"村改居"近郊村落的基层社会管理呈现了明显的双轨性。

第一，管理组织的城乡混合。近郊村社区作为一种特殊的基层社区，其管理组织的设置需要考虑多方面的因素。首先，应该遵循城市居民自治的原则和政府关于城市社区管理的相关文件规定[①]进行组织设置。其次，

---

① 这些文件包括《民政部关于在全国推进城市社区建设的意见》、《中共浙江省委关于加强城市社区党建工作的意见》浙委发 [2001] 60 号、《浙江省城市社区建设指导纲要》（浙委办 [2003] 80 号）、《关于推进社区居民自治的意见（试行）》浙社 [2003] 4 号等，以及各地市、县部门的相关文件。

近郊村社区在城市社区的外表下延续着其固有的乡村属性，村落经济、文化、社会共同体尤其是经济共同体是这种乡村属性的核心。毫无疑问，历史延续的、事实内存于近郊村社区的种种特殊的乡村属性，必然对社区公共组织的设置产生深刻影响，导致了近郊村落管理组织明显带有城乡混合的双重特征。

东阳的蒋桥头村在"撤村建居"过程中与其他村庄合并建立了一个居委会，蒋桥头则只是居委会下属的一个小区，但保留了党支部、集体经济合作社组织。杭州的大唐、良户社区，在"撤村建居"中撤销了原村委会和党支部，根据新的居民聚居点进行分区管理，建立党组织和居委会等。重新组建的居委会下属的居民已经不再只是原有村民，新居区内的居民是由部分原村民与部分邻村村民组合而成的新社会单元。然而，原村民对集体经济的共有关系没有改变，为此在撤销和改变党组织和居委会组织的同时，保留了原村集体合作经济组织。杭州的头格村、金华的陶朱路村则主要是将原村委会改为社区居委会，相应地，村党支部改为社区党支部，村集体经济合作社改为社区集体经济合作社。此外，另一些明显带有村民自治特征的基层组织得以保留。比如，"撤村建居"后，各近郊村落均保留了原有的村级监督组织。比如，杭州良户社区的村理财小组、东阳蒋桥头小区的经济监督委员会、金华陶朱路村社区的居务监督委员会等，另外，还有诸如建房小组、老年协会等。这些组织机构在普通的城镇社区中一般见不到踪影。相反，一些城镇社区中设置的组织机构，在"撤村建居"近郊村落内却尚未设置。

"撤村建居"后的近郊村落，管理者的产生办法基本沿袭了村民自治体制下的村级选举制度。党支委由社区内党员选举产生，社区居委会则由户籍在本社区（不论"居民身份"、还是"村民身份"）的居民选举产生。也就是说，"撤村建居"近郊村社区的管理者必须是本社区人。调查发现，社区成员还是依旧沿袭农村基层社会管理模式的传统来看待基层社会管理者。在他们看来，由村主任变成了社区主任只是一种称谓上的变化，在日常生活中，他们还是依旧以村主任、书记称呼管理者，社区管理者也自认为自己与以前无异。连街道办事人员也多次提到，当下社区管理以及运作和原来的村庄是一模一样的，只是称呼变了，工作量多了而已。访谈时，一位社区管理者说："我们不是事业编制，是社工编制，其实我们现在连社工都不算。现在社工全部都是由开发区统一招，我们是乡镇一级统一招的……我们村委会都是村民选的，党支委党员选。"

第二，管理职能的城乡叠合。在城乡有别的二元性基层社会管理体制下，城市与农村的基层社会自治职能存在着显著的差异。根据《中华人民共和国村民委员会组织法》等相关法律的要求，农村村民自治组织负责诸如农田水利、道路等公共设施建设以及公共福利、公共服务等与村落生产生活相关的几乎一切公共事务。由于其建设与管理的费用由村集体经济支出或者通过村民筹资等方式来支付，因此承担一定的集体经济保值增值职能。城市社区自治组织则只负责有限的公共事务，辖区内的教育、卫生、治安、供水、供电、道路、环境建设等社会事务管理，主要由相关政府或公共事业单位直接负责。即使由社区居委会负责管理，其管理费用也由国家财政拨付。社区自治组织具有一定的经济管理职能，但由于社区公共建设和自治组织运行的经费一般由政府财政支付，发展社区集体经济在城镇社区群众自我管理中并非属于重要职能，甚至是忽略不计。而"撤村建居"后的近郊村落则不同，村落组织承担的公共职能具有城乡叠合的特点，不仅需要完成城镇社区自治组织的一般职能，而且承担着一系列"额外"的管理职能：（1）配合街道政府等部门完成征地工作、居民拆迁安置工作，协助街道做好流动人口、出租房管理和计划生育工作，配合街道做好社区环境卫生工作以及创建工作等。（2）建设和维护社区内的公共设施。政府出于自身利益和减轻政府财政负担的考量，"撤村建居"后近郊村落的道路、绿化、卫生、供水、供电、电讯、活动中心、服务中心等公共设施建设和公益建设均主要由村社区自行负责。（3）负责提供居民的社会保障和福利。长期以来，社会保障制度的二元化使农民的社会保障以土地保障、家庭保障、村集体保障为主，城市居民以就业保障为主。村改居以后，土地完全丧失，失地农民面临着城乡社会保障的断裂①。从法理上说，近郊村社区居民已经是法律意义上的城市居民，理应享受城市居民同等的养老保障、医疗保险和失业保险等社会保障待遇。但是，在实际运作中，近郊村社区居民基本不享受城市居民的社会福利和社会保障，

① 李学斌：《"城中村"改造的问题与对策》，《南京理工大学学报（社会科学版）》2005年第8期。

大部分社会福利待遇来源于原来的村集体。（4）经营和发展集体经济。一方面，原有近郊村落集体不同程度地拥有一定的资产，且建立了相应的集体经济组织，具有经营和发展集体经济的基础；另一方面，由于近郊村社区的公益建设、公共服务和社会保障经费需要强大的集体经济做支撑，因此必须把经营和发展集体经济视为近郊村落组织的重要职能。在良户调查时，有村民告诉我们：

> 现在我们的状态处于那种过渡性的状态，过渡性质的管理模式：现在我们是城里的工作要做，农村的工作也要做。现在是社区，社区的考核标准和农村的考核标准是不一样的。但是，村民还有些农业方面的要求。比如说，前几天，外面的地被淹了，然后他们来找社区。怎么办？只有帮助疏通了。其实，那些地都是被征用的，不算是农民的地了。现在荒在那里，如果不种也是荒了。村民很勤劳，去种种菜，其实这样也比荒着好，也美观些。水淹了，赔偿肯定是没有的，地都是被征用了的。另外，你说城里的工作，现在社区居民有文化上的需求了。比如说，其他社区有文化活动场所之类的，我们这里有没有啊。能不能开辟更多的场地给运动爱好者打打乒乓球、跳跳舞？这些都是现在的新需求。以前种地忙，都没时间跳舞，也有些人会有些羞涩。现在大家都跳，慢慢跳舞的人也多了。还有，上次文明社区的建设，以城市社区的标准要求我们。什么干道上不能摆设杂物，等等。这些要求都是对城市社区的要求，我们现在这样还是做不到的。

第三，管理范围的边界模糊。一般意义上，城镇社区管理范围的划分必须遵循两个原则：一是地域管理范围控制原则。根据人口居住情况及共建单位、企业分布等状况，从有利于管理、有利于发展、有利于社区建设出发，划分社区居委会管辖范围。二是人口规模原则。考虑居民、企事业单位人口分布情况，一般以2000人左右的人口数目来确定社区范围。意即，某城镇社区的治理应该是这一地域范围内所有的"人"与"事"的治理。然而，调查发现，无论是对人还是对事，近郊村社区的基层管理权限并不明晰。比如，金华陶朱路村社区所在街道主任指出：该村社区的范围是按照属地管辖原则确定的，该村原来的土地（包括农用地和宅基地）

上征地、建房、落户的单位都包含在村社区范围里。区民政局局长也认同这种观点。他们肯定，划分社区时确实是将陶朱路村与周边单位一起"打包"的。可见，陶朱路村社区的管辖范围是按照属地原则确定的，即以地域空间距离为标准确定社区管辖范围，并将该空间范围内属于社区自治层面的"人"和"事"作为治理对象，而不管这些"人"是否属于本村村民，也不管这些"事"是否关系原村民的利益。然而，在陶朱路村社区治理实践中，却显示出了治理范围的模糊化。实践中，入驻村落地域的企事业单位各自为政，只接受街道的指令，与陶朱路村社区居委会等基层社会管理组织并无管理与被管理的关系。陶朱路村社区公共组织只负责原村庄公共事务。诸如：村社区环卫委员会只负责村社区居民区内公共场所的卫生状况，村社区居民区与驻社区单位之间的道路等公共卫生由区环卫局负责；村社区治保委员会只对村社区居民区的安全负责，并没有将驻社区单位的社会治安事务纳入自己的管理轨道。对此，陶朱路村社区干部深有感触："本来车站、农产品批发市场都是我们社区的。可是，牌子换了，公章换了，我们也成社区干部了，但实际上还是只管原来村里的事情。"

根据社区划分，陶朱路村社区内的人口指的是原陶朱路村村民和企事业单位的常住人口（不包含大量租住在本社区的外来务工人员），社区自治应该是上述人口对社区领导集体的民主选举，对社区公共事务的民主决策、民主管理、民主监督的过程。但在现实中，陶朱路村社区内企事业单位的常住人口并不拥有陶朱路村社区领导人的选举与被选举权，更无从谈及参与公共事务的决策、管理与监督。严格来讲，该社区的自治只是社区内原陶朱路村村民群众的自治。

第四，管理经费的来源双重。从宏观上说，农村基层社会管理经费主要来源于村集体经济，而城镇基层社会管理经费则主要由政府财政划拨。"撤村建居"后的近郊村落，其管理体制已经在形式上被纳入城镇基层管理体制，其管理经费也部分来源于公共财政，但依然程度不同地依靠集体经济。比如，杭州的大唐、头格、良户社区，已经将社区两委成员全部纳入社区工作者体制，由杭州市财政局统一拨付工作报酬，街道办事处还专门下拨办公经费每年8万元。金华陶朱路村社区，干部的报酬仍主要由社区集体经济支出，街道只负责缴纳社区书记、主任在任期限内的养老金。可见，政府财政给予的经费远不能满足社区组织和干部的行使管理职责的需求，一般均需要集体经济做适当的补助。

同时，社区公共设施建设和环境卫生管理等方面的经费，各地政府会根据情况给予不同程度的补助，但主要由集体经济承担。比如，东阳蒋桥头小区的警务室有 4 人，1 人是派出所的成员，其余 3 人的工资、奖金、福利等都是村集体支付。杭州良户社区近年由集体经济支付的卫生保洁费用每年 30 多万元、水电费每年 10 余万元、公共设施投入每年 100 万元左右。

可见，"撤村建居"后近郊村落的社会管理与传统城镇社区管理具有明显的区别，事实只是一种表象性、形式化的居民自治。虽然在形式上脱离了农村基层社会管理体系，但尚未真正纳入城镇基层社会管理体系。

第二节　基层服务的两重性

对于基层服务，目前国内尚未形成统一看法。在这里，我们主要强调在近郊村落这一特定基层社会内的社会服务活动。从宏观上分析，大致包含以下主要形式：政府提供的公共服务、社区组织提供的社区服务、社区群众的互助性服务。这里主要考察前两种形式的基层服务，特别是社区服务。

在现行的基层社会治理体制下，社区服务城乡有别。在农村，根据《中华人民共和国村民委员会组织法》规定，农村村民自治组织主要负责诸如农田水利、道路等公共设施建设，以及与村落生产生活相关的公共事务，基层服务基本由农村集体组织和村民群众自主负责，政府很少向农村基层社会提供公共服务。相应地，农村基层服务的经费基本由农村集体经济承担。在城市，虽然《中华人民共和国城市居民委员会组织法》规定了居委会是城市居民群众自治组织，承担社区内的自我服务职能。但由于城市社区不是经济实体单位，缺乏独立的经济来源，难以在基层服务中实现经济自主。故而，国家法律明确规定社区内的市政、环卫、供电、供水、供气等公共设施建设以及管理服务的费用均由政府财政下拨。而且在实践中，城市社区组织还需要承担大量政府下延或分派的工作任务，致使城市社区管理服务具有准政府的特点。

根据对浙江 9 个近郊村落的考察，近郊村落的基层服务在城镇化进程中发生了一系列变迁，形成了新特点、新格局。

一 近郊村落基层服务需求的嬗变

改革开放以来，中国农村实行家庭承包经营制，村级公共组织不再直接介入农业生产经营过程。同时，在农村几乎没有社会保障的情况下，农业承包家庭不仅仅是微观生产单位，同时又是承担养老、医疗、失业等社会保障功能的微观社会组织。生产和生活主要依靠家庭，家庭成员的自我服务成为基层服务的主要模式。村民群众的生产生活较为单一和简单，社会服务需求相对有限。在非农化城镇化进程中，近郊村落村民逐渐从农业领域转向非农领域，特别是随着土地陆续被征用，村民群众只能"洗脚上田"，不再从事农业生产，另谋他途。近郊村落村民的社会服务需求因此发生了急剧的变化，形成了一些区别于其他村落社会的重要特点。

首先，近郊村民失地后的职业转换要求有效的劳动就业服务。近郊村集体土地被政府征用后，政府根据相关政策给予了一定的地价补偿，但没有提供相应的劳动力补偿和针对性的职业转换指导、就业服务等。长期以来，近郊村民世代从事农耕工作，积累了相当的农业生产经营技能，但缺乏非农劳动和经营的技能，迫切需要有关部门和基层组织提供必要的就业信息服务、劳动就业指导、劳动技能培训、劳动失业保障等。因此，劳动就业服务势必成为近郊村落基层服务的一项重要内容。

其次，近郊村民失地后催生了社会保障服务需求。众所周知，传统农村社区，农民的生活保障以土地保障和家庭保障为主，国家给予农民群众的社会保障几乎可以忽略不计。随着土地被征用，近郊村民失去了赖以耕作的土地，自然也就失去了生活赖以维系的土地保障。然而，近郊村落农民失去土地后，甚至"撤村建居"后未能及时地纳入城镇社会保障体系，由此形成了近郊村民缺乏保障的生活风险，提供必要的生活保障日益成为近郊村民的诉求。

再次，近郊村落经济社会的结构性转换引发了维护正常社会秩序的需求。随着城镇的扩张，近郊村落土地被征用，村落社会逐渐地被周边的企业、商店、住宅楼、机关、学校等所包围，形成了大量的非村籍外来人口。同时，集体土地被征用后，原有的集体土地资产通过现金补偿及其处置实现了资产形式的多元性转换，其中相当部分被村民用于建设住房，或个私经营等。村集体和村民家庭通过房屋出租获取收益，形成了独特的近郊村落物业经济，并由此带来了大量的租客。进出村落的外来人口不仅规模大，而且成分复杂、流动性强，打破了村落原有的"熟人社会"格局，引发了众多新的社会矛盾和问题，带来了一系列难以预测的安全隐患，由此生发出保障村落社会安全与维护村落社会和谐的需求。考察发现，几乎所有的近郊村落都聚集了大量的外来人口，有些村落外来人口数量远远超过本村人口，甚至高达 5 倍之多。大量外来人口的涌入繁荣了近郊村落的物业经济，但也导致了近郊村落的脏、乱、差，埋下了社会不和谐的隐忧。

最后，近郊村民新的生活方式诱发了新的生活服务需求。近郊村民失地后实现了职业转换，新的非农性工作岗位不再像农业劳动那样起早摸黑，有了相对固定的作息时间，洗脚上田后的村民群众逐渐受到了城市文明的熏陶。加之生活水平的提高，近郊村民开始追求新的生活方式和生活享受，特别是舞蹈、健身、旅游休闲生活成了村民群众的突出需求。

二　近郊村落的基层社会服务供给

在传统的农业村落，村级组织的基层服务功能主要表现为以下方面：一是常规性的农村基层社会生活服务；二是农田水利等农业生产设施建设、农业生产管理指导等生产性服务；三是五保户、贫困户救济等有限的补充性社会救助服务。在基层服务实践中，农村基层服务主要依靠村集体经济，由村组织负责提供。

根据对 9 个近郊村落的考察，发现近郊村落的基层服务供给发生了一系列新变化。

第一，基层服务的供给主体多元化，政府与村落组织共同成为近郊村落基层服务的重要供给者。根据国家的相关制度安排，村级组织顺理成章地是近郊村落基层服务的供给主体。但是，随着城镇化的推进，政府部门日益介入近郊村落的基层服务，特别是向那些"撤村建居"的近郊村落提供了越来越多的公共服务项目和服务资金。比如，针对近郊村落居民失地后职业转换的困难，杭州市政府出台了一些针对性的就业服务政策，建构了独特的"五个就业递进机制"。即低收入岗位向高收入岗位递进、灵活就业向稳定就业递进、纯农业向第三产业递进、消除零就业家庭向全家庭就业递进、就业向创业递进。街道政府则依托招商引资企业、社区公益性岗位开发等方式，开展订单式培训活动，实现招工、培训、就业一条龙服务等。

案例：浙江中烟工业有限责任公司杭州制造部是转塘街道政府招商引资企业，厂区建立在良户和回龙两个社区。街道政府要求企业在招工时优先考虑被征地的良户和回龙社区以及该街道其他村社的失土农民和未转移就业农民。调查时，该企业已向街道提供后勤及车间辅助工共 75 个名额。同时，街道政府为企业建立人力资源库，组织失业人员、灵活就业人员等进行订单式的对口岗前培训，为企业输送有技能的人才。开设各类技能培训班，参与人员 249 人，为企业建立了储备人力资源库，也为灵活就业人员做好转岗准备。

此外，杭州市政府将"社区公益性服务岗位"政策延伸到近郊村落。"社区公益性服务岗位"是杭州市政府的一项帮助年龄上 40—50 岁、自身又没什么特别出色的职业技能的"就业困难人员"重新走上工作岗位的一种"以工代赈"的优惠政策。通过政府购买岗位、安置就业困难人员上岗的模式，确保一部分就业困难人员每月有一个比较稳定的收入。自 2000 年社区公益性服务岗位实施以来，已累计安置就业困难人员 2 万余人次，使用就业专项资金近 6 个亿。截至 2011 年 3 月底，社区公益服务型岗位实有在岗人数 11855 人。头格社区有 30 多位 40—50 岁人员获得了社区保安、社区保绿、社区保洁、社区助老助残等社区公益性服务岗位。良户社区所在的转塘街道已完成 225 个公益性岗位人员的培训工作并全部上岗。

对于青年人群体，主要靠自谋出路实现职业转换，近郊村落的基层组织通过提供就业信息和提供就业培训等实现就业服务。在头格社区调查时，相关人员告诉我们，对于近郊村落居民的劳动培训分两块：如果他们在正规企业里上班的，可能在企业里培训；如果是失业的，社区有社会保障、劳动保障室，定期开展失业人员培训，包括适应性培训和技能培训。适应性培训是由劳动保障部门组织，定期对失业人员进行理论性的、全面的培训。技能培训是专业知识的培训，诸如美容、厨师、化妆、绿化和花卉养植等方面，比较偏重专业技能的，由街道出面，跟比如旅游职业学校等签订协议，请他们和社区对接。培训费用对居民来说是免费的，根据居民需求，开设针对性的培训。"年轻人都是自己谋生，社区提供信息，哪里要招人，信息就发布给他们，相关的人来报名，我们帮推荐。对于没有签订过劳动合同的年青人，给补办失业证。签订过就业协议但没有固定工作的人，发给每月 300 元的补贴，视为灵活就业人员。其实，这些人员还是失业状态，但从现有政策上讲，不能算失业了，因为他们已经领补助了，政府发给你就业补贴算是灵活就业了。以灵活的时间、灵活的劳动形式，自己个人在外面搞搞小买卖"。

不过，就业服务在不同近郊村落之间存在着较大差异。相对而言，大城市的近郊村落政府相对投入较大，服务较好。其他城镇政府向近郊村落居民提供就业服务的相对较少，主要由村落组织承担就业服务。比如，武义大坤头村，村支书试图到他乡买或租块土地，以让村里的老年人重新做老本行，从事蔬菜种植经营；金华陶朱路村社区组织通过引进农产品批发市场，成立市场装卸队来推动村落居民就业。

第二，基层服务的内容逐渐扩大，并日益趋近于城镇社区。政府和村落社区组织不仅根据近郊村落居民的职业转换需求提供了多样化的技能培训和就业服务，而且政府提供的社会保障逐渐向近郊村落扩展。

社会保障是指国家和社会通过立法对国民收入进行分配和再分配，对社会成员特别是生活有特殊困难的人们的基本生活权利给予保障的社会安全制度。社会保障的本质是维护社会公平进而促进社会稳定发展。一般来说，社会保障由社会保险、社会救助、社会福利等组成。目前，政府面向近郊村落的社会保险主要是养老保险和医疗保险。以金华陶朱路村社区为例，村民参加医疗保险的人数有所增长，但增幅不明显，总体比例还是偏低。调查时，村民既可参加城镇居民医疗保险，也可参加新型农村合作医疗保险，根据大家的意愿自由选择。但政府已经开始通过政策宣传引导居民参加城镇居民医疗保险。自 2008 年起，为鼓励大家参加城镇居民医疗保险，社区只对参加城镇居民医疗保险的居民给予补助，不再对参加新型农村合作医疗保险的居民进行补助。通过政策宣传及利益引导，2010 年，社区 800 余名居民中，420 人参加城镇居民医疗保险，63 人参加新型农村合作医疗保险，除了少数在校学生以及社保人员外，还有相当部分村民没有参加任何医疗保险。

调查时，养老保险主要有两类：一是失地农民养老保险，二是城乡居民社会养老保险。为了将城乡居民社会养老保险与被征地农民基本生活保障制度衔接起来，陶朱路所在的金华市出台了《金华市区城乡居民社会养老保险制度的实施意见》，规定"城乡居民社会养老保险制度实施后，参加了城乡居民社会养老保险的农村居民，如被征地且符合参加被征地农民基本生活保障条件的，可以同时参加被征地农民基本生活保障。参加被征地农民基本生活保障的居民，如符合参加城乡居民社会养老保险参保条件的，可以同时参加城乡居民社会养老保险，但不作转换。"目前，陶朱路村社区失地农民养老保险已经实现全覆盖，另有298人参加了城乡居民社会养老保险，但因保障水平较低，难以满足失地农民的生活需求。

为了保障失地后近郊村落居民的生活，浙江省政府专门出台了被征地农民社会保障政策，由地方政府、村集体、村民个人三方付费，为近郊村（居）民提供养老保险。据调查，9个近郊村中，只有富强村没有享受被征地农民社会保障政策。因为该村没有遵照地方政府要求实施统拆统建的旧村改造，政府做出了惩罚性对待，不给予富强村村民享受被征地农民社会保障政策待遇，因此仍实行一般的农村社会保障政策。此外，部分地方政府开始新的探索。比如，东阳市政府允许近郊村落的村民自主选择参与城镇居民医疗保险或新型农村合作医疗，杭州市则尝试实行统一的城镇居民和农村居民医疗保险政策。

社会救助是一项政策性很强的工作。根据政策规定，居民享受的社会救助内容主要有最低生活保障、困难救助、居家养老、军人优抚等，其享受人人数相对较少。以金华陶朱路村社区为例，根据《浙江省最低生活保障办法》，现有9人享受城镇居民最低生活保障。2010年的标准为392元/月，按照属地管理原则由市、区政府负担，列入财政预算，省财政给予适当补助。根据《国务院自然灾害救助条令》，有9户享受因灾困难户救助；根据市政府办公室《关于建立市区困难群众救助机制的实施意见》，市民政局、市财政局《关于规范市区低保边缘群众分类救助工作的通知》，3户享受低保边缘困难群众分类救助（其中的医疗救助）。这两项救助均由市、区财政列入预算，省财政予以补助。根据《金华市民政局关于做好市区2011年居家养老政府购买服务工作有关事项的通知》，5户享受居家养老服务，按照户口在市区建成区范围内非农户籍老年人的服务标准，由市政府购买服务，采取发放服务券的形式，委托家政服务公司每周上门进行2小时的服务。根据《浙江省军人抚恤优待办法》，1954年

10 月 31 日之前入伍的两位复员军人，由市、区民政部门按照不低于当地上年度农村居民人均纯收入的 70% 给予生活补助，2010 年的标准是每月509 元，同时给予门诊、住院医疗补助；6 位现役军人，其家庭的优待金标准由市、区政府按照城乡统筹的原则，以当地上年度城镇居民人均消费性支出、农村居民人均生活消费支出统计指标为基础，结合当地城乡人口比例测算确定，2010 年的标准为每年 8000 元，其中进藏现役军人家庭每年 16000 元。

社会福利在近郊村落表现得尤其特殊。从一定意义上说，享有宅基地使用权是农村居民的特殊福利。这一集体福利在近郊村落以不同形式得以延续，即使是"村改居"后的近郊村落，比如，陶朱路村社区户籍居民仍然享有宅基地政策，按照一户一宅的规定分得一定的宅基地，具有在宅基地上建设自住房的权利。在现有体制和城镇化政策背景下，近郊村落的宅基地具有一定的福利性质和社会保障功能，只有原村集体经济组织成员才有资格享有。随着城镇的扩张，近郊村落的宅基地价值势必伴随着周边土地开发和建设而迅速增值，近郊居民通过在宅基地上建造和出租房屋，转变为集体土地资产的一种特殊转换形式，形成了独特的物业经济形态。借此，近郊村落居民可以获取较高经济收入，实现宅基地和房产的效益最大化，并获得一定意义上的生活保障。

同时，近郊村落组织凭借土地补偿款留存和集体经济开发等获得的丰厚集体资产，时常以分红、补贴、奖励、旅游等方式向户籍居民提供集体福利。比如，陶朱路村社区 70 岁及以上的老人，每人每月发放 100 元补贴；60 岁及以上 70 岁以下的老人，每人每月发放 70 元补贴。社区每年重阳节组织老人出去旅游，不参加活动的每人补贴旅游费用的 60%—70%；每年对 80 岁以上的老人、困难党员、烈军属进行慰问。2006 年，陶朱路村社区出资修建了老年公寓，安置了社区的 5 位孤寡老人。还有居民子女考上大学奖励费、居民子女受表彰奖励费等名目繁多的福利项目。按规定，"村民子女凡考入大学：一本就读的，一次性奖励学生 3000 元、一本以下一次性奖励 1000 元。"

为满足近郊村落居民新的文化生活需求，基层组织也会根据实际情况提供一些相应的服务。诸如建设文化娱乐场所、组织文化娱乐活动、建立娱乐性社会组织、提供必要的经费支持，等等。例如，诸暨市城西新村

2007年以来，投资250万元建设了2000平方米的村公共服务中心，内设丰富的公共生活设施；投资80万元建成建筑面积1000平方米的老年活动中心；投资80万元新建5个灯光球场和7个健身场地。2012年6月25日晚，当调查人员到杭州头格社区办公楼做访谈时，社区文娱爱好者正在社区办公楼进行舞蹈排练，准备节目参加开发区各个社区间的舞蹈表演竞赛。同时，社区办公室边的乒乓球室里有不少社区居民在打球，楼上有些老人在学唱越剧。访谈时，相关人士说："我们在社区里弄了乒乓球室、舞蹈室，他们在这里活动。有的说乒乓球室太热了，要求装空调。也有的要求多开几个乒乓球室。你看这个（村民将意见写在一张硬纸板上）是他们挂在门上的。今天我们要排节目，街道要搞社区之间的文艺比赛，排舞教练是街道给派的。现在社区居民对文化生活有要求了，经常会说人家社区有什么什么活动，而我们没有。在广场跳舞的人也很多。"

总之，从近郊村落社会公共服务需求与供给的嬗变可以看出，近郊村落的基层服务已经且正在发生深刻变化，正在逐渐去农化、类城镇化。

三 近郊村落基层服务的二元错杂性

在传统的城乡二元体制下，城乡社会分别实行两套差异显著的社会政策。城镇社会的公共福利和社会服务主要由地方政府负责，农村社会的公共福利和社会服务则主要依靠基层集体和村级组织负责。近郊村落正处于从农村社会向城镇社会转变的过渡阶段，其公共福利和基层服务呈现出二元错杂的特点。

第一，村落基础设施和公益事业建设的双轨制。伴随着村落集体土地的征用开发和村民房屋的拆迁安置，各地政府根据近郊村落土地被征用和开发的情况，投入一定的资金，在近郊村落地域范围内不同程度地进行了基础设施建设。特别是通过政府实施的"三通一平"基础建设，村落居民聚居地周边的土地得到了平整，形成了宽阔的主干道路网，以及较好的水、电设施，近郊村民因此而获益。在一定意义上说，在政府实施的基础设施建设过程中，近郊村落客观上受益极大，并提升了近郊村落社会的生活条件和社会服务水平。然而，地方政府出于自身利益，并从近郊村落在土地征用过程中一般均获得了较大数量的土地补偿款，拥有较强集体经济实力的现实出发，在城镇化过程中没有在土地征用和"撤村建居"过程中同步承担近郊村落的公共服务责任。近郊村落特别是居民聚居地的基础设施和公益建设均需要集体组织承担责任，诸如路灯、水电、道路，周边河道整治、环境保洁、空间绿化，以及老年活动中心、便民服务中心、文化娱乐场所、医疗服务站甚至于学校等关乎村民生产生活的基础设施与公益建设几乎全部由村落自行承担，政府最多以各种明目给予少量补贴。如此，在基础设施和公益事业建设上，近郊村落明显地呈现出城乡两种体制并存的双轨制现象。

第二，居民社会保障和社会服务的过渡性。在很长一个时期，中国的社会政策呈现出典型的城乡分割现象。城镇居民的社会保障和社会服务基本由政府负责，而农村居民几乎没有政府给予的社会保障和社会服务，主要依靠集体土地获得生活保障。近年，在城乡统筹和城乡一体化的政策导向下，政府开始关注农村居民的民生事业建设，逐步将社会保障扩大到农村。但远没有达到城乡基本公共服务和社会保障的均等化。随着城镇的空间扩张，近郊村的耕地被征用、村民的住房被拆迁，近郊村民失去了传统的生产资料和生活资料，不再能够依据其所拥有的土地获得相应的收益，失去了土地保障。在某种意义上，这意味着近郊村民正在逐渐地退出农村和农民权利体系。同时，也应当看到，在近郊村落城镇化进程中，各地政府出台了一些针对性的社会政策，或多或少地赋予了近郊村民新的福利服务权利和待遇。比如，一些地方政府推行失地农民社会保障制度、开展失地农民职业培训等。无疑，这些服务待遇和福利权利有别于一般农村，但也远未达到城镇社会和城镇居民的水平。这些没有农业和农民的近郊村落，已经"撤村建居"成为法理意义上的城镇社区，但由于各项城镇化行动的非同步性，致使近郊村落居民无法享受与城镇居民同等权利的待遇，形成了独特的"同城不同待遇"现象：介于城镇市民权利待遇与农村农民权利待遇之间，呈现出独特的过渡性，处于农村与城镇、市民与农民"两边靠、两边靠不到"的窘境。正是基于这一现实境遇，出现了诸如一些近郊村民不愿意做市民之类的问题。[①] 近郊村民担心户籍"农转非"后，失去农民的权益，而又得不到城镇居民的待遇。

---

① 毛丹、王燕锋：《J市农民为什么不愿做市民——城郊农民的安全经济学》，《社会学研究》2006年第6期。

综上所述，不难得出结论：城镇化进程中近郊村落的社会服务因为"去农化"等因素正在逐渐脱离农村基层社会服务体系，转向城镇基层社会服务体系。然而，在现阶段，近郊村落正处在这一转换过程之中，尚未完全纳入城镇基层社会服务体系。因此，在基层社会服务的众多方面都表现出独特的城乡两种基层服务要素并存的双重性，如若做总体性分析，仍然主要保留着农村基层社会服务的特征，农村基层社会服务因素相对占居主导地位。

第三节　基层教育的两栖性

基层教育在这里主要指两个层面：一是基层社会中由各类学校实施的国民文化技术教育。在现阶段中国基层社会中，其教育主体主要是正规的中小学校、幼儿园、青少年宫，以及各类语言、文化、技能培训机构等，目的是提高国民的文化知识水平或各种各样的生产生活技能。二是基层社会中由不同教育主体开展的国民社会化教育。其教育主体主要是各类政治组织、社会组织，以及家庭和民间人士等，目的是实现国民的社会化，让民众能够认同和适应当时当地的社会生活，提高社会生存和发展能力。

在现行的中国基层社会治理体制下，基层教育实行的是城乡分割的两种政策。在城镇，国民的文化技能教育主要由政府负责，但正在逐渐部分地向社会开放；国民的社会化教育虽然法理上强调由居民群众自我教育，但事实上主要由政府承担责任。在农村，国民文化技能教育过去主要由农村基层组织负责，但正在逐渐转向由政府负责；国民的社会化教育基本由农村基层社会自主承担责任，政府很少介入农村基层社会化教育进程。

考察发现，城镇化进程中的近郊村落基层教育也正经历着一场新的嬗变，呈现明显的城乡两栖性。

首先，近郊村落的国民文化技能教育形成了一系列新的特点，最为突出的是：（1）政府正日益成为近郊村落学龄儿童义务教育的主要责任人，但村落集体对国民基础教育的建设和发展依然承担着重要责任。特别是地方政府会把中小学校建设的责任转移到近郊村集体组织身上，由村集体负责提供土地和部分资金，建设设置在村落内的中小学校。调查时，诸暨城西新村的干部正在谋划学校建设。有意思的是：虽然在近郊村落的中小学校建设中，村集体不同程度地承担了责任，但近郊村的相当部分学龄儿童则设法到城镇中小学就学，原因主要在于城乡基础教育存在着较大差异。近郊村落的中小学校教育质量相对于城镇中的重点中小学校要低得多，出于对子女培养与发展的考虑，近郊村落居民往往不愿意让自己的子女输在起跑线上，故而想尽办法，并付出成千上万元的赞助费，跨学区进入城镇中小学学习。而村集体投资建设的村中小学则成了主要接收民工子弟就学的特殊学校。（2）幼儿教育则从无到有，从村集体办学到社会开放办学，目前主要由民办的幼儿园承担教育主体责任。（3）技能教育在农村一直以来基本通过家庭教育或师徒传带，除偶尔开展一些农技知识讲座之类外，政府在农村技能教育中很少介入。但在近郊村落基于广大村民因土地被政府征用，进而失去了农业劳动技能的使用价值，且缺乏职业转换所需的非农技能，一些地方政府开始关注近郊村落居民的非农技能教育，在近郊村落居民中实施了一些针对性的技能培训，如杭州市及其下辖各区基层政府以各种方式对近郊村落居民特别是中年和妇女劳动力开展了诸如面点制作、美容服务、花卉养护等一系列专门技能培训，以便近郊村落居民能够在失地、失农后顺利实现职业转换。

其次，近郊村落的民众社会化教育出现了新的变化。在中国乡村，长期以来民众的社会化教育主要由村落社会负责。村落不仅是村民生产生活的场所，还是自我教育的场域。这种基于民众生存与发展需要的社会化教育，主体主要来自村社组织、家庭与村庄内的榜样人物。在人民公社时期，农村的社会化教育过程国家介入较多，党和政府借助于教育媒介、广播、宣传队、宣传栏、报告会、批斗会等多种形式完成了国家对民众的社会化教育，以强有力的政治思想教育和严厉的阶级斗争、群众运动方式在民众生产和生活中强力贯彻国家意志。人民公社解体后，农村实行村民自治，国家将农村民众的社会化教育权力下放给了村落社会和村民群众，要求村民群众实现自我教育。在村民自治背景下，村民的社会化教育主要表现为两个层面：一是村落组织实施的社会化教育，二是村民之间的互相教育。在实践中，村落组织缺乏在新形势下开展社会化教育的经验和能力，地方政府又未能把村民自我教育的指导工作摆上议事日程。在指导和推动村民自治过程中，片面地强调了民主管理，有意无意地忽略了村民群众自我教育的功能，以至于现实农村中村落组织的社会化教育基本处于无目标、无能力、无实践的状态。村民群众之间相互教育也因多元文化的渗透、信息社会的影响、社会急变的冲击等变得更为复杂、多元、离散。近郊村落的社会变迁更因城镇化的迅速推进而面临更加突出的问题：失去农地和农业后的生活和生存挑战、土地征用和房屋拆迁过程中的利益冲击、城镇化过程中村民与政府博弈中的权利冲突、进入城镇社会过程中的文化碰撞，等等。这些向近郊村落的社会化教育提出了一系列特殊的需求，要求通过针对性的教育引导和帮助近郊村落居民顺利地适应新的社会环境，促进近郊村落居民的正常发展和村落社会的和谐与可持续发展。

然而，村落社会组织的社会化教育供给能力显然不足。一方面，村落组织及其干部自身也难以认识和树立正确的法制意识、公平公正观念、权利与义务精神等；另一方面，村落组织缺乏相应的人力、物力和财力。而地方政府也没有从近郊村落的特殊情况出发，对近郊村落民众的社会化教育做出针对性的教育回应和教育支持，只是一味地以行政手段强硬推行城镇化政策、采取独特的城镇化行动，导致了近郊村落居民群众的种种不适应、不认同等，甚至形成了诸如上访、群体性抗争等近郊村落社会的不和谐现象，致使近郊村落成为当前威胁国家和社会安定的焦点区域。

从某种意义上说，城镇化进程中的近郊村落民众社会化教育基本处于一种自发放任的状态。当下村落组织最为关注的主要是配合地方政府部门对村落居民开展失地后的非农技能培训，以便村落居民特别是其中的中老年人能够尽早完成职业转换，获取较稳定的生活来源。一些近郊村落组织会在政府的指导下自觉不自觉地运用宣传栏、报纸、电视、网络等传媒开展有限的民众社会化教育。比如，杭州大塘社区居委会利用法制宣传栏开展基层单位和公共场所法制宣传，内容有公民权利与公民义务、物权法法律知识普及、浙江省村经济合作社组织条例、食品安全监督管理法、禁毒法、劳动法、反邪教专刊等。此外，孝道教育、维权服务、法律援助、职工维权、计划生育宣传等，也构成了一些近郊村落社会化教育的重要内容。

至于民众之间的相互教育则较为复杂。其中，家庭、亲友无疑是民众社会化自我教育的重要主体。正由于各家庭、亲友秉持的思想观念、价值取向、社会态度、文化知识、技能素养、生活经验等的多元化，导致村落社会化自我教育的多样性。

　　不过，相对于其他农村村落或城镇社区而言，近郊村落社会化教育中的居民自我教育也表现出一些特殊性。比如，与土地征用和房屋拆迁安置过程中的利益博弈相关，权利、责任、义务、服从、公平、公正、平等、协商、法制、参与、沟通、谈判、妥协等在近郊村落民众自我教育中显得特别突出。又如，由于村民在城镇化过程中获取了较丰厚的经济收益和集体福利，娱乐、休闲、交往、整洁、和谐、文明等成为民众自我教育中又一个突出的主题，并因此形成了一种特殊的近郊村落文化。

　　总之，近郊村落的基层社会教育正伴随着城镇化进程逐步实现从农村形态到城镇形态的嬗变。一方面，基层社会教育的农村模式逐渐被打破，正在转向城镇基层社会教育模式，教育的主体、内容、方式、途径均发生了并仍在发生着重大变化；另一方面，受多种因素影响，近郊村落的基层社会教育仍然保留着明显的乡村特征，而且乡村教育因子在整个近郊村落基层社会教育中依然占居着主导地位。正是在这一消一长的过程中，城镇化进程中近郊村落的基层社会教育呈现出城乡因素共存的局面，形成了独特的两栖化教育特点。

第五章　文化形态：城乡文化的互动共生

城镇化是一个复杂的社会综合变迁过程，内在地包含着文化生活的变化。随着城镇化的推进，近郊村落文化势必遭遇城镇文化冲击，发生深刻而多元的变迁，形成城乡文化互动共生的独特形态。

第一节　嵌入城镇因子的村落休闲文化

从一定意义上说，有钱有闲是休闲生活和休闲文化形成与发展的前提。自 18 世纪中叶工业革命以来，随着工业化的推进，城镇居民的生活逐渐地被划分为工作时间和闲暇时间两个部分。相对稳定的收入和闲暇时间保证了城镇居民拥有享受休闲的时间和物质条件，使得休闲生活及其休闲文化成为城镇生活方式和城镇文明的重要组成部分。人们为了放松身心、娱乐自我、犒劳自己而发展出各种城镇休闲文化，诸如打猎、旅游、健身、散步、遛狗、饲养宠物、修剪花草、逛街购物、收藏鉴赏、琴棋书画、音乐欣赏、跳舞等。换句话说，城镇休闲文化是伴随着工业化、城镇化的进程一同兴起的。

然而，由于城镇用地紧张，城镇居民的家庭生活空间相对狭小，致使相当部分居民休闲生活不得不在家庭之外的公共空间展开。加之，工业化所带来的工作时间和作息时间的统一性，以及社会化工业生产要求的组织性、纪律性等需要借助必要的公共活动来实现目标。于是，政府和企业均不同程度地为城镇居民提供了相应的公共活动场所和休闲生活设施，以及相关的休闲生活服务组织和管理制度等。每到一个城镇都可以看到公共图书馆、体育场馆、文化广场、公园、博物馆、游步道等公共休闲生活场所，歌舞厅、电影院、剧院、棋牌室、茶楼等各式商业性休闲生活场馆和剧团、歌舞团、书画培训等文化娱乐公司，群体性的广场舞、爬山、行走、骑车等多种群众休闲活动，以及广场舞队、棋友会、驴友团、车友俱乐部等各类休闲生活组织。于是，城镇居民的休闲生活不再仅仅是私人生活领域的问题，而且具有一定的公共生活属性，从而决定了城镇休闲文化呈现出相当程度的公共性。

传统的农村生活方式则迥异于城镇生活方式。农民日出而作、日落而息，一辈子重复着相对固定的生活节奏。农民们起早摸黑、日夜劳作，勤劳而素朴，过着自给自足的生活。在劳作之余，村民们时常会相互串门、聊天，或下棋、打麻将等，以作消遣。当农民生活水平提高后，家家户户有了电视机，村民们在劳作之余主要是一家人聚在电视机前看看自己喜爱的电视剧。除偶尔组织放电影、演戏之外，村民们的集体休闲生活就是聚在一起，共同闲聊家长里短。调查时，20世纪50年代至70年代出生的村民时常会有夏日"竹床夜话"的温馨回忆：挨家挨户拿出单人床大小的竹床铺在院子里，一家的竹床紧挨着另一家，大人们闲聊，小孩子嬉耍，构成为20世纪90年代以前中国村落休闲文化的重要图景。在政府号召下，农村中陆续成立了老年人协会，建立了老年活动中心，部分村民特别是老年人喜欢到村老年活动中心聊天、打麻将等。在某些村落，个别具有文化素养的农村文化人间或会带领一帮人组成特殊的文化团队，吹吹笛、拉拉二胡、唱唱歌、演演戏等，邻里们则在旁围观欣赏。总之，与城镇比较，农村居民的休闲生活相对贫乏，且缺乏公共性，大多由民间自发组织，公共组织特别是政府很少介入，呈现出典型的社会自主性和自发性。

伴随着城镇的扩张，一个个近郊村落逐渐因土地征用、房屋拆迁、撤村建居等而被纳入城镇范围。在这些正处在城镇化进程的近郊村落，城镇生活方式和农村生活方式、城镇休闲文化和农村休闲文化日益显现出相互交融的现象。城镇文化冲击着近郊村落文化，并日益嵌入近郊村落休闲文化之中，致使近郊村落休闲文化呈现出独特性。突出表现在以下几方面。

一　公共性休闲成为大众休闲的一种新选择

依据对9个村庄的调查，当曾经的农民告别祖祖辈辈耕种的土地，不再需要从事繁重的农耕劳动来维持生计后，也即意味着村民们开始拥有了一定的类似于城镇居民的休闲时间。近郊村民以不同的方式转向非农领域，大多数人开始过上了城镇居民那样有明确工作时间和休息时间的"上班族"。加之，伴随土地征用而发生的村集体资产形式转换，以及城镇化给近郊村民带来了丰厚的"房租红利"，使得多数近郊村民家庭拥有了相当数量的财富。如此，近郊村落村民逐渐成了"有钱有闲"之人，开始追求那些被"定义"为时髦的城镇休闲生活。最为突出地表现为公共性休闲活动的日益扩展，每个近郊村落均不同程度地建设了一些诸如广场、公园、活动中心之类公共休闲活动场所。每当夜幕降临之时，只要天气条件合适，村落广场（实际上就是村中比较空旷的场地，村民习惯地称之为"广场"）或公园内就会聚集着大批的人群，开展各种各样的公共活动。其中，最为壮观亮丽的风景是以三十到五十岁的妇女为主的人群随着自带的录音机播放的音乐跳着广场健身舞。年轻的父母、年老的长辈带着小孩嬉戏，或散步聊天，还有不少人在遛小狗、小猫。诸暨城西新村更是建设了多个专门的运动场地，吸引着一群群年青人在球场上打球、中老年人在那里跳舞……显然，这些公共休闲生活并非农村生活的传统，但确实已经成为近郊村民的一种新的生活选择。总之，群体性、公共性的休闲生活和休闲文化正逐渐地渗透进近郊村落休闲生活，改变着村落休闲文化的内涵，构成为近郊村落休闲文化的重要部分。

二　棋牌娱乐呈现出新特点

打牌、下棋是中国社会流行甚久的传统娱乐项目，在当下中国的近郊村落更成为一种普遍性的休闲娱乐方式。调查时看到，在多数近郊村落，小卖部、老人活动室、凉亭等都会有不少正在打麻将、下象棋等棋牌娱乐的村民，其中以四五十岁以上的中老年人居多。村落中还出现了一些专门的经营性棋牌室，成为村民们日常娱乐的新处所。棋牌活动之所以在当下的近郊村落广为流行，且集中于中老年人群，究其原因一方面是因为传统的村落"熟人社会"特质使得稳定而长期的"牌友关系"得以形成和维系；另一方面是由于土地被征用后，一批以四五十岁以上中老年人为主，缺乏非农技能的村民成了"失能"人，因找不到合适的工作岗位而赋闲在家，无所事事而以麻将、棋牌消遣度日。借助棋牌桌提供的自由空间，村民们得以较自由地交流不同的信息、发泄生活中的种种情绪，通过聊天、抬杠、吹牛、神侃等方式得到特殊的需求满足。此外，近郊村落村民们的棋牌活动往往渗透着赌博形式，致使相当部分村民以谋利为目的整日打牌、下棋，已经构成为棋牌活动流行的一个重要因素。棋牌赌博的输赢少则几十元，多则上千、上万，由此带来了一系列负面问题。武义大坤头村的一位村干部说："我们现在最怕村民变坏。以前村民们起早贪黑种菜，日子虽然苦点但也过得不错，现在有了补偿款又没事干，天天打麻将，输了钱回家就吵架。我们村干部想来想去还是要去买几块地回来让村民再种菜。"访谈中，当问及"你觉得土地征用补偿款应不应当分到村民个人"，城西新村的一位村民说："村民群众要求分钱，主要是担心村干部管不好钱，干部会贪污、会乱用。若分给个人，可能有些人会没几天就赌掉了。以后生活怎么办？"这些简短而朴实的话语道出了当下近郊村落城镇化进程中遭遇的困惑与挑战。

三　现代性休闲消费文化的逐渐渗透

据调查，得益于近郊村落地处城镇周边的地理区位、交通的便捷，以及城镇现代文明的吸引等，到 KTV 唱卡拉 OK、网络桌游、喝咖啡、吃西餐、逛夜店、进茶楼酒吧消费、到城镇电影院看电影、去高档商场购物等城镇流行的休闲消费方式在近郊村落的年轻人中较为普遍。在电视、手机、互联网等新兴媒体无城乡差别的覆盖背景之下，近郊村落的年青一代较其长辈和年龄较大些的同辈更多也更容易接受现代城镇文明，自然而然地向往和吸纳现代城镇休闲消费方式，并不惜与家长反目。一些较"现代"的村干部也开始赶时髦，甚至以到歌厅唱歌作为招待客人的重要方式。相反，年龄较大些的普通近郊村民由于面临家庭养老和抚养教育孩子的压力，加之深受传统消费观念影响，对于那些高支出、无回报的现代城镇文化消费行为认同度、接受度较低，甚至具有抵触情绪，而以传统的看电视、打牌下棋、免费观看各种表演等为主，间或有些人会参与广场舞蹈之类健身活动。由此勾画出一幅年龄分层和群体差异明显、活动形式多样、城乡二元混合的近郊村落休闲文化消费景象。

四　旅游成为休闲生活的新时尚

对于传统农耕社会中的农民群众而言，外出旅游无疑是一种浪费的代名词。他们或许认为旅游是"掏钱买罪受"，既浪费了好不容易挣来的钱，又辛苦吃力活受罪。事实上，在中国历史上，普通农民群众很少有旅游消费的概念。随着经济社会的发展，部分先富起来的农民群众开始涉足旅游，一些较富裕的村庄也陆续有人组织农民特别是党员或干部集体公费旅游。在很大程度上，这些旅游要么带有一定意义上的炫耀性，要么是一种集体福利性消费行为。在近郊村落则有所不同，尽管这类村落也程度不同地存在着集体福利性的旅游行为，但似乎已经形成了不同的内涵。由于一些近郊村落在土地征用和城郊集体经济发展的过程中积累了相当的财富，村集体不仅组织村干部和党员旅游，而且定期组织普通村民参加公费旅游，以此作为村集体给予村民的特殊福利，甚至做出了明确的制度规定。调查中，一些村民自豪地告诉我们："现在我们也像城里的工人一样组织旅游了。"如此，旅游被纳入了集体福利的范畴，成为近郊村落居民休闲消费的重要选择。

此外，近郊村落居民群众的自费旅游也不断增长，或以家庭、亲族为单位，或以亲朋、邻里结团成伙，自驾或参与旅行社组织的团队旅游，甚至不惜重金出国旅游。在近郊村落居民的心目中，旅游不再是"掏钱买罪受"，而逐渐转变为一种显示自己生活"档次"的休闲消费，成为近郊村落居民的一种新时尚。

第二节 遭遇城镇化冲击的村落婚姻文化

在中国传统文化中，女性必须恪守"三从四德"，即在家从父、出嫁从夫、夫死从子。传统中国家庭在面对儿女的婚姻大事时强调"父母之命、媒妁之言"、"门当户对"，在选择女婿时尤其强调对人品操守、文化水平、家庭背景等的考察。费孝通在《乡土中国 生育制度》一书中指出："为了生活的需要建立不同的社会关系，社会关系包括感情和行为的内容。家庭是最早也是最基本的生活集团，因之它是社会关系的养成所。家庭生活中所养成的基本关系，在生活向外推广时，被利用到较广的社会场合上去。个人在家庭之外去建立社会关系最方便的路线是利用原有的家庭关系。这是亲属路线。"[1] 从社会意义上说，婚姻家庭是一种社会设置；

---

① 费孝通：《乡土中国 生育制度》，北京大学出版社 1998 年版，第 276 页。

就个人意义而言，通过婚姻关系而连接的社会关系是个体步入婚姻的基本动因。婚姻不仅承载着结婚双方的终身情感寄托，更是个体乃至家庭社会关系扩大提升的重要手段。在这个意义上，传统中国人眼中的婚姻是谨慎的、神圣的。婚姻家庭是个人置身于社会关系中的首属群体，历史传承的婚姻文化渗入中国人的血脉，成为一种影响和支配人们行为的重要文化因素。

然而，伴随着改革开放，中国人婚恋观念在20世纪70年代后逐渐地受到了市场经济和外来文化的冲击。首先从相对现代的城镇开始，自由恋爱、闪电式婚姻、婚前性行为、离婚等与传统婚恋观念迥异的新思想、新做派日渐被城镇居民所接受。但是，利益因素依然是影响新时期中国人婚恋生活的一个非常重要因素。

城镇化进程中的近郊村落居民同样遭遇着新婚恋文化的冲击。不仅如此，由于集体土地征用补偿的处置、房屋拆迁安置、撤村建居、户籍转换与迁移等一系列公共政策和政府城镇化行动，直接关系着近郊村落村民切身的经济利益，对近郊村落居民的婚恋观和婚恋行为形成了严重影响。正是在城镇化进程中，近郊村落的婚恋方式出现了一系列重大变化，形成了一些新的婚恋现象和独特的婚恋文化。

根据调查，城镇化进程中近郊村落婚恋模式和婚恋文化的新变化，突出地表现在以下几点。

一　新型招（入）赘婚姻成为较普遍的婚姻模式

招赘或入赘婚姻并非当代的新发明。在历史上，中国社会存在着"嫁娶"和"招赘"两种婚姻模式。[①] 只是在一个相当长的历史时期，一直严格维持着父系家族制度。嫁娶婚姻作为保证父系家族完整性和延续性的重要手段，因而成为占绝对主导地位的婚姻模式。招赘或入赘的婚姻方式客观存在，但由于个人成本高、社区歧视以及无男孩家庭少，很少出现

---

① Wolf, Arthur P. 1989. The origins and explanations of variations in the Chinese kinship System. In Chang et al. , （eds）, Anthropo – logical Studies of the Taiwan Area. pp. 241—260. National Taiwan University, Taipei, Taiwan.

大范围内流行招赘婚姻模式的情况①。从一定意义上说，在特定的社会空间中，招赘婚姻只是个例外现象。然而，在近些年浙江的近郊村落招赘或入赘逐渐形成为一种较为普遍的婚姻现象，而且呈现出一些新的特征。

在传统的男权社会，婚姻生活中明显地表现为"男强女弱型"，嫁娶是婚姻的主流模式，招（入）赘型婚姻是不得已而为之、非主流的一种婚姻模式。在招（入）赘型婚姻中，通常女方的婚姻物质基础在婚姻初始即明显优于男方，婚后夫妻双方的权利义务关系、男方的家庭地位等方面的平等程度明显不如正常嫁娶家庭的夫妻关系。唯其如此，招（入）赘家庭往往在整个社会风气和民俗的舆论背景中处于劣势，招（入）赘双方都必须承受较大的社会压力。在很多农村人的观念中，"男的没本事没本钱"、"女的嫁不出去只能倒贴"等原因才会导致"倒插门"，即招（入）赘婚姻的出现。招（入）赘婚姻只是中国父系家族制度的一种应时性变化，主要发生在没有男孩的家庭；男方家庭条件较为贫穷，无力承担婚嫁等费用；而女方经济条件相对优裕，且无男孩传种养老。在此情况下，基于男女双方家庭意愿，有可能选择招赘婚姻方式。

然而，历史上的招赘并不必然在某种特定类型家庭中出现。调查中发现，在杭州的一些近郊村落较为流行的一种婚姻方式是：凡是有两个女儿的"无儿户"，往往选择一个女儿出嫁，一个女儿招赘，且被招赘的女婿一般为外地人。这种情况显然和传统时代的招（入）赘婚姻有很大区别。

由于城镇经济发展的空间需求，城镇周边近郊村落陆续被纳入城镇规划范围，集体土地逐渐被政府征用开发，村集体按地方政府规定获取了相应的现金补偿。根据相关政策，集体的征地补偿虽然在不同村落有所差异，但大多奉行"按户赔偿"与"按家庭人口数赔偿"相结合的方式。同时，在近郊村落居民住房拆迁安置中，一般按"一户一宅"标准分配宅基地。这种貌似公允的土地征用补偿款和宅基地分配方式存在着明显的利益关照盲区，直接催生了"无儿户"等类型家庭基于保护和扩大家庭利益而产生的招赘婚姻需求。即通过变女儿出嫁为女儿招赘组建新的家庭，以便增加"户数"和"人口数"。将婚姻作为寻找扩大自身利益直

---

① 李树苗、朱楚珠：《略阳县上门女婿户的典型个案分析》，《人口与经济》1999年第S1期。

接、有效的手段。正是基于近郊村落城镇化进程中的特殊政策行动,招
(入)赘婚姻逐渐成了城镇化过程近郊村落居民应对村落变迁和政策安
排,维护和扩大自身经济利益的理性选择。在这里,招(入)赘婚姻非
但不再是不入主流、不再遭受社区歧视,而且转变为一种流行行为、一种
"会变通"、"有本事"的策略选择。

二　速成婚姻成为流行性婚姻现象

伴随近郊村落土地征用和拆迁安置等城镇化行动的陆续推进,婚姻时
间也成为嵌当下近郊村落婚姻生活的一个新变量。由于近郊村落在集体
土地征用补偿发放、村民房屋拆迁安置政策的落实等行动过程中,总是需
要确定某个特定时间为结算时点,因此,结婚时间选择是否"恰当"有
可能会导致重大的经济差异。如若近郊村民在结算时点前结婚并迁入户
口,就可以在土地补偿款发放和房屋拆迁安置中享受到村民待遇,计算户
数和人口。反之,如若超过结算时点才结婚,就会因"过时"而不能享
受这些利益。从经济利益上计算,两者相差可能上万甚至数十上百万元。
作为理性的经济人,近郊村民选择速成婚也就成为一种顺理成章之事。调
查时,村民们常常讲到一个原则:土地补偿款的分配中,"有户口才享
受,没户口不享受";房屋拆迁安置中"(年轻人)结婚才有安置,(配偶
及时)迁户口才有房子"。正是在这种特殊政策背景和经济利益诱惑下,
相当部分近郊村落的适龄青年及其家庭选择了速成的婚姻形式,致使速成
婚姻成了近郊村落城镇化某个特定时段出现的一种流行现象。近郊村民的
速成婚姻集中发生在征地补偿、房屋拆迁安置等城镇化政策实施之际,而
且呈现出"扎堆"结婚的状况。访谈时,有村民说:"在拆迁时,有很多
年轻人结婚,到了结婚年龄的都争取结婚了。主要是为了拆迁安置时能多
分到房子而很快就结婚的。应该说,所有拆迁户都想多分房子吧!错过这
个时间就没有了。"

从形式上看,速成婚有"闪婚"的特点,男女双方在短暂的相识后
迅速地确立了婚姻关系,并办理婚姻手续和完成相关婚姻程序。有村民
说:"结婚很快的。大部分都是经人介绍,见一面,如果合适相处一段时
间,两三个月差不多了吧。要分房子之前,结婚的人更多、速度更快,有
些认识个把月时间就结婚了。"但当下近郊村落的速成婚又有自己的特

点。都市青年的"闪婚"主要建立在个性吸引上。在择偶过程中，人际网络包括家庭成员的意见并不特别重要，关键性的因素在于个人的判断①。但近郊村民的速成婚，并非基于双方气质或个性的相互吸引，主要出于利益的考量，人际网络包括家庭成员的意见发挥着重要作用。

三　虚假婚姻成为特殊的婚姻行为

虚假婚姻，包括假结婚和假离婚两种情况。所谓假结婚，即基于某种特殊的利益考量，婚姻双方履行了法定的婚姻手续，但事实没有真实的婚姻关系；或者事先达成协议，在利益达成后即终结婚姻关系，办理相关离婚手续。所谓假离婚，即出于某种特殊的利益考量，婚姻双方履行了法定的离婚手续，但事实保持着婚姻关系；或者双方约定，暂时终止婚姻关系，当利益达成后即重新复婚。这些虚假婚姻主要是近郊村落居民针对特殊的近郊村落城镇化政策而采取的应对策略，类似的虚假婚姻在实施特殊的城镇居民分房、购房、交纳房产税等过程中也时有发生。据此，人们也称之为"政策性婚姻"。当下近郊村落中出现的虚假婚姻现象，主要是在房屋拆迁安置政策实施过程中出现的一种独特社会现象。在近郊村落房屋拆迁安置过程中，大多不是按村民原有建筑面积，而是根据农村住宅建设"一户一宅"的政策，或者以户为基础，再适当考虑人口数量计算房屋安置套数和面积，或者分配相应宅基地。拆迁安置房按略高于建筑成本价计算，远低于现行商品房的市场价。在这样的政策背景下，多获得安置房或宅基地意味着多获得经济利益。于是，一些近郊村落居民选择了虚假婚姻的行为策略，试图借此扩大其个人利益。主要出于经济利益考虑，违心地办理了虚假的结婚或离婚手续。

不过，这里所说的虚假婚姻并非法定意义上的婚姻虚假，而是指双方婚姻意愿或事实上的虚假。从法理意义上看，彼此确实履行了结婚或离婚的法定手续。

四　"拼婚"方式成为新的婚姻选择

调查时发现，在近郊村落出现了一种新的婚姻模式，村民们称之为

---

① 张杰：《"闪婚"与"啃老"——"80后"理性行为背后的文化逻辑》，《青年研究》2008年第6期。

"拼婚"。在这种婚姻模式下，夫妻双方处在相邻或相同社区，结婚后夫妻双方的户口均留在原社区原家庭，既不迁入对方社区落户，也不迁出组成新的家庭户。小夫妻拼伙构成小家庭，在男女双方家庭均有他们独立的住房，在男女双方家庭轮流居住和生活。一来"大家拼一拼，两边住住，两边的老人都可以照顾"；二来小夫妻婚后所生的两个孩子（近郊村落按照国家政策一般可以生两个孩子，即便不被政策允许依然可以在可以承受的罚款范围内生二胎乃至三胎）可以通过抓阄或协商的方式决定其中一个跟娘家姓，另一个跟婆家姓。此种"拼婚"的做法在浙江某些地区有另一种民间的叫法："不嫁不娶"。女不嫁，男不娶，搭伙过日子。"不嫁不娶"的"拼婚"模式主要是基于对双方家庭利益的维护。访谈中，有村民说："婚姻双方都是当地人的话，就两户人家拼一下。拼就不叫上门了。比如说，两户人家都是独子独女，要生两个小孩的。一个姓你的，一个姓我的。婚房男方也有，女方也有。这边去住住，那边去住住。""拼婚"夫妻大多基于某种意义上的"门当户对"，主要发生在经济状况和社区福利状况等相当的两个近郊独生子女家庭之间，没有发现近郊独生子女家庭与城市独生子女家庭之间"拼婚"的现象。

总之，过去几十年的城镇化已经并正在引发近郊村落婚姻模式和婚恋文化的重大变化。近郊村落的婚恋文化不仅受到了现代城镇婚恋文化的影响，又深受乡村经济社会结构和文化因子的制约，更重要的是土地征用补偿和房屋拆迁安置等与村民利益息息相关的城镇化政策行动，直接深化了近郊村民婚恋文化的功利取向，导致了多种特殊的具有过渡性质的婚姻方式和婚恋现象。正是在上述多重因素共同作用的结果，近郊村落社会中形成了一种独特的婚恋文化形态。

第三节　兼容城乡的村落社会文化

一般而言，社会文化是指由群众创造并与广大群众的生产、生活实践紧密相连的，具有地域、民族、群体特征的各种文化现象和文化活动的总称。社会文化是一个历史范畴，每一社会都有和自己社会形态相适应的社会文化，并随着物质生产和物质生活的变化而不断演变。伴随着城镇化的迅速推进，近郊村落的社会文化发生了深刻而广泛的变化，逐渐形成了一种具有兼容城乡文化因素的包容性社会文化形态。

一　语言文化的多元交融

随着城镇的空间扩张，近郊村落逐渐被纳入城镇范围，同时，大量的外来人口进入村落。一方面，一批批企业和单位携带着大量的受雇员工进驻近郊村落，构成为近郊村落社会的新成员；另一方面，近郊村落物业经济的发展吸纳了大批外来租房客。近郊村落从一个相对封闭的"熟人社会"迅速地向开放的"半熟人社会"、"陌生人社会"转变，从同质性社会向异质性社会转变。正是基于这种结构性的社会变迁，特别是人口结构的巨大变化，导致了村落语言环境的根本性改变。在传统的村落社会中，人们之间的日常交往以当地方言为交流工具，语言文化呈现出典型的地方性、单一性。随着外来人口的大量进入，多种语言文化在近郊村落的交往场域中汇聚、交融，构成了极其复杂、极为独特的语言文化形态。近郊村落中人们的日常交流用语逐渐从单一的地方方言向以普通话为主、多种地方方言共存并用的格局转变。一方面，村落内各个地域性群体内部一般以本地方言为主要交流语言，河南人讲河南话、四川人讲四川话、安徽人讲安徽话，间或会不自觉地冒出几句普通话。普通话与当地方言相夹杂，而且能够在语言交流中实现流利、自由地互相切换，形成了一种独特的语言交流模式。另一方面，出于与外来人口交流的需要，普通话逐渐进入近郊村民的日常生活。外来人口为了更好地融入本地生活，亦以较主动和积极的态度学习和使用本地方言和普通话。很多外来人员表示，学会了居留地的方言，有诸多便利："你用本地话去菜市场买菜或和本地人打交道，被坑的概率就会小很多。"调查中发现，在近郊村落，人们大多能用两种语言进行交流：一种是本地方言，另一种是普通话。虽然多数人说的普通话不够标准，但也不妨碍彼此间的基本交流。甚至于一些上了年纪的老年村民，也时不时地能够冒出几句带着浓重地方口音的普通话。如此，近郊村落的语言文化逐渐趋向开放，趋近于城镇陌生人社会，但又不等同于基本以普通话为语言工具的城镇社会，建构了一种本地方言、普通话、多种外地方言相互交融、并存互补的特殊语言环境。语言文化的多元交融成为近郊村落由封闭性乡村社会向开放性城镇社会转变的重要表现。

二　社会习俗的二元包容

社会习俗是长期生活中积累而成的，表现在村落社会生活的各个方面。随着城镇化的推进，近郊村落的社会习俗也发生了多样性的变化，呈现出城乡二元包容的特点。

首先，婚丧嫁娶礼仪的简约化。礼仪改革是社会主义精神文明的必然要求，但文明治丧、文明上坟、文明庆贺等以拒绝铺张浪费、保护生态环境为主旨的新做派、新礼仪无疑会和传统的老规矩产生激烈的冲突。在中国农村的传统礼仪中，往往以铺张为显示家庭地位的重要表达方式。比如，在丧葬礼仪中，往往会设计一个礼仪环节，要求抬着逝者棺材在其生前生活的村落里转一圈。一来以示死者的告别；二来以显丧葬的排场，呈现送葬规模、丧葬规格、后辈孝心等。当有村民去世时，一般村中邻里、亲友都会纷纷前来吊唁，吊唁、送丧人数的多少意味着死者及其家属在社会中的认同度和地位。在浙江农村的传统礼仪中，对逝者的丧事办得越隆重、排场越大，越能体现逝者子孙的孝心，并由此获得乡里舆论的风评。这种风评在熟人社会的任何一个村庄都是关乎家族脸面的大事情。同理，婚礼、庆生等喜事的排场与规格亦关乎当事人的面子和声誉。这种讲究排场和面子的婚丧、喜庆礼仪观念与现代提倡节俭、朴素的文明之风存在着明显冲突，故而即使政府部门大力倡导文明节俭之风，也一时难抑农民群众显示排场的传统习俗。礼俗的改变需要群众的逐渐接受和认同，是一个相当长的历史过程。

近郊村落的礼仪变迁则呈现出一种新的特点。一方面，接近城镇的地理区位，使得近郊村民更容易受城镇文明的影响。梦想过上现代城镇居民生活的近郊村民，内心更愿意接受城镇社会的现代礼仪。他们在追求和学习城镇居民生活方式的过程中，较快地接受了简约化、文明化的现代性礼仪方式。比如，死后实行火葬；婚事不再在家大操大办，转而到酒店邀请亲友一起庆贺；或选择旅游结婚等新潮的婚礼形式，等等。另一方面，在城镇化过程中，近郊村落的公共空间严重地被压缩。在现有的近郊村落建设规划中，往往难觅适合大操大办的公共场地，客观上限制村民在婚葬礼仪上的铺张。比如，大塘社区的村民没地方可办红白喜事，因此部分村民有意见，特别是老年村民对于死后无地办丧事，施行传统丧葬礼仪，心存怨恨。但正是由于村落公共空间的挤压，一定程度地促使了近郊村落的礼仪变迁。

其次，乡风民德的功利化。在传统乡村生活，各种节庆、红白喜事等活动都具有潜在的教育功能。比如，过年走亲访友、相互拜年，即教育人们要尊老、重视亲情友情；初一拜祖宗、"厚葬逝者"，强调尊老、行孝、孝顺；一家有红白喜事，同宗、同族以及邻居出钱、出力，齐心协力；一家有事，邻里相助等均体现了团结、互助、亲情、友情等传统儒家的伦理文化。通过村民们言传身教的行为教育方式，传统伦理、乡土情谊得以代代传承、生生不息。然而，随着城镇化的过程，这些民风民德受到了城镇文化的冲击。有的被功利化，有的被简单化，但还是或多或少地保留着传统的乡村风俗因子。例如，邻里守望互助的传统根源于自给自足的小农经济对于协助与集体力量的需求，是传统中国农村社会的基本人际互动模式。过去，农村村民造房子，亲朋好友都会自发地来帮忙，从伐木、搬运、挑沙石、各种粗工，亲朋好友们都会竞相参与，主人家只管招待好吃饭、住宿问题，相互间并不讲究利益得失的多少。

然而，伴随着非农化、城镇化的推进，近郊村民逐渐转向非农领域，需要按新的单位作息时间安排工作和休息，不再有农耕时期的农闲时间可以实现邻里互助。再则，随着职业性质的转变，越来越多的年轻人已经难以承担较繁重的体力劳动。"年轻人吃不消了！"村民们的朴实话语道出了近郊村落代际传承的变迁与无奈。此外，随着经济的发展，特别是城镇化给近郊村落带来的经济红利，多数近郊村民拥有相当的私人财富和较高的生活水平，已经具备承担雇请专业服务的能力。在此背景下，近郊村落居民往往不屑于为此而劳动邻里亲友，欠下难以偿还的人情，因此转向雇佣专业人士提供相应服务。实践表明，专业服务较之于传统的互助式服务具有更高、更专业的水准，因此只要价格相对合理，较容易被近郊村落民众所接受。于是，各种专业服务逐渐地取代了传统的邻里、亲友互助，在近郊村落日益地流行起来。

最后，节庆习俗的两栖化。春节是中国传统文化中最重要的节庆日，形成了众多礼仪。譬如，在浙江金华农村，春节前要送年礼，春节后要拜年。前后间隔不到一个月，就需要在亲友之间走访和送礼两次。调查时，一位老家在近郊、现在城里工作的村民诉苦道："（过年期间）二十天时间送礼走亲戚就有两次，我跟他们（指农村的亲戚）商量能不能简化一下：两次合为一次，就年后拜年一次。他们说不行！走亲戚走亲戚，走走才会亲，不走不亲。至于送的礼，还是农村的老习惯。过年前送粽子、香肠，年后以前是一包白糖、一包荔枝干，现在改为烟酒或营养品。时常把这家送来的礼转送到那一家亲戚，转来转去说不定自家送出去的礼品什么时候又回到自己家里了。老习惯一下子没能改过来。"类似的社会习俗虽然依然在近郊村落延续，但其形式正发生着可以察觉的变化。比如说，送的礼逐渐走向"现代化"、"城镇化"，不再局限于粽子、白糖等，开始拎些城里人常用的烟酒和营养品了。又如，一些节庆项目逐渐"外移"或购买服务。捣年糕、包饺子、包粽子等节庆事项在近郊村落中逐渐减少。因村民们上班忙，没有时间做这些事，为图方便省事常常直接去市场购买。甚至中国人最重视的年夜饭，作为全家团聚的象征按例都是全家老小齐上阵一起完成的，现在近郊村落的相当部分家庭也学城镇居民的样，直接到饭店预定年夜饭。到时候一聚一散，不用饭前准备、饭后收拾，清清爽爽地省却了不少家务琐事。

同时，各类节庆形式也呈现出洋土结合、城乡整合。近郊村落的年轻人基本在城镇工作，较为崇尚城镇现代文明，逛市场、看电影、喝咖啡、吃饭店，追求时尚消费。老一辈则受长期短缺年代形成的习惯影响，坚守勤劳、节俭传统，对时尚消费不屑，更不愿意为此而"花冤枉钱"。在此情况下，近郊村落在节庆活动中出现了一些结合型的做法。各种宴请通常选择在家里举办，但委托专业人员操办。一方面，热闹、排场遵循了中国农村的节庆传统，体现了一定的乡土性；另一方面，引入了专业服务提供宴请服务，在特定意义上体现了近郊村落节庆文化的现代性变迁，形成了二元文化共融的节庆文化特性。

三　社会关系网络的多向开放

在传统社会中，村落是一个相对封闭的"熟人社会"。村民们"生于斯，长于斯，终老是乡"，彼此间低头不见抬头见，由此才有了远亲不如近邻的说法。无论在生产还是生活中，村民群众主要依赖独特的农村人际社会关系网络获得社会支持。就近而居的父母、兄弟姐妹、叔伯亲戚、邻里朋友、舅姑表亲，以及各类远亲是个人社会关系的有力支撑，无论谁家有个事情，招呼一声，必然是"有钱出钱，有力出力"，在情感上彼此是值得信赖和托付的。然而，伴随着城镇化进程的推进，近郊村民纷纷转向非农领域，外出务工经商。同时，大量外来人口涌入近郊村落，由此导致了两方面转变：一是原有的乡村人际关系格局由高度同质性的"熟人社会"向异质性不断增强的"半熟人社会"乃至"陌生人社会"转变；二是人际社会关系逐渐从原来的地缘、血缘关系向业缘、趣缘关系扩展。

由于村民的外出和外来人口进入，形成了一系列超越地缘和血缘关系，主要以业缘和趣缘为纽带相联结的新的社会关系。一些村民在村落内与外地人结交为朋友，另一些村民则在村落外（工作的城镇或异地）结交了外地朋友，促使近郊村落社会关系日趋多元、开放。新型社会关系网络逐渐取代原有以血缘、地缘为基础的社会关系网络，并进一步地对近郊村落文化观念、乡土情结、生活方式、伦理习俗等产生深刻影响。一些外出创业的近郊村民选择了在当地安家落户，体现了传统意义的"乡土情结"的式微，随之兴起的是更为开放、多元的社会关系。

伴随着开放、多元的社会关系的形成，功利性交往逐渐渗透进近郊村落的社会生活。建基于业缘、趣缘的人际关系，其人际互动的核心是利益相近、趣味相投的功利性交往。由于社会变迁日新月异，个人的利益、趣味势必发生变化，那些建立在功利基础上的人际社会关系也有可能因此而发生变化。故此，不同于传统农村社会关系的万古不变，近郊村落的新社会关系势必表现出一定程度的不确定性。

此外，尽管原本基于血缘、地缘的社会关系网络的支持、互助、约束等功能逐渐式微，但是作为情感性交往的亲情、友情、乡情以及乡规民约等传统依然是近郊村落社会关系中不可忽视的影响要素。当下近郊村落的社会关系变迁还没有完全脱离其保守、封闭性，村民群众依然存在着明显的"歧视排外"情绪，由此形成了近郊村民与外来人口之间的关系阻隔。与知根知底的本村村民相比，来来往往流动着的各式外来人口如同"空降"，村民群众对其了解、接纳、认可必然需要时日。加之，不同地域在文化习俗、行为模式、生活方式、价值观念等方面均客观地存在着一定的差异，甚至是极其明显的不同。心理学的研究表明，每个人均具有"个体本位"和"文化中心主义"心理，人们都自觉不自觉地认同自身的文化习惯、行为模式和生活方式，并认为自己持有的是最好的。因此，近郊村民往往容易对外来人口产生歧视，乃至形成排外情绪，以各种方式拒绝外来人口进入自己的社会关系网络。外来人员也往往以相同地域和文化为纽带，形成各自独特的社会关系网络，并较少与近郊村民交往。如此，在近郊村落场域内，形成了星岛式的社会关系格局。

不可否认的是，流入近郊村落的外来人口数量大、构成复杂、低素质人员较多。部分素质低下的外来人口客观地存在偷鸡摸狗、顺手牵羊等不良的行为习惯。一些外来人员远离了所属熟人圈子的社会监督，面对尚未建立起归属感的全新环境，缺乏基本的责任意思、公德意识，存在胡乱丢弃生活垃圾、乱涂乱画、大声喧哗、不爱护村内公共设施、生活随便不自制等生活陋习，甚至个别负案在身的外逃罪犯混迹其中。如此种种，容易导致近郊村民对外来人员不信任，并时常无理由地把各种罪责加之于外来人身上，迁怒于外来人员，甚至有可能实施一些不当行为。此外，近郊村民容易错误地将"外地人"概念化，不分彼此地将所有外来人员视为排斥对象。

传统的熟人社会有着独特的行为约束机制，人情面子是人际互动的重要考量，当熟人社会向半熟人社会乃至陌生人社会转变，人们身处其中的时间越久越能体会人际互动机制变迁带来的令人痛苦的张力。这种张力首先体现为社会进步、生活水平提高背景下人们相互间亲密感的丧失、信任度的直线下降。"众人自扫门前雪，不管他人瓦上霜"。人际关系走向冷漠，深陷其中的人们深知其痛苦却在日常的行为中不知或无力改变这种现状，结果不断重复乃至加剧了这种痛苦。特别是外来人群和近郊村民之间不合作、不信任情绪日益积累，有可能加剧双方情感的分离与对立，甚至出现外来人口绑架、勒索近郊村民等恶性犯罪事件，构成近郊村落人际和谐、社会稳定的重大隐患。或许，这正是当下城镇化进程中近郊村落面临的一个重大问题，也是调查时近郊村民群众反复提及的最为忧虑的社会安全问题。

四　家庭文化的"去传统化"

建立在农耕社会基础之上的乡土中国家庭伦理观念，深受儒家思想的影响。"三纲五常"、"三从四德"、"孝悌谨信"等分别体现对个体承担的家庭角色的一整套权利义务的规定以及相应的角色期待，形成了特殊的家庭文化体系。随着城镇化的推进，近郊村落的家庭文化发生了显著变化，呈现出"去传统化"特点。

首先，妇女在家庭中的地位逐渐抬升。由于受自身生理条件和体能的限制，在以体力为主要能力的传统农耕社会中，妇女始终处于劣势。加之传统家庭伦理的建构，妇女在农村家庭中处于依赖男性的附属地位，缺乏必要的独立性和平等权利。长久以来，家庭和社会对农村妇女的角色期待主要是传宗接代、相夫教子，做好家庭服务工作。即定位于家庭主妇，并不指望女性做出重要的经济贡献。即便妇女在家操持家务、饲养家畜等劳动应当具有特定的经济价值，但由于其并未进入生产、分配、交换、消费的商品流动的主链条，未能以货币形式直接评估，因而基本被忽略。伴随着城镇化的进程，近郊村民逐渐转向非农领域，妇女在农耕劳动背景下的家庭弱势地位得以不同程度地改变。特别是在浙江省，轻纺工业较为发达，妇女在就业和工作中显现出了独特的职业技能优势，在诸如纺织、缝纫、鞋包、精密仪器装配、家政服务等非农职业岗位更适合拥有心灵手巧和细致特性的女性。于是，一大批经济独立自主的职业女性在近郊村落崛起，她们所获取的劳动收入在家庭收入中发挥着日益重要的作用。经济地位日益凸显，由此改变了家庭对妇女的角色期待。由于浙江省的一些地区轻纺等行业发达，女性就业空间较大、收入较高。反之，男性就业相对不足。于是，出现了妻子外出工作，充当家庭经济主角，丈夫在家做家务、带小孩的现象。特别是在近郊村落，由于失地后缺乏非农技能，大批近郊村落的中老年男性村民没有就业竞争力，只有赋闲在家，充当家庭主男。由此发生了家庭角色的根本性转换，这种变化或许有区域经济发展的特殊性所致，但不可否认城镇化在其中的重要影响。

其次，子女角色期待的改变。在传统社会中，家庭对子女的角色期待莫过于"望子成龙、望女成凤"、"养儿防老"、"多子多福"，父母希望子女能守在身旁，即"父母在，不远游"的文化主张深入人心。恪守孝道、尊老敬老是家庭生活的重要面向。通常，成年后的子女需要共同承担赡养父辈及祖辈的义务，但主要是基本满足父母和祖辈的物质生活需要。在自给自足的小农经济背景下，赡养长辈成了农村子孙的最重大负担之一。也正是在此特殊社会背景下，"多子多福"具有了其内在的合理性。然而，在赡养过程中，即便受多种因素影响，存在数量多少和能力差距的问题，但在赡养供给的基本流动方向是不变的，即由晚辈向长辈流动。

随着城镇化的推进，原本限于城镇居民享受的社会保障政策逐渐向近郊村落扩展，近郊村落的老年人开始有了一定的社会养老保险。同时，近郊村落集体在城镇化过程中程度不同地积累了一定的财富，基于对村民失地后的生活考虑，大多采取了一些针对性措施，在集体福利发放等方面向老年村民倾斜。诸如给 60 岁以上老人发放生活补贴和养老补贴、组织老年人旅游、给老年人集体祝寿，等等。此外，在近郊村落城镇化过程中，老年村民按相关规定获得了相当的征地和房屋拆迁补偿款。同时，分配了宅基地或安置房，通过房屋出租可以获取较为稳定的租金收入。有些集体经济发展较好的近郊村落，老年村民还享有按年分红的股份。总之，近郊村落的老年村民拥有相当的经济财富，不再需要子女承担物质上的赡养义务，相反具有资助子女的能力。在此背景下，父母和子女之间的传统角色发生了变化。如若从物质供养上讲，不再是过去的小养老，而是转变为老养小。

调查中发现，近郊村落中形成了独特的"啃老族"现象。所谓"啃老族"，也叫"吃老族"或"傍老族"，主要指那些年龄在 20—40 岁之间，靠父母供养的年轻人。他们并非找不到工作或没有工作，而是在现有社会生活背景下需要在经济上依赖父辈的支持：有的虽有正常的劳动收入，并能够自负基本日常生活费用或按时向家庭交纳生活费，但要依靠父母出钱供其买房、买车或者其他奢侈消费；有的虽接受了高等学历教育，但眼高手低，放弃了就业的机会，赋闲在家，不仅衣食住行全靠父母，而且花销往往不菲；有的虽能正常劳动有收入，却不交给父母生活费，甚至连妻儿均跟着由父母供养，等等。凡此种种，共同体现出一个新的社会现象：家庭物质供给的基本流动方向发生了根本性改变，即由晚辈流向长辈转变为由长辈流向晚辈。在此背景下，村民倾其一生抚养、培育下一代，已不再是以养儿防老为动力和目的，而是改变为延续生命、助力下一代实现人生价值。子女的幸福、快乐成了家庭生活的重要追求。

综上分析，伴随着城镇化的发展，近郊村落文化在变迁中逐渐形成了一种具有丰富特点的特殊文化形态。在这种文化形态中，城镇文化与乡村文化包融、现代文化与传统文化混合、工业文明与农业文明共存，既有封闭、传统、落后的一面，也有开放、现代、进步的一面，呈现出典型的二元性结构特征。

第六章　城镇化中近郊村落边缘化的社会效应

近郊村落边缘化是特定历史条件和特殊城镇化模式的产物，作为一种城镇化进程中的特殊社会状态，势必造成一定的社会后果和社会影响。从一定意义上说，近郊村落边缘化的正负效应已经成为我国城镇化进程的路径选择和制度供给的节点。这里我们试图根据实证调查所获的一手资料，客观分析当下中国近郊村落边缘化的合理性和积极意义，理性地认识近郊村落边缘化的社会危害和消极影响。

第一节　引发近郊村落发展的"边缘效应"

"边缘效应"一词源于生态学，是指"在两个或两个以上不同性质的生态系统（或其他系统）交互作用处，由于某些生态因子（可能是物质、能量、信息、时机或地域）或系统属性的差异和协合作用而引起系统某些组分及行为（如种群密度、生产力和多样性等）的较大变化。"① 我们将"边缘效应"概念引入城镇化进程中近郊村落边缘化问题的研究之中，用以分析边缘化对于处于城乡之间的近郊村落的发展效应。近郊村落介于城乡两种社会系统的边缘，多种城乡社会因子在这里汇集、交叉，发生交互作用和协同功能，势必对近郊村落的发展带来独特的"边缘效应"。

一　创造了近郊村落发展的特殊条件和机遇

城乡地域间交界的公共边缘地带往往聚集了大量的互补性因子，不同的地域属性也在这里汇集交融。处于城乡边缘地带的近郊村落既分割着城

---

① 百度百科：边缘效应。wenku. baidu. com/view/06ed8adb50e2524. 2011－01－01。

市与农村，又连接着城乡。其似城非城、似村非村、又城又乡的特征决定了其所处环境的多样性和异质性共存。同时，处于交界地带的区位使其能更便捷地获取双方的资源，有利于承载多元化的社会经济活动，因此获得了特殊的发展条件和机遇。有人认为，"它所蕴涵的综合价值使个人和团体的社会与经济活动的有效性提高，选择机会增多。从此意义上讲，边缘区可谓促进城市文明发展的前沿区。"① 最为突出地表现在：

首先，近郊村落城镇化进程中，大量集体农地被征用开发，导致了村落和村民资产形式的多元性转换，其中相当部分集体土地资产转变为集体或农户的非农性资产，特别是集中表现为特殊形态的物业资产（厂房、综合楼、出租房等）。同时，由于近郊村落临近中心城区的地域优势，以及相对于城镇较低廉的物业租金，诱使大批企业在此租用厂房、大批流动性员工在此租房居住，由此生成了近郊村落物业经济发展的特殊条件和机遇。从我们在 9 个近郊村落的调查来看，物业经济在当下近郊村落经济结构中占居极其重要的地位，已经构成村落集体和村民个人的重要经济来源，并形成近郊经济的一大特色。比如，杭州市大塘社区充分利用留用地，实施商业综合楼等物业项目开发，取得了丰硕成就。杭州市头格社区实施流动民工公寓项目开发以增加居民收入；台州富强村利用集体土地建设标准厂房，获得巨大经济效益；绍兴外山头村集体营业房租金收入每年400 多万，相当部分村民借助房屋出租获取了丰厚的经济收入，一个出租户大约每月有数千到上万元的房屋租金收入。正因为这样，近郊村民被一些人视为新的"食利者"。

其次，近郊村落集体土地被政府征用后，用于非农开发，由此引发的一个明显效应就是导致了近郊村落发展机会的增多。大量的外来人口和企业通过不同方式进入村落社会，多样性的物质和信息在近郊村落汇聚，近郊村落的周边公共设施和空间环境得到了根本性的改变，等等。这些使得近郊村落的经济社会活动更加有效、市场更加宽广、能量更加强大、机会更加丰富，从而为近郊村落的经济社会发展创造了便利的条件和良好的机遇。除发展物业经济之外，还给村民带来了经营餐饮、住宿、通信、便利

---

① 邢忠：《边缘区与边缘效应：一个广阔的城乡生态规划视域》，科学出版社 2007 年版，第 13 页。

店、农贸市场等服务业的有利机会，以及扩大了村民非农就业的机会，等等。这些都有力地推动了近郊村落居民收入的增长。比如，富强村近年来村民收入便逐年提高，且呈现出迅速增长的趋势，见下表。

富强村民人均收入变动情况　　　　（单位：元）

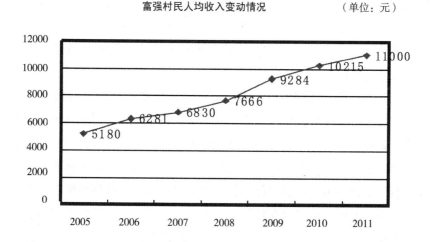

数据来源：2011 年台州市椒江区农村经营管理统计年报：农村经济基本情况分析

最后，城镇生活方式和文化因子的渗入，冲击着近郊村落居民的生活方式和文化习俗，促使近郊村落居民生活方式和村落文化的重大变化。比如，随着村落经济和村民职业的非农化，近郊村落居民的生活方式逐渐由日出而作、日落而息的农村生活方式向以工作时间为中心有序安排工作、休闲、休息的城镇生活方式转变。村落居民逐渐改变了单调、封闭的农村生活模式，休闲生活、娱乐活动日益丰富，村落居民的生活方式日趋多元化，村落居民生产生活的"自给自足"性日渐削弱，等等。比如，近郊村落居民不再主要依靠自己种植粮食和蔬菜，大多也不再自己做早饭，开始转向市场购买。不少居民时常参加一些广场文娱活动，甚至进城唱 K 歌等。诸暨城西新村不仅建设了 2000 平方米的服务中心，而且开辟了多个老年活动中心、篮球场等专门的活动场所。一句话，近郊村落的生活方式和社区文化正在逐渐发生现代性的变迁。

二　提供了近郊村落自主行动的可能空间

从一定意义上说，近郊村落城镇化进程中形成的边缘化为其提供了集体自主行动的可能空间。

首先，基层社会管理上的制度边缘化，导致了近郊村落社会管理的双轨制和社会行动的自主性。近郊村落介于城乡之间，形成了独特的边缘治理现象，其基层治理既以城镇基层社会管理制度为依据，又以农村基层社会管理制度为依据，这种双轨制治理造成了独特的自由空间，甚至有可能出现某种程度的"无制可依"状态，从而为近郊村落的治理与发展创造了较大的自主选择权。

在那些已经"撤村建居"的近郊村落，虽然在名义上或法理上已经由农村基层社会管理转变为城市社区基层社会管理，由村民自治变为居民自治，更换了基层社会管理组织名称，也在一定程度上纳入了城镇基层社会管理体系，但实质上并没有完全脱离农村基层社会管理体制的约束。无论从基层社会管理组织的职能、管理的范围、管理的经费来源等，都程度不同、形式不同地表现出农村基层社会管理的特征。当下中国近郊村落城镇化进程中的治理方式转换，并不是伴随"撤村建居"完全地由农村基层社会管理体制转变为城镇基层社会管理体制，而是将城镇基层社会管理的元素作为新的变量逐渐地嵌入近郊村落的基层社会管理结构和运行机制之中，原有的一些村庄公共组织和公共权力运行机制因特殊需要而得以保留或延续。

在那些尚未"撤村建居"的近郊村落，虽然原则上仍然实行农村基层社会管理，但是由于近郊村落已经在空间格局、经济结构、村落文化等方面与传统农村出现了巨大差异，已经无法实施传统意义上的村民自治和农村基层社会管理。特别是由于这些村落已经因集体土地被征用而成为失去集体农地，没有农业和农民的特殊社会共同体，因此生成或建立与集体农业经济基础之上的村民自治不再完全适合近郊村落的经济基础和现实环境，无疑需要做出基层社会管理的制度调适和体制转换，需要适度地引入某些城镇基层社会管理的因子，比如流动人口管理、公共卫生、公共安全、劳动就业服务，等等。由此建构起一种具有双轨制特征的近郊村落社会管理模式。

在双轨制背景下，近郊村落的社会行动往往缺乏严格的制度约束，既可以依据城镇基层社会管理的相关政策要求，又可以参考农村基层社会管理的制度规定，村落社会具有较大的自主选择空间和自由行动权力。比如，村落管理既可以按居民自治要求实施城镇社区式管理，也可以按村民自治的精神参照农村基层社会管理模式实施近郊村落社会管理。又如，有些近郊村落虽然已经村改居，但执行新型农村合作医疗制度、"一户一宅"的农村建房政策，以及农村独生子女政策等，有些村落甚至可以让居民自由选择参加新型农村合作医疗或城镇居民基本医疗保险。这种自主行动有可能会有利于促进近郊村落的稳定与发展，但事实表明也有可能导致村落社会不愿意改变旧习惯，或在行动选择中出现犹豫或困难，进而导致对近郊村落经济社会发展的阻碍。

其次，在城乡二元体制下，近郊村落介于城镇与农村两种体制、两种系统之间，远离城镇社会和农村社会两个社会系统的中心，处于边缘性地位，成为两种制度都"可管可不管"的特殊社会空间。边缘性的社会空间往往是制度规制、政策约束最为薄弱的地方，容易形成制度链条上的薄弱环节，从而给近郊村落的行动自主提供了较大的可能空间。

一方面，城镇化进程中近郊村落的自主行动空间创造了较为宽松的发展环境，使得近郊村落能够根据自身实际和发展环境自主选择最佳发展模式，推动近郊村落经济社会的迅速发展。正是在此背景下，杭州市大塘社区、台州富强村等一些近郊村落在能人的带领下，有效地实施了土地等集体经济资源的开发利用，促进了村落集体经济的快速发展。同时，诸暨城西新村等一些村落则通过引导和激励，推动了村落居民家户经济的发展，以及村容村貌的美化、村落社会的转型等。

另一方面，必须理性地看到，近郊村落的行动自主权一旦失去控制，有可能损害社会和谐与发展。事实上，我们在调查中发现，正因为获得了过于宽松的政策环境和较为自由的选择空间，缺乏必要的法制约束和行政管控，目前一些近郊村落的管理与发展表现出了明显的随意性甚至盲目性，导致了不同程度不同形式的无序现象。比如，在利益驱动下，绍兴外山头村形成了大量的违章建筑，长期得不到有效治理。类似现象并非个例，在台州富强村、金华陶朱路村社区等均呈现出共同性现象。从一定意义上说，违章建筑已经形成为当下中国近郊村落的一大景观特征。又如，近郊村落居民为实现出租房收益的最大化，随意改变房屋建筑结构、逃避出租房管理、放任租客行为等，导致了一系列的安全隐患和矛盾冲突。近郊村落的行动自主权与小农意识形态基础上形成的近郊村民"经济理性"

相结合，有可能产生一种类似于"极端功利主义"的"另类理性选择"，带来一些预想不到的消极后果。

三　导致了近郊村落社会的多样性

边缘效应理论认为，在两种生态交汇处或者两类生态系统的过渡带，由于异质性高，往往潜藏着重要资源和许多特殊物种，导致物种多样性高。城镇化进程中近郊村落正处于城乡两种社会系统的过渡带，由于城镇社会因素的不断渗透和介入，导致社会差异性和多样性日趋增强，村落社会逐渐由均质性转向异质性。在近郊村落社会里，既保留着传统的农村社会因子，又吸纳了多种城镇社会因子。既拥有众多农村社会属性的事物和现象，又包含着种种城镇社会属性的事物和现象。近郊村落社会的多样性和异质性势必导致一些特殊的社会效应。

第一，引发社会创新，或者说产生一系列新生事物。由于城乡两种社会系统在此交汇，两种社会因子发生交互和协合作用，有可能在城乡两种社会因素交融的基础上形成了一系列创新性的社会事物和现象。调查中，我们也确实看到了一些近郊村落独有的新生事物。比如，在东阳蒋桥头小区调查时，发现了近郊村落基层治理中形成了"社区——小区——自然村"三级组织结构，以及"居政区治"①式协同治理模式。又如，杭州市大塘社区出现了自治组织与集体经济组织边界不一致现象。大塘社区居民不一定是大塘经济联合社社员；反之，大塘经济联合社社员不一定是大塘社区居民。然而，大塘社区的基层管理经费主要来源于大塘经济联合社，大塘经济联合社依然承担着众多社区公共建设和集体福利功能。再如，金华陶朱路村社区居委会只负责原陶朱路村居民的管理和服务，不对社区管辖范围内的其他单位和人员实施管理与服务，形成了村委会式的社区居委会。该社区居民（已经"农转非"）享受新型农村合作医疗，并按"一户一宅"分配宅基地。没有农业的诸暨城西新村依然设有农技服务站。这

---

① 在蒋桥头小区调查时发现，这里的基层社会管理出现了一些新变化：若干村庄合并成立为一个社区，社区设居委会，但居委会的职能行政化，类似于街道政府的派出机构。以合并前的村为单位设立小区，小区设置党组织和集体合作经济组织，实行居民自治。小区内的各自然村经济相对独立，形成为特殊的经济共同体。据此，我们归纳为"居政区治"模式，即居委会行政管理与小区居民自治相结合的基层社会管理制度。

些事物和现象既不属于农村社会，也不属于城镇社会，似城似村、非城非村，是城乡社会因素协合而形成的杂交性社会现象。从特定意义上说，这些混杂性社会现象是一种特殊形式的社会创新。

第二，形成新的社会矛盾与冲突。近郊村处于城镇社会系统和农村社会系统的直接交锋地带，其所体现出来的边缘化本身就是不稳定的表现，势必带来新的矛盾与冲突。集中地表现为：

一是结构性的矛盾。近郊村落在城镇化过程中，一方面，实现了村落的非农化和村民的多元分化；另一方面，吸纳了大量的外来企业和流动人口。由此引发了村落居住人口之间的异质化和多样化，导致一系列结构性矛盾。在一个近郊村落内，村籍居民与外籍人员之间在社会身份、社会福利和公共权利等多个方面存在着较大差异。即使是村籍居民之间也因为非农化、城镇化过程中出现的社会分化，形成了社会地位和社会机会不同的多个阶层和群体，因而拥有不同的利益和意愿。他们在村落内共同生活，势必产生摩擦、矛盾，甚至发生激烈的冲突。比如，房东与租客之间、本地人与外地人之间、老板与雇工之间、村落社会管理组织与企业之间均有可能因各种原因发生矛盾和冲突。

二是制度性矛盾。城镇化进程中的近郊村落正处于由农村社会向城镇社会转变过程中，容易造成管理上的制度交叉或制度空缺，进而导致一系列的制度性矛盾。比如，随着城镇化的推进，近郊村域范围内入驻了大量的外来企业和单位。它们地处近郊村落，但并不隶属于近郊村。从企业和单位属性说，它们不属于近郊村落集体所有，故而近郊村落集体组织无权管理。但从属地管理的意义上说，它们地处近郊村落范围，因而近郊村落公共管理组织应当有权且有责任对其实施管理。伴随这些企业和单位而来的还有大量的外来务工人员，这部分人员户籍在流出地，近郊村对其无权管理，而其户籍地政府也受地域限制，无法对其实施有效管理。另外，还有一部分人因为近郊村房租相对便宜选择租住在近郊村，但是并不在村内企业里工作，而往往在附近城镇的单位工作。这些租房客处于游离状态，很不稳定，近郊村也无法对其进行有效的管理。调查发现，目前近郊村落管理组织基本不对外来企业和外来人口负责，既不管理也不服务，任其自流。由此导致了特殊形式的基层社会管理失控现象，埋下了近郊村落社会稳定的隐患。又如，一些近郊村落完成了"撤村建居"，但依然主要按农村基层社会管理体制，实施社区建设和社区管理；村民完成了"农转非"，但依然享受农民待遇。类似的地位不一致现象难免引发种种社会焦虑，形成一定的社会不满情绪。

第二节　冲击中国城镇化的发展

近郊村落的城镇化是中国城镇化的重要构成部分，其发展状况势必对整个城镇化进程产生影响。唯其如此，在过去几十年的城镇化进程中，近郊村落的边缘化无疑会对中国城镇化形成冲击，产生特定效应。

一　形成城镇生态系统的缓冲带

历史经验表明，城镇生态系统具有人口高度集聚、资源紧张、环境污染等负功能，且其自我调节、修复、还原能力较差，很多时候无法满足城镇人群的需要。而近郊村落以过渡性的边缘状态存在，可以构成城镇生态系统的缓冲带，在一定程度上缓解城镇生态系统的"城市病"。

为了维持自身的生存与发展，城镇生态系统必然要通过各种途径向周边排解过重的负载，近郊村落正处于有利于承接城镇负载的特殊地位。同时，一些在城镇看来属于负面的因素，在近郊村落却有可能转化为正面功能。比如，随着经济社会的发展，城镇建成区的住房、交通、能源、用水、环保等压力越来越大，原有的城镇系统迫切需要改造和创新。在这一过程中，一些部门和人口开始逐渐地通过多种方式向城镇周边地区转移，从而推动城镇空间的扩张。根据我们在9个近郊村落的调查，发现近郊村落不仅接纳了大量工业企业及其就业人员，而且吸引了大批进城务工的流动人口，他们在城镇企业工作，但租住在近郊村落。此外，一些诸如养老院、学校、经济适用房、车站、物流、仓储、大型市场之类的项目，往往落户于近郊村落地域内。比如，杭州市大塘社区周边有不少经济适用房、敬老院之类项目，武义大坤头村几乎被经济适用房小区所包围，杭州市良户社区与杭州市委党校为邻，绍兴外山头村与绍兴文理学院相对，金华陶朱路村社区地域内建有大型农贸市场和金华汽车东站，等等。因此大大减轻了城镇建成区的交通、能源、环保等方面的生态压力，同时又可以为城镇提供多样性的支持和服务。

总之，近郊村落的边缘性存在使城乡两种社会因子实现了共生、适应及循环，促使城镇生态系统与外部生态系统间建立了有效的关联。近郊村落因其在"边缘区所特有的媒介和半透膜作用决定了它在城市生态系统中的重要性。"①

二　导致独特的半城镇化现象

城镇化的历史表明，近郊村落在城镇化进程的一定阶段处于边缘状态，是一个普遍性的规律。也就是说，近郊村落在从农村社会向城镇社会转变的过程中，必然要经历一个不可逾越的边缘化阶段。但是，由于影响近郊村落城镇化的因素不同，在不同国家不同时期，近郊村落的边缘化状态和方式会有所不同。当下中国近郊村落城镇化中的边缘化，既是城镇化自然历史过程的表现，又是中国社会制度变迁的特殊表达，还是当今中国政府城镇化行动的结果。可见，造成城镇化进程中近郊村落边缘化的原因是复杂的，既有客观的社会变迁因素，也有主观的人为干预因素。

过去一个时期的中国城镇化侧重于"造城"和经济发展，形成了独特的土地城镇化、空间城镇化、经济城镇化模式，而"人口城镇化"明显滞后。根据我们的调查，在近郊村落城镇化过程中，集中地表现在：

第一，政府在征用土地时，不仅没有按市场价格给予近郊村落充足的土地价值补偿，而且更重要的是没有考虑近郊村落居民的劳动力价值补偿，以及失地后的就业服务和社会保障。在9个近郊村落的土地征用过程中，尽管各地政府出台的政策有所差异，但普遍地存在着这一情况。有人把这一政府城镇化行动叫作"要地不要人"。

第二，部分近郊村落不仅农地被征用，而且农民也转换了身份，实现了"农转非"。近郊村民因此成了法律意义上的城镇居民，但事实上政府没有同时给予城镇居民权利，不能享受"同城待遇"。比如，杭州市的三个近郊村落均有部分居民"农转非"，但基本与没有转换户籍的其他居民一样，享受着种种农民待遇。金华的陶朱路村虽然居民已经"农转非"，但在子女教育、就业服务、社会保障等方面却不享受城镇居民的权利和待遇。

---

① 邢忠：《"边缘效应"——一个广阔的城乡生态规划视域》，《中国城市规划学会2001年年会论文集》。

　　第三，部分近郊村落完成了"撤村建居"工作，因此成了法律意义上的城镇社区，但事实上政府没有同时给予其城镇社区的权限和待遇。比如，金华的陶朱路村社区、东阳的蒋桥头村小区，早已经完成"撤村建居"，但尚未落实城镇社区管理制度，依然实施村民自治或类似村民自治的基层社会管理模式。近郊村落的公共设施、公益建设和公共服务依然主要地由村落集体负责，经费来源于集体经济。特别是在公共产品和公共服务的供给上远远落后于城镇社区，地方政府时常有意无意地将公共建设的责任转嫁给近郊村落组织。

　　第四，由于中国农村实行独特的集体经济制度，在当下城镇化过程中，近郊村落依然保留或延续着传统的农村集体经济形式，并建立了相应的集体经济组织。那些尚未"撤村建居"的近郊村落自然设有农村集体合作经济组织——村集体经济合作社，而诸如杭州市大塘社区、良户社区、头格社区和金华陶朱路村社区、东阳蒋桥头小区等已经"撤村建居"的近郊村落同样以不同的方式保留或延续着集体经济组织。杭州市的近郊村落基本实施了集体经济的股份制改革，成立了股份经济性质的社区经济联合社，但承担着多种社区福利服务功能。陶朱路村社区保留了集体经济合作社，蒋桥头则在社区下辖的小区保留了集体经济合作社，并以自然村为单位实行经济独立核算。

　　上述政府行动和城镇化发展的制约因素共同作用，致使近郊村落的城镇化呈现为一种特殊状态——半城镇化。

　　半城镇化概念主要表达近郊村落城镇化量度上的不彻底性和非充分性。一方面，从形式上看，一些近郊村落经济上没有了农业，或户籍上没有了农村人口，甚至在组织设置上也没有了村委会，似乎已经由农村变为城镇，成为城镇的一部分；另一方面，从事实上看，从事非农职业的近郊村落居民依然享受农民权利和待遇，村落组织依然主要地按农村基层社会管理制度运作，村落社区建设仍然主要地根据新农村建设要求，实际依然带有明显的农村社会特征，尚未真正完成城镇化的任务。从某种意义上说，这种非充分的半城镇化状态，或者说表象性城镇化是一种不够格的城镇化。

　　无疑，地方政府选择这样的城镇化行动策略固然有其理由，比如，在政府财政短缺背景下，有利于节约城镇化的政府成本，减轻国家财政负担。近郊村落拥有较丰厚的集体经济资源,通过政策调节让近郊村落适度承担城镇化成本。如此,或许会有助于提高中国城镇化发展的速度。

然而,如若从城镇化发展的角度看,这种做法无疑会冲击近郊村落的城镇化进程,形成形式上的城镇化与事实上未城镇化之间、城镇化的量与城镇化的质之间的矛盾,导致中国城镇化发展中独特的"虚假城镇化"现象,降低中国城镇化的质量,最终延缓中国城镇化的进程。

三 埋下社会冲突的隐患

边缘化作为近郊村落城镇化进程中的过渡现象,较为复杂。虽然它具有种种有助于中国城镇化的积极效应,但也不能不看到,边缘化本身意味着矛盾与冲突,近郊村落长期处于边缘状态,将不利于社会和谐发展,甚至可能引发种种社会冲突。

第一,边缘化状态容易引发文化冲突。从一定意义上说,在城镇化进程中,近郊村落处于边缘化状态,扮演着矛盾角色,处在强烈的文化冲突的地位,体现着城镇文化与农村文化、工业文明与农业文明的巨大反差。这些村落不同程度地脱离了旧的农村社会体系,又难以真正融入新的城镇社会既有格局,社会体系难以对它们实现有效整合,被迫游离于农村与城镇两种社会形态之间,处于"是村非村"、"是城非城",农民不像农民、市民不像市民的"不靠边"状态。近郊村落的民众不仅对现在的社会秩序难以自我认同,而且会日益滋长不满情绪,他们要求改变既有格局、变动现在秩序,以期实现自由的上行性流动,甚至采取反抗社会的形式以实现其目的,从而有可能使之成为社会和谐与发展的威胁性力量。调查中,我们发现,在各个近郊村落社会中,或多或少地存在着因边缘化而引发的社会不满情绪。我们时常能够听到"我们算什么?两边都不是,两边都靠不到。享受的时候两边都不算,有事情的时候又两边都算,全部要我们做"之类的说法。干部们为自己与城镇基层干部做同样工作但得不到相应待遇而不满,老人们因无法获得自认为应有的养老保障和福利服务而不满,中年人因失地后找不到工作而不满,更有广大的民众因没有了土地、甚至拿着城镇户籍,但没有城镇待遇心生怨气。如若处置不当,甚至有可能因此而出现群体性抗议事件。

从特定角度分析,近郊村落的边缘化导致了特殊形式的地位不一致。

美国学者格尔哈斯·伦斯基认为"某些类型的明显的地位不一致往往是紧张的根源"。① 经验表明，地位不一致伴随的常常是严重的社会焦虑。"地位不一致的人容易觉得在社会互动中自己比别人得到的报偿更少，有着一种自然的倾向，即按照其较高地位来看待他自己，并期望他人也这么看待他。"② 近郊村民正因为本村落的边缘化处境及自身的地位问题，而出现了各种社会焦虑和社会不满。在他人认为近郊村落是最大的城镇化获益者的同时，近郊村民却认为自己是城镇化的重大受害人，有着种种怨言和怒气。

第二，边缘性结构容易形成社会矛盾。近郊村落的边缘化在特定意义上表现为社会结构的边缘性。特别是在近郊村落范围内同时存在着村落组织和外来组织、村籍居民和外来人口。伴随着近郊村落的农地被征用开发，村落内逐渐增加了不少外来的企业和单位，它们性质不同、规模不一、管理各异，进驻村落地域但又似乎不归属村落组织管理。其生产经营和发展成果与近郊村落和村民无关，但村落和村民客观上需要承受因其生产经营而产生的各种污染，因其职工的大量涌入而引致的生活影响，以及企业生产有可能导致的安全隐患，等等。同时，在城镇扩张过程中，大量外来人口到近郊村落租房居住，工作在城镇或单位，生活居住在近郊村落。不仅导致了环境混杂、脏乱，而且对近郊村落居民的人身、财产安全构成了威胁。租住在村的外来人口构成复杂、鱼龙混杂，并与近郊村民形成了特殊的房东与房客关系。然而，在现有社会管理体制下，这些流动人口又不归属于近郊村落组织的管辖范围，村落组织和民众对此无可奈何，又心积怨愤。共存一地的近郊村落与外来组织之间、并处一所的近郊村民与外来人口之间难免出现一些摩擦，形成种种社会矛盾。调查中发现，这方面的社会矛盾在9个近郊村落不同程度地普遍存在，而且形式多样、结构复杂，这些社会矛盾的调处和社会问题的解决已经构成为近郊村落组织和地方政府遭遇的棘手难题。

第三，边缘性政策容易导致社会不满。不可否认，中国地方政府在长

---

① 格尔哈斯·伦斯基：《权力与特权：社会分层的理论》，浙江人民出版社1988年版，第108页。

② 张厚安、徐勇主笔：《中国农村政治稳定与发展》，武汉出版社1995年版，第404页。

期的管理实践中秉持着一种独特的城镇工业倾斜政策。在城乡二元社会背景下，推行城乡二元分割政策，并以城镇工业利益为政策取向，借此推动国家的工业化、城镇化进程。在近郊村落城镇化过程中，之所以形成近郊村落的边缘化现象，其中一个重要的原因无疑在于地方政府采取的边缘性政策和行动。一方面，地方政府应城镇扩张需要陆续地向近郊村落征用土地；另一方面，地方政府没有按市场价格给予近郊村落及时、合理的补偿。一些地方政府甚至还时常以种种理由截留和挪用近郊村落被征用土地补偿款。一方面，地方政府在征用土地时按比例留置了一定的土地供近郊村落开发和发展集体经济；另一方面，地方政府又未能相应地供给配套政策，以至近郊村落的留置地无法实现有效开发利用。调查时，我们发现相当部分近郊村落的留置地未能得到开发，已经成为村干部和村民忧心和不满的难题。比如，调查时发现，诸暨城西新村留置地因缺可开发的非农用地指标等而长期闲置，已经成为一座荒山；武义大坤头村则长期没有落实应有的留置地。一方面，近郊村落村民因土地被征用而失去了农业生产资料，进而失去了在长期农业生产经营中积累的劳动技能；另一方面，失去土地后的近郊村民无法获得适当的劳动力价值补偿。而这些劳动力的价值在特定意义上是因地方政府征用近郊村落的农地而被迫失去的，他们失去土地后既得不到相应的劳动力价值补偿，也没有获得政府的职业转换和非农就业服务。一方面，近郊村民因土地被地方政府征用而失去了长期以来由集体土地提供的生活保障；另一方面，地方政府没有在征用土地的同时将被征用土地的近郊村民纳入城镇社会保障体系。一方面，地方政府因城镇扩张需要拆迁近郊村落居民的房屋；另一方面，政府又不能给予被拆迁户满意的补偿和安置。更重要的是：地方政府在征用集体土地和拆迁村民住房的过程中，未能充分尊重村民群众的权利和意愿，给予平等的权利地位和谈判机会，不能做出符合广大群众意愿的公开、公平、公正的处置，甚至违反相关法律规定，简单地采取行政强制和暴力行动。一方面，要求近郊村落按城镇标准开展基层公共建设和社会管理；另一方面，又根据农村基层公共服务制度由村集体承担主要费用。由此形成了近郊村落公共管理服务支出的外溢化现象。"对于这些公共管理费用'自给'，但要按照城市标准进行管理的乡村，公共服务支出的外溢化，无疑等同于对农村集体资产的剥夺。"① 在一定意义上，这是以村落集体经济和村民个人资金办理本村落职责范围之外的事情，致使近郊村落集体权益、村民个人权利不同程度地受损。

凡此种种，正是因为各地政府一系列针对近郊村落的城镇化政策和行动存在着不当的利益取向，没有能够充分考虑到近郊村落和民众的权力和利益，由此形成了特殊背景下的政府与民谋利现象，从而损害了广大近郊村落及其民众的利益，引起了近郊村落民众的种种社会不满，甚至引发暴力阻挠和群体性抗争事件。调查中，近郊村落干部与群众不仅对上述城镇化政策和地方政府行为有着各种怨言，而且时常会采取多种方式和策略实施抗议。诸如言语谩骂、不配合政府行动、不执行政府指令、不交规费、抵制拆迁、违章建筑、集体阻挠、上访等。在一些村落甚至出现过暴力性、群体性的抗争事件。绍兴外山头村正是因为群众的不满和抗争，致使房屋拆迁安置工作长期得不到有效推进。据调查，所在地方政府的几任领导均力图解决外山头村的拆迁安置问题，但都屡遭阻挠而失败，使其成为令人头疼的老大难问题。调查时，有人戏称"外山头不仅仅是越城区的外山头，也不只是绍兴市的外山头，而是中国的外山头"。

应当理性地承认，由于地方政府采取的边缘性城镇化政策和行动，近郊村落已经成为当下中国社会矛盾和社会冲突最为集中的焦点地，土地征用、房屋搬迁等也已经成为直接引发近郊村落民众上访、群体性事件等重大抗争行为的最主要原因之一。

第三节　影响城乡社会一体化的进程

基于城乡一体的视角观察村落城镇化，我们可以把中国农村城镇化看作一个彼此衔接的链条。只有通过对村落城镇化链条每一个发展环节的深入考察，才能逐渐认识中国村落城镇化的生动而又丰富的过程。在中国城镇化进程中，近郊村落的变迁特别复杂于典型农业村落的变迁，在这里中国二元社会的遗存尤为明显，形成了特殊的边缘化现象，构成为一种过渡

---

① 冯晓英、魏书华、陈孟平：《由城乡分治走向统筹共治——中国城乡结合部管理制度创新研究：以北京为例》，中国农业出版社 2007 年版，第 96 页。

性社区，对中国城乡社会的一体化发展产生了深刻影响。

一　助益乡村文明的延续

纵观中国社会历史的发展过程，城镇与乡村基本是在彼此隔绝的状态下分别发展的，逐渐形成了两条不同的变迁轨迹。在一些历史理论看来，乡村与城市是互相对立的两个社会部分，乡村代表着传统，意味着落后；城市则代表着现代，意味着先进。落后、传统的乡村社会最终必然要向先进、现代的城市社会转变。换句话说，农村社会的城镇化是一个自然历史过程，是一个不可避免的历史规律。正是基于这一理论，向来有人主张以城镇文明改造乡村文明、以城镇社会取代乡村社会，推动国家和社会的现代化。当然，中国历史上也有另外一些人认为乡村文明是中华民族之根，坚决主张"回归乡村"，通过乡村建设实现国家和民族复兴。事实上，如何实现民族复兴的"中国梦"是几代中国人长期探索而没有根本解决的问题。

近年来，中国共产党在领导中国社会主义现代化建设的过程中，逐渐突破了城乡对立的认识局限，提出了城乡社会一体化发展的战略思想，确定了今后一个时期中国农村城镇化发展的政策导向。如若从城乡一体化发展的角度分析，在城镇化进程的特定时期，近郊村落处于边缘化、过渡性社会状态，无疑会有助于乡村社会文明的延续和传承，形成正向社会效应。

应当肯定，城镇化是现代化的重要表现，农村社会逐渐转变为城镇社会是一个客观的历史规律。但是，城镇化并非消灭乡村文明，而是一个辩证的"扬弃"过程。在农村社会向城镇社会转变的过程中，既要抛弃乡村社会中的落后、过时、不合理的成分，也需要继承和保留其中合理的东西和优秀文明成果。

中国经历了数千年的农耕文明历史。几千年来，中国人民在长期的农业经营和乡村生活中积累了丰富的文明成果。其中，相当部分不仅能够适应城镇社会，而且恰恰是城镇社会匮缺的东西，对中国城镇化进程具有积极的促进作用，值得保留和坚持、继承和发扬。比如，在长期的村落聚居生活中逐渐形成的共同体意识和凝聚力，在邻里帮扶中培育的合作互助精神，在"熟人社会"交往中生成的亲情友情，在农耕生产和乡村生活中养成的生态理念，在自给自足中建立的自主自力观念和自治精神，在集体财产和共同劳动过程中形成的集体意识和团结精神，还有诸如节俭、勤劳、淳朴、好客、向善、诚信，等等。

现阶段近郊村落城镇化过程中，各地政府分别采取多样性的政策，为乡村文明的延续和传承奠定了基础，搭建了平台。比如，保留和鼓励近郊村落集体经济的发展，延续和创新村落集体经济组织，在此基础上建构了种种带有乡村因子和村治特征的基层社会管理制度。无疑，这些是导致近郊村落边缘化的重要原因，主观上也未必出于延续乡村文明的目的，但客观上为乡村文明的延续和传承创造了条件。正是在这些经济基础、组织平台和制度背景下，众多乡村社会的行为方式、文化因子、文明元素等得以有效地保留和传承下来。又如，在近郊村民旧村改造或房屋拆迁安置过程中，多数地方政府选择了集中安置近郊村民住宅的方式，在建筑格局和居住模式上保留了原有的村落共同体。借此，村落"熟人社会"以新的方式得以保持，村落民众依然延续着类似村落社会的共同居住、共同交往生活。对于这一做法，虽然有些人提出质疑，认为在城镇社会人为地建设了特殊的"城中村"，不利于近郊村落居民的城市融合，有碍近郊村民的市民化进程。但是，我们认为，这一城镇化政策和行动，不仅是广大近郊村落村民最易接受的，是一种理性选择，而且有助于共同体意识、社区凝聚力、人际亲情关系、合作互助精神等的延续。从城乡社会一体化发展的角度看，利大于弊。当然，其具体的政策行动还有许多可以进一步完善的地方。需要有关部门在选择城镇化政策，实施城镇化行动时更清醒地树立城乡一体化发展的理念，在城乡一体化发展思想的指导下做好相关的政策设计和行动策划。

二　影响城乡文明的融合

对于社会融合，历史上有不同的主张。按基本的理论取向，大致可以归纳为"同化论"和"多元文化论"两大流派[①]。"同化论"主张非主流文化对主流文化的认同与适应。比如，外来移民将逐渐在移入地定居，适应当地的生活和文化，最终融入或同化于当地的主流社会文明。"多元文

---

① 李明欢：《20 世纪西方国际移民理论》，《厦门大学学报》2000 年第 4 期。

化论"认为社会融合未必一定是一种社会或文明吞并另一种社会或文明，或者说一种社会或文明被另一种社会或文明所同化，而可能是一种"非零和型同化"。[①] 非主流方在适应主流社会文化的同时，保留着自身的文化内核和相对独立性。甚至两种社会文明有可能在互动中相互学习和吸收对方合理的、优势性因素，弥补自身的不足，逐渐融合为一体，实现社会共融。

历史经验表明，在城镇化的特定时期，近郊村落处于过渡性的边缘化状态是一种历史的必然。在由农村社会向城镇社会的转变过程中，近郊村落既像乡村、又似城镇，城乡两种社会因子以独特的方式共存于一个地域，而又未能实现共融，形成了一种特殊的边缘性社会共同体形态。我们所考察的 9 个近郊村落，城镇化进展和方式各不相同，但无疑都存在着城乡两种因子共存的现象。无非有的村落城镇社会因子占居优势和主导地位，有的村落则乡村社会因子更多些，依然占居着优势和主导性地位。比如，就基层组织而言，有的近郊村落已经完成"撤村建居"的组织改造，获得了城镇社区的组织名称和组织形式，但实质上依然主要地履行着农村村级组织的职能。诸如发展集体经济、负责社区公益建设、承担社区集体福利，等等。相反，有些近郊村落尽管依然保持农村基层组织的名称和形式不变，但事实上已经发挥了不少城镇社区组织的功能。诸如组织文明城镇建设、提供社区服务等。近郊村民因集体农地被征用而被迫转换职业，相当部分村民既难以在城镇劳动力市场上找到一个拥有较好报酬和待遇的工作岗位，又不能在社会保障政策和社会福利制度上获得城镇居民同等的权利和待遇。但他们可以"不劳而获"，获取村集体福利，坐收财产性收入，享受较好的生活水平。在城镇居民为支付房贷而苦恼时，近郊村民却可以出租私房收取租金。近郊村民大多拥有较宽畅、舒适的私有住宅，但因村落公共设施建设和公共服务主要由集体负责，在集体公共能力有限的背景下出现了典型的人居环境脏、乱、差现象。

如若从相互吸收与融合的角度看，在这种貌似"不伦不类"的边缘性社会共同体中，城乡两种社会因子共同存在于一个村落场域，势必发生

---

① 王章华：《城市化背景下流动人口社会融合问题分析》，《江西农业大学学报》2009 年第 4 期。

互动并创造出独特的取长补短式相互渗透与吸纳机制，从而有助于促进城乡社会的共融，甚至有可能在这一边缘地域形成一种新的社会共同体形态，创新社会文明形式。

如若从融入或同化的角度看，近郊村落中城乡两种社会因子长期共存，特别是村落社会相对独立于城镇社会，致使近郊村落长期处于边缘化状态，势必会阻碍近郊村落融入城镇社会，制约近郊村落与城镇之间的社会同化。当前中国各地城镇中较普遍地存在的"城中村"现象，或许从一个特定的面向证明了这一事实。

三　制约社会认同的形成

客观地说，我国的城市化进程不仅仅是一个"集聚与扩散"、"侵入与接替"的自然生成过程，更表现为政府有计划的政策推动过程。① 近郊村落由乡村社会向城镇社会的转变，在相当程度上是政府推动的结果。在这种"被城镇化"进程中，近郊村落的完全城镇化，势必有赖于政府的制度安排。然而，受多种因素影响，各地政府未能在推动近郊村落城镇化的过程中做出完全城镇化的制度安排，致使近郊村落城镇化过程呈现出非同步性。比如，近郊村落土地的城镇化超前，人的城镇化相对滞后；近郊村民职业的非农化超前，身份和权益的非农化相对滞后。正是因为这种独特的城镇化政策和行动，导致了近郊村落社会特殊的过渡性、半城镇化现象。在调查中发现，诸暨的城西新村、武义的大坤头村等一些近郊村落已经没有集体耕地，村民也因此而转换了职业，但村落组织没有改变，城西新村甚至还按当地政府的统一安排设立了"农技服务小组"之类农业服务型组织。村民身份没有改变，还是农村户籍，依然享受农民的待遇。即使那些已经"撤村建居"的近郊村落，也不同程度地保留着众多乡村因子。比如，金华的陶朱路村社区居民依然享受农民建房政策，主要享受农民的社会保障待遇。东阳的蒋桥头小区，改变了组织设置，完成了"撤村建居"，干部基本按城镇社区干部管理，但集体还有不少农耕地，居民依然是农村户籍，居民主要享受农民的社会福利服务待遇。如此，造成了近郊村落社会性质的不确定性、近郊村落组织结构与功能的两栖性、近郊

---

① 轩明飞：《"边缘区"城市化的困境与反思》，《思想战线》2005 年第 6 期。

村民身份的双重性和属性的非一致性，势必形成社会认同危机，引发社会焦虑和社会不满，甚至有可能导致社会冲突的发生。

首先，近郊村落居民难以形成自我认同。由于近郊村落又城又乡、非城非乡的特征，在城乡分割体制背景和非此即彼的思维习惯下，着实难以对其做出城镇抑或乡村的明确判断和准确定位。基于这种特殊的现实状况，近郊村落居民往往会难以适从和取舍，造成社会认同上的困难。调查中，时常会遇到近郊村干部和群众带着抱怨的情绪说出类似这样的话："我们村到底属于城镇还是农村？我们自己都搞不清了！说是城镇，我们不享受城镇人的政策，没有社会保障；说是农村，我们又没有地可种、也不再搞农业，像城里人一样要买米买菜吃。""两头都靠，两头都靠不到。要你时说你是，不要你时说你不是。实在是搞不懂为什么！真的过得很无奈！"

其次，城镇市民难以形成他者认同。近郊村落的城镇认同不仅需要有近郊村落及其村民的自我认同，而且需要城镇社会特别是城镇市民的他者认同。在长期的城乡分割的二元社会背景下，城镇社会与农村社会之间形成了明显的等级差异，进入城镇自然地成了农民群众的追求之一。相反，城镇市民逐渐形成了一种特有的优越感，往往会对农村居民表达出难以言表的不屑和鄙视。对于这些新纳入城镇范围或即将被纳入城镇范围的近郊村落及其村民群众，城镇市民容易形成社会排斥情绪，担心近郊村落的进入可能会给他们带来利益损害，因此不愿认同近郊村落及其村民成为城镇社会构成部分的客观事实。同时，由于近郊村落所处的过渡性状态和边缘性现象，客观上为城镇市民抗拒接受近郊村落及其村民群众为城镇社会构成部分提供了现实依据，阻碍了城镇市民的他者认同的形成。调查时，原城镇市民往往把那些因城镇扩张新纳入城镇范围的近郊村落称之为"城郊区"、"城镇边缘地区"、"村社区"、"新建社区"、"农民集中安置区"等，以区别于传统城镇社区。把近郊村民称之为"郊区农民"、"新市民"、"原来的菜农"等，甚至干脆叫作那些"乡下人"。

最后，地方政府难以做出公平对待。客观地说，地方政府的城镇化行为是多种因素共同作用的结果，其城镇化政策选择势必受到政府自身利益、政府行动绩效、政府行动能力，以及近郊村落的具体实际等多方面因素的影响。不可否认，为谋求城镇化的快速发展，地方政府有意识地选择了某些有损近郊村落和村民利益的政策。但更重要的是近郊村落经济社会发展的客观实际和复杂现实，客观上也确实给政府的城镇化决策造成了众多棘手的难题，致使其城镇化政策行动难免出现有失公平与公正的情况。比如，城镇化过程中近郊村落集体资产的处置特别是集体土地的资产形式转换，土地征用和房屋拆迁过程中的补偿与安置，近郊村落城镇化进程中村民的社会权利、福利待遇、公共服务的过渡与转换，等等。有些是由于近郊村落城镇化这一创新性行动没有可供借鉴的实践经验，难以在长期的城镇或农村治理传统中找到参照。有些是地方政府出于工作便利和保护农民利益，有意识地在近郊村落延续和保留了某些农村政策。如：按农民建房政策的原则，在近郊村落继续执行一户一宅的住房政策；又如，有些地方政府在近郊村落依然贯彻农村计划生育政策，生女户因此享受生育二胎的权利。有些则出于政府自身能力和地方利益的考量，有目的地不给予近郊村落和村民与城镇社区和居民平等的权利和待遇。比如，没有给予城镇化进程中的近郊村落居民享受同等的医疗保险、养老保险等社会保障待遇，借此减轻政府负担，但这或许也有助于促进地方经济社会发展进程。

第七章　新型城镇化与近郊村落社会发展

边缘化是近郊村落城镇化过程中出现的一种过渡性社会形态，也是一个相当长时期内无法彻底消除的社会现象。从发展的趋向看，近郊村落势必随着城镇化的推进逐渐摆脱边缘化地位，最终完全融入城镇社会体系。但是，在城镇化过程中应当如何实现城乡之间的社会和谐？如何促进近郊村落经济社会的有序发展？这无疑是一个有待进一步探讨的重要课题。

第一节　中国式边缘化：面对近郊村落社会发展的客观现实

考察浙江省 9 个近郊村落城镇化过程，发现现阶段中国城镇化进程中出现的近郊村落边缘化现象，既是城镇化发展必然性的表现，又是过去一个时期中国城镇化道路与方式选择的结果。正是由于城镇化政策和政府行动的特殊性，造成了城镇化进程中近郊村落边缘化的独特状态，形成了一种具有独特内涵的中国式边缘化。

一　中国式边缘化是一种复合型边缘化

当下中国城镇化中的近郊村落边缘化，既表现为介于城乡两种社会体系之间的"两栖"状态，又表现为被城乡两种社会主流所排斥的双重边际化地位，呈现为多重边缘化的复杂组合。

首先，在 20 世纪 80 年代以来的中国城镇化发展中，城镇周边的近郊村落基本处于临界状态。介于农村与城镇两种社会系统之间，且包容着农村社会和城镇社会的多种因子，是村非村、是城非城，呈现出典型的两栖性和过渡性。比如，一些地方政府对部分近郊村庄实施组织重构，撤销了原来农村基层社会管理体系下的村委会建制，改为城镇基层社会管理体系下的居委会建制。但这一行动在实践中事实主要地表现为改变基层组织的名称，大多未对基层组织的职能和权限等做出相应调整，改名后的近郊村居委会所扮演的实质是村委会角色，社区治理基本依照原有的农村基层社会治理体制，由此构成了一种独特的"新建社区"和城乡混合的边缘管理。

其次，近郊村落的城镇化是"去农化"与"趋城化"两个方面的结合。一方面，近郊村落在城镇化进程中逐渐脱离农村社会体系，远离农村社会中心；另一方面，近郊村落在转向城镇社会的过程中，尚未被城镇社会接纳。如此，城镇化过程中的近郊村落处于特殊的双重排斥境地，呈现为"非中心化"、"边际化"状态。从"中心——边际"结构考察，近郊村落处于非核心的边际地位，被城乡社会主流所排斥，呈现出特定意义上的边际化、弱势化。

二 中国式边缘化是结构性边缘化

城镇化是一个复杂多元的综合社会变迁过程。有人认为，城镇化"是化工、化人、化境共同发展的有机统一"①。在近郊村落城镇化的发展过程中，如若各个要素之间发展平衡、基本同步，那么城镇化进程就会显得协调有序。反之，各要素之间发展不平衡，部分要素和领域的城镇化先行一步，其他要素和领域相对滞后，则可能导致城镇化发展进程的不协调和混乱。在20世纪80年代以来的中国城镇化发展中，近郊村落城镇化各要素之间存在着明显的非均衡性。有人甚至指责政府在推进城镇化过程中"要地不要人"。非均衡的城镇化导致了部分近郊村落经济非农化了、地域城镇化了，但村落管理没有城镇化；村落已经没有农业但还是农村；村民已经不再从事农业劳动经营但还是户籍管理上的农业人口和社会管理上的农民，等等。特别是近郊村落和村民在身份、权益和待遇上未能同步实现城镇化，引发了多种歧视性社会现象，形成了城镇化过程中特殊意义的社会不公平，而且有可能使近郊村落的边缘化过程延长。比如，部分近郊村民在缺乏自主选择权的背景下，完成了户籍登记的"农转非"，成了形式上的城镇人口，但依然不能同等地享受城镇居民的权利和待遇。

---

① 卞华舵：《主动城市化——以北京郑各庄为例》，中国经济出版社2011年版，第19页。

三　中国式边缘化是建构型边缘化

从特定意义上说，20世纪80年代以来，中国近郊村落的城镇化是一个典型的国家建构过程，主要是伴随政府实施的土地征用、房屋拆迁、户籍农转非、撤村建居等一系列城镇化行动而逐渐城镇化，因此表现为政府推动的"被城镇化"。由于政府城镇化行动主要基于城乡分割的二元体制，存在着明显的城镇偏好和农村歧视倾向，对城镇化进程中的近郊村落造成了不同程度和不同形式的权利侵害，致使近郊村落和村民在城镇化过程中难以充分地实现城镇化，也无法平等地享有城镇社区和市民同等权利和待遇，处于过渡状态和边际地位。

在中国城镇化进程中，近郊村落的边缘化不只是其自然演进意义上的社会变迁现象，更重要地是由于地方政府的城镇化行动而造成的建构性变迁现象。在"被城镇化"过程中，近郊村落不仅没有与地方政府平等的谈判地位，而且其自身权益得不到有效保护。比如，一些地方政府在征用和开发近郊村落土地的过程中，只根据相关政策给予了远低于市场价的地价补偿，没有提供相应的劳动力补偿和针对性的产业转型、职业转换服务。如此，缺乏非农经营能力的村级组织和非农劳动技能的村民被投放到市场，参与严酷的市场竞争，难免出现一些边际化、不平等的结果。在近郊村民的房屋拆迁过程中，地方政府实施了独特的房屋拆迁安置政策，近郊村民因房屋拆迁改变了传统的乡村居住和生活环境，又未能获得城镇居民同等的住房自由选择权和住房保障待遇。正是这些公共政策和政府行动的局限，导致了中国城镇化进程中近郊村落边缘化的独特性和复杂性。

近郊村落城镇化的未来发展势必需要面对中国边缘化的客观现实，从正处于边缘化地位的实际情况出发，选择合理的应对策略，有序推进近郊村落的城镇化进程，促进近郊村落走出边缘，完成城镇化。

第二节　新型城镇化：正视近郊村落社会发展的宏观导向

应当肯定，改革以来特别是20世纪90年代中期以后，中国的城镇化得到了迅速发展。同时也不应否认，过去几十年的城镇化发展导致了一系列的社会失衡现象,引发了众多社会问题和社会矛盾,急切需要实施纠偏与调整。面对城镇化中存在的问题,党和政府在科学发展观统领下,经过深刻反思,否定了传统的城镇化道路和方式,提出了新型城镇化的战略部署。早在党的十六大上,党中央就提出了走中国特色城镇化道路。党的十七大进一步地补充为"按照统筹城乡、布局合理、节约土地、功能完善、以大带小的原则,促进大中小城市和小城镇协调发展"。2007年5月,温家宝明确指出要走新型城镇化道路。党的十八大则对新型城镇化做出了具体阐述和战略部署。因此,近郊村落的未来发展势必以新型城镇化为背景,形成新的目标、新的机制、新的方式、新的策略等,从而推动近郊村落有序发展,并逐渐走出边缘困境,最终完成自身的城镇化进程。

然而,新型城镇化意味着什么?"新"在哪里?对此,人们展开了广泛而深入的讨论,从不同的视角对新型城镇化做出了多种解读,提出了众多令人耳目一新的观点,但目前还没有形成统一的认识。

我们认为,在理解新型城镇化战略时,必须把握两点:

一　新型城镇化的重要特点

应当肯定,城镇化的发展在不同国家、不同时期会有不同的特点。对于新中国成立以来一个时期的中国城镇化发展,辜胜阻、简新华等总结归纳出五个特点:(1)城镇化及其基础——工业化是由政府发动的。城镇的建立和发展受政府支配,形成了政治中心和经济中心二位一体的城镇网络;政府能够通过各种强有力的措施限制农村人口向城镇的盲目转移;政府能够运用强有力的方式从农业中积累城镇化、工业化初始阶段的建设资金;政府能够根据某种目标进行超高速式的城镇化。(2)城市化和农村城镇化并举。城市化是指人口向城市的集中过程;农村城镇化是指农村人口向县域范围内的城镇的集中过程。中国城镇化的一个重要特点是二元性城镇化结构:城市化与农村城镇化并行。(3)城镇化对非农劳动力的吸纳能力低。我国的城镇化是一种工业起飞型城镇化,工业化超前于城镇化。(4)城市构成不协调。城市规模结构"头重脚轻",大城市比重过高;城市地域分布不平衡;城市功能结构偏集于工业。(5)农村剩余劳动力的职业转换先于地域转换。[①]

新型城镇化无疑是要从根本上改变这种既有城镇化发展模式，根据新时期经济社会发展的新要求，形成城镇化发展的新特点。根据中央的相关重要文件以及党和国家领导人的一系列新型城镇化论述，我们认为，新型城镇化应当是坚持以人为本，以新型工业化为动力，以统筹兼顾为原则，走科学发展、集约高效、功能完善、环境友好、社会和谐、个性鲜明、城乡一体、大中小城市和小城镇协调发展的城镇化建设路子，从而推动城镇现代化、城镇集群化、城镇生态化、农村城镇化，全面提升城镇化的质量和水平。新的城镇化发展模式将呈现如下重要特点：

第一，坚持以人为核心，实现人的公平发展。新型城镇化与旧型城镇化的根本不同，在于新型城镇化强调以人为核心。新型城镇化不是简单的城市人口比例增加和规模扩张，而是强调城镇化是一个以人为中心的由"乡"到"城"的综合性社会转变过程，应当围绕人的城镇化而展开，立足于推动人的公平发展。

喻新安认为："新型城镇化的真谛，是人的无差别发展。这是新型城镇化最本质、最核心、最关键的东西。"[②] 这意味着新型城镇化发展应当围绕人来展开，牢固树立人本理念，让城镇更具有人情味，形成良好的为人服务功能；意味着新型城镇化发展应关注所有人的利益，不仅只是城镇户籍人口，也包括新流入城镇的农村转移人口，以及还在农村生活的人。城镇化的发展应当促进所有人的公平发展，而不能为了一部分人的利益而损害另一部分人的福祉，不能为了城镇的发展而牺牲农村的繁荣，付出太过昂贵的社会成本。这就要求实现城镇化价值取向和政策取向的根本性转变。

第二，坚持统筹兼顾，实现全面、协调发展。新型城镇化与旧型城镇化的最大不同，在于新型城镇化强调统筹兼顾。新型城镇化不是在社会失衡的状态下推进城镇化进程，而是强调城镇化是一个全面、协调发展的过程，应当具有推动经济社会均衡发展的功能。

---

① 参阅辜胜阻、简新华主编：《当代中国人口流动与城镇化》，武汉大学出版社 1994 年版，第 271—276 页。

② 喻新安：《新型城镇化究竟"新"在哪里？》《中国青年报》2013 年 4 月 15 日，第 2 版。

　　新型城镇化强调统筹兼顾，全面协调发展，无疑将从根本上改变过去城镇化发展中出现的结构性失衡问题。这意味着新型城镇化发展将实现城乡统筹，改变过去的城乡对立与分割，在城乡一体化的背景下推进城镇化；意味着新型城镇化发展将实现城镇规模结构的调整，促进城镇群、大中小城市、农村小城镇、新型农村社区的一体化发展；意味着新型城镇化发展将实现区域城镇化与新型工业化、农业现代化、社会信息化同步发展；意味着新型城镇化发展将实现城镇区域布局和功能分配的合理化，形成科学的区域格局和功能结构；意味着新型城镇化发展将建构统一性与多样性的发展格局，建构各具特色的城镇发展模式和城镇样式；意味着新型城镇化发展将统筹各城镇要素之间的关系，实现产业、城市和人的协调发展。

　　第三，坚持生态文明，实现可持续发展。新型城镇化与旧型城镇化的一个重要不同，在于新型城镇化强调生态文明。新型城镇化不以资源能源的大量消耗与浪费，以及环境污染、生活质量下降为代价，而是强调选择资源节约和环境友好的城镇化方式。

　　新型城镇化强调生态文明，要求把集约、节约、智能、绿色、低碳、环保等生态文明理念贯彻到城镇化的过程与行动上。这意味着新型城镇化发展将改变城镇化的理念、体制和行为；意味着新型城镇化发展将强化城镇和区域生态规划，处理好城镇建设中眼前与长远、局部与整体、效率与公平、分割与整合的生态关系；意味着新型城镇化发展将强化和完善生态物业管理、生态占用补偿、生态绩效问责、战略环境影响评价、生态控制性详规等法规政策；意味着新型城镇化发展将引导形成循环利用资源、节约使用能源的生活方式和产业体系。

　　第四，坚持合力共促，形成多方协同的发展机制。新型城镇化与旧型城镇化的一个实质性不同，在于新型城镇化强调合力共促。新型城镇化不再是政府强势主导的"被城镇化"，而是强调城镇化发展过程的市场调节作用和社会的自主选择权利，形成政府、市场、社会三方力量的协同合作和共同促进。

　　新型城镇化强调多方协同、合力共促。这意味着新型城镇化发展将实现放权式的政府城镇化管理体制改革，从根本上改变政府主导城镇化过程的体制机制；意味着新型城镇化发展将提高市场在城镇化过程中的重要作用，发挥市场在调控城镇化发展过程中的基础性作用；意味着新型城镇化发展将充分发挥社会组织和广大民众的作用，他们在城镇化过程中将拥有更大的参与权力和参与机会，特别是在城镇化发展过程中具有相对自主的选择权；意味着新型城镇化发展将根本改变"被城镇化"的局面，促进城镇化过程的社会主动性。

二　新型城镇化的发展方式

新型城镇化是相对于旧型城镇化而言的。新型城镇化战略的提出，无疑意味着在未来中国城镇化发展方向上释放出了"转型"的信号。即由过去的旧型城镇化转向未来的新型城镇化，重点将在城镇化发展上实现五个转变：

一是由以物为核心的城镇化转向以人为核心的城镇化。旧型城镇化重物轻人，把城镇化过于简单地视为土地的硬化、新建筑的崛起等，较少关注人力资源和人的发展，特别是把农民排除在城镇体系之外，因而在城镇化过程中出现了诸如要地不要人、土地城镇化、近郊村落边缘化、农业转移人口半城镇化等现象，致使城镇化发展陷入不均衡、不可持续的困境。新型城镇化则按照科学发展的要求，强调以人为核心。城镇化过程中要努力改革攻坚，破解深层次矛盾，促进人的发展。做到无论是经济增长还是社会发展，都要立足于人的城镇化。[①] 在将来一个时期将有序推进农业转移人口市民化作为重点，逐渐解决城乡差异及城镇内部失衡的痼疾。

二是由片面、非均衡发展的城镇化转向全面、协调发展的城镇化。旧型城镇化实行工业和城镇偏好政策，片面强调以工业化带动城市化，过度突出城镇化的经济功能，形成为独特的"经济型城市化"模式。为加速推进城镇化进程，甚至不惜牺牲农村、农民利益，导致发达的城镇与凋敝的乡村并存。同时，基于"发展大都市还是小城镇"的二元对立思维，忽视城镇发展的科学规划和整体布局，一味追求城镇规模扩张和土地开发、房地产建设，出现了"城市大跃进"与城市空间失控问题。新型城镇化则要求着力在城乡规划、基础设施、公共服务等方面推进城乡一体化，促进城乡要素平等交换和公共资源均衡配置，形成以工促农、以城带

---

① 喻新安：《新型城镇化究竟"新"在哪里？》《中国青年报》2013年4月15日，第2版。

乡、工农互惠、城乡一体的新型工农、城乡关系。以城乡统筹、城乡一体、产城互动、和谐发展为基本特征，城市群、大中小城市、小城镇、新型农村社区协调发展、互促共进，是一种全面发展的城镇化。同时，新型城镇化是促进"四化"同步发展的城镇化，把城镇化视为工业化的加速器、农业现代化的引擎、信息化的载体，要求在城镇化过程中逐步推动信息化和工业化深度融合、工业化和城镇化良性互动、城镇化和农业现代化相互协调。

三是由不可持续发展的城镇化转向可持续发展的城镇化。旧型城镇化以摊大饼、高消耗、城市要素供给不可持续为特征。由此带来了一系列的城市交通问题、环境污染问题、水电供应问题、住房问题等，经济社会发展缺乏可持续性。新型城镇化则要求转变城镇发展方式，走集约、智能、绿色、低碳的新型城镇化道路。从优化产业结构、能源结构、消费模式等多角度将生态文明理念植入城镇化发展过程，加大城镇生态环境建设的力度，提高城镇生态环境的承载力，以良好的城镇生态环境支撑新型城镇化发展，以资源节约型、环境友好型城镇建设支撑新型城镇化发展，实现城镇化的可持续性发展。

四是由重速度、重外延的城镇化转向重质量、重内涵的城镇化。旧型城镇化片面注重追求城市规模扩大、空间扩张，重速度、轻质量，重外延、轻内涵。在追求城镇发展速度的同时，出现了一系列"伪城镇化"、"半城镇化"、"表象性城镇化"等问题。据有关部门统计，目前中国城镇化率虽然超过50%，但城镇化质量不高。而且许多城镇千城一面，缺乏特色。新型城镇化要推动城镇化由偏重数量规模增加向注重质量内涵提升转变。以提升城市的文化、公共服务等内涵为中心，真正使城镇成为具有较高品质的适宜人居之所。新型城镇化的核心是农村人口转移到城镇，完成农民到市民的转变。正如李克强总理所说的："推进城镇化，核心是人的城镇化，关键是提高城镇化质量，目的是造福百姓和富裕农民。"

五是由政府主导的城镇化转向以政府、市场和社会协同的城镇化。旧型城镇化的核心特征是低成本扩张、强势政府主导。应当肯定，政府强势主导下的城镇化具有不可否认的功能，特别是对于加速城镇化发展具有重要作用。但是，同样不可否认的是，政府主导的城镇化致使中国的农村城镇化进程呈现出"被城镇化"特点，抑制了市场机制在城镇化过程中的基础性作用。有可能导致地方政府"公司化"，过度干预城镇化进程，特别容易出现各种损害农村和农民权利的行为，引发社会不满，甚至导致社会冲突。新型城镇化则强调尊重市场，尊重农民的产权、自由迁徙权、自由择业权、自由交易权、自由选择权等，强调在公平竞争的环境下让人口和生产要素在城乡之间自由流动。政府将明确自己在城镇化中的行政权限，只在城镇规划、公共服务、秩序维护、行为监管等方面发挥作用，将城镇建设、产业发展等主要交给市场，将城镇化发展方式的选择权主要交给群众。

第三节　一体多元：培育近郊村落城镇化的总体格局

毫无疑问，近郊村落是一个极为特殊的社会空间，傍倚城镇的特殊区位意味着近郊村落近期的经济社会发展势必受到城镇化的影响，而且主要地表现为逐渐由乡村社会转向城镇社会的转型过程。然而，中国的近郊村落复杂、多样，不同的近郊村落又处于不同的发展水平和发展环境之中，其城镇化过程和城镇化形态势必遭遇具体复杂的经济社会环境影响。故此，近郊村落的城镇化发展需要努力建构一个"一体多元"的总体格局。

一　城镇化发展目标和发展道路的统一性

所谓"一体"，指的是城镇化目标的一致性和新型城镇化道路的统一性。也就是说，在新型城镇化的宏观背景下，近郊村落应当以实现城镇化为目标推动村落经济社会发展，应当依据新型城镇化道路的基本要求与重要原则选择村落经济社会发展的路径和方向。具体包含两个方面的内容：

第一，坚持城镇化的发展目标。城镇化是现代化发展的自然历史过程，近郊村落逐渐地被纳入城镇范围，融入城镇社会，最后由乡村社会的构成部分转变为城镇社会的组成部分，这是不可避免的历史规律。因此，近郊村落的经济社会发展应当自觉地遵循城镇化规律，坚定以实现村落的城镇化为发展目标，并根据这一总体目标选择相应的村落发展路径和发展策略。而不是相反，违背城镇化发展规律，做出背逆城镇化方向和目标的村落发展选择。

　　第二，坚持新型城镇化的发展要求。如果说城镇化是一个自然历史过程，那么新型城镇化则是国家对未来中国城镇化发展的道路选择。城镇化规律不可违背，但城镇化道路可以选择。根据中国经济社会发展的形势，总结过去中国城镇化发展的经验，针对未来中国城镇化和现代化发展面临的问题，党和国家做出了走新型城镇化之路的新选择，正引导着中国城镇化发展的转型。这意味着未来中国城镇化发展将按照新型城镇化的战略部署和重要原则有序推进。近郊村落的城镇化作为中国城镇化的有机组成部分，无疑不能脱离国家的新型城镇化战略，势必要求根据新型城镇化的发展要求谋求近郊村落的发展。一方面，近郊村落应当自觉按照新型城镇化的发展要求理性选择自己的发展策略；另一方面，国家的相关法律政策和城镇化规划等将有效地规制和引导近郊村落的发展行为，保证近郊村落的经济社会发展纳入新型城镇化的轨道。

二　城镇化发展方式和城镇化形态的多元化

　　所谓"多元"，主要是指近郊村落城镇化发展方式的多元化和城镇化形态的特色化。近郊村落中是对一系列多样、复杂的社区形态的总称，只是因为都处于城镇的近郊而统称为近郊村落。事实上，实践中的近郊村落极其具体、极为复杂，呈现出多样性，近郊村落傍倚的城镇也极其不同，异常复杂，具有多样性。由于近郊村落自身及其傍倚城镇的差异，自然要求近郊村落的城镇化发展方式和城镇化形态的多元化。在过去的旧型城镇化过程中，由于政府的强势主导和过度干预，实行"一刀切"的城镇化政策。这表面看似乎强调了公平，但事实上忽视了城镇化发展的特点，脱离了城镇化发展的具体实际，造成了城镇化发展过程中的"千城一面"现象。相应地，近郊村落的城镇化也表现出高度的"一样化"，缺乏特色性和丰富性。新型城镇化发展战略明确要求改变这种"一刀切"的做法，引导和鼓励城镇化过程中的多元发展、特色发展，近郊村落的城镇化更需要实现多元化发展。

　　首先，新型城镇化要求实现城乡一体化，推动大中小城市、农村小城镇和城市群协调发展。农村村落——小城镇——小城市——中等城市——大城市等形成为一个乡村城镇化链条，在这一乡村城镇化链条中的各个环节均具有不同社会形态和发展特点。近郊村落傍倚在乡村城镇化链条的不同环节，其城镇化发展自然会有所差别。因此，应当结合大城市近郊村落、中等城市近郊村落、小城市近郊村落和农村小城镇近郊村落的各自特点自主发展，形成城镇化发展方式和城镇化形态的多元结构。

从我们调查的浙江省9个近郊村落城镇化实践来看，不同类型的城镇近郊村落在城镇化过程中呈现的发展方式客观地存在着差异，但这些差异主要地不是因为城镇规模差异而引发的，主要是由于所在城镇政府的城镇化政策和行动造成的。总体而言，地方政府在推动近郊村落城镇化的过程中，未能充分地考虑城镇规模因素，从而没有根据乡村城镇化链条各个环节的特点选择不同的发展方式。在未来的新型城镇化发展过程中，急切需要充分考量近郊村落所傍倚的城镇的具体情况，实施针对性的发展策略，形成多元化的城镇化格局。

其次，中国的城镇化发展具有一定的区域特色。城镇化发展的区域特色主要基于经济社会发展的区域差异。中国幅员辽阔，区域差异明显。由于历史的和现实的各种因素的共同作用，不同地区的城镇化自然会出现众多差别。此外，由于过去的旧式城镇化主要是政府主导型城镇化，特别是地方政府的城镇化政策和行动对于本地区的城镇化发展形成了深刻影响。一方面，由于区域经济社会的差异；另一方面，由于地方政府及其官员的主观意志和政策差异，各地的城镇化表现出了较大的差异。相应地，近郊村落的城镇化发展也呈现出不同的状态。我们调查的9个近郊村落虽然都在浙江一省，但各市、县的城镇化环境和城镇化政策也存在着种种差异，致使9个近郊村落的城镇化进程呈现出多样性。

在未来的新型城镇化发展中，需要更多地从近郊村落的区域差异出发，选择其城镇化发展方式，培育近郊村落城镇化的特色，促进近郊村落城镇化发展方式和城镇化形态的丰富性、特色性、多样性。

最后，近郊村落城镇化的发展进程有所差异。近郊村落的城镇化是一个由乡村社会向城镇社会转变的过程，在时间上具有一定的延展性。处于城镇化不同发展阶段的近郊村落，其城镇化的发展策略和表现形式将会有所不同。根据城镇化水平的不同，我们将所调查的9个近郊村落宏观地分成了 2 种类型：脱离农业的村庄与留存乡村因子的城镇社区。[①] 如若做进一步的深入分析，同一类型近郊村落的城镇化状况依然存在着众多差别。在未来的新型城镇化发展过程中，需要更进一步地承认近郊村落城镇化水平的差异，依据其城镇化发展的进程和所处的城镇化阶段选择城镇化行动策略，培育近郊村落经济社会发展的特色。

总之，城镇化的发展目标和新型城镇化的道路选择，是未来中国城镇化进程中近郊村落发展的统一要求。但是，近郊村落的城镇化发展方式和发展策略是多样化和差异化的，城镇化的表现形态是特色化和多元化的。由此将建构起"一体多元"的近郊村落城镇化总体格局。

第四节　协同共促：建构近郊村落城镇化发展的良性机制

在经济社会发展过程中，客观上存在着国家、市场、社会三方力量的作用，三者之间的关系如何，将在很大程度上影响和决定经济社会发展状况。中国城镇化的发展进程也不例外，同样存在着国家、市场、社会三方力量，只不过在城镇化发展的不同时期三者之间的关系有所不同而已。

在中国过去一个时期的旧型城镇化发展过程中，国家、市场、社会三种力量并存，但并非三足鼎立，而是形成了一种国家强势主导的城镇化发展模式。正是在这种国家主导的城镇化模式下，近郊村落的城镇化表现为一种特殊的"被城镇化"过程。根据我们在浙江省 9 个村落的调查，在近郊村落城镇化发展过程中，市场和社会的作用客观存在，而且在不同的村落城镇化进程中所发生的作用也不尽相同。比如说，绍兴的外山头村由于村民群众不认同政府的房屋拆迁安置政策，一再抗争，因此阻截了政府的拆迁行动，延缓了村落城镇化的进程。台州的富强村以村落组织为代表的社会力量相对较强，在村落城镇化发展进程中不是一味遵循当地政府的意志，而是采取各种自主行为[②]，冲破阻挠，自主地实施村落集体土地的

---

① 卢福营：《近郊村落的城镇化：水平与类型——以浙江省 9 个近郊村落为例》，《华中农业大学学报》2003 年第 6 期。

② "自主行为"是应小丽提出的一个概念，是指行为主体在客观条件的限制下，以独立的认知判断为基础，根据自身内在需求，有意识、有目的自我设计、自我控制的一种实践。参阅应小丽：《农民自主行为与制度创新》，《政治学研究》2009 年第 2 期。

非农开发利用，发展村落集体经济。但总体地说，市场和社会的力量在近郊村落城镇化进程中的作用相对弱小，对于整个近郊村落的城镇化进程难以发生根本性影响。相反，地方政府所代表的国家力量在其中占居主导地位，支配着近郊村落城镇化的发展过程，决定着近郊村落城镇化的发展方式和路径。因此，政府是旧型城镇化和过去一个时期近郊村落城镇化发展的决定力量，由此形成了政府强势主导的城镇化动力结构。

新型城镇化道路要求下放政府在城镇化过程中的权力，充分发挥市场在城镇化中的决定性调节作用，广泛调动村落社会力量在城镇化发展中的自主性、主动性、积极性，形成国家、市场与社会三者之间的良性互动关系，培育科学的近郊村落城镇化动力结构，建构起国家、市场、社会协同共促的近郊村落城镇化发展机制。

一　国家适度下放近郊村落城镇化的权力

国家应当主动下放城镇化的权力，特别是地方政府及其官员应当及时转变城镇化观念，牢固树立新型城镇化发展观，适度放权，将适合市场调节，或社会能够做的事，交由市场和社会。政府只负责市场和社会难以承担和政府职权范围内的事情。在近郊村落城镇化发展过程中，政府的主要职责是：（1）制定城镇化发展规划。各地政府要根据国家城镇化的整体战略，做好地方城镇化发展的中长期规划，并提出近期的城镇化发展目标和当前任务。政府应当以科学的规划引导近郊村落的城镇化发展行动，而不是直接介入城镇化发展过程，或过度干预城镇化行动。（2）供给城镇化发展政策。政策是政府调节和规范城镇化行为的重要手段。一方面，地方政府需要结合本地实际将国家的城镇化政策具体化、细则化；另一方面，应当从地方实际出发，制定一些具有地方特色的近郊村落城镇化政策。（3）领导城镇化发展行动。近郊村落的城镇化是一个多方参与、全面协调发展的复杂建设工程，需要有特定的组织和协调者，政府应当在近郊村落城镇化的过程中承担起这一组织、协调各方的领导者角色。（4）调配城镇化发展资源。作为一项复杂的社会建设工程，近郊村落的城镇化势必需要一定的资源支持，特别是要求政府根据近郊村落城镇化发展的需要提供必要的公共财政支持。（5）提供城镇化发展服务。政府是公共权力和公共资源的执掌者，赋予了公共服务的职能。因此，地方政府在推动近郊村落城镇化过程中需要承担起公共服务的职责。比如,承担近郊村落的公共设施建设和维护、公共教育、劳动就业服务、社会保障、公共安全、公共秩序、信息服务等公共服务职能。(6)监管城镇化发展行为。政府的一个重要职能就是行为监控。在近郊村落城镇化发展过程中,地方政府同样也需要承担其特殊的监管职责。对于各类有违法律、规划和政策的不当行为,政府应当及时给予有力的监督和纠错,以保证近郊村落城镇化的有序发展。

二　市场发挥近郊村落城镇化的决定性调节作用

从一定意义上说,新型城镇化是更多利用市场机制的城镇化,近郊村落城镇化发展过程中应当更多地发挥市场的调节功能,逐渐形成以市场调节为主的城镇化模式。(1)近郊村落的城镇化发展应当尊重市场,让近郊村落和村民经由市场调节保护和获取城镇化权益。比如,在村落集体土地征用、农民住宅拆迁安置过程中,要尊重农民和村落社会的产权,按市场价格给予合理补偿;要尊重农民的劳动权,适当补偿因土地征用导致村民"失能"和失业的劳动力损失。(2)近郊村落的城镇化发展应当强调公平竞争,让人口和生产要素在近郊村落与城镇之间自由流动。比如,在村落城镇化进程中,应当尊重近郊村民的自由交易权,允许集体土地和私有房产进入市场,自由买卖;在近郊村民职业转换过程中,既要允许他们进入劳动力市场自由择业,又要加强近郊村民的非农劳动技能培训,提升其就业竞争能力。(3)近郊村落的城镇化发展应当有效发挥市场调节功能,让市场调节在近郊村落城镇化过程中起决定性作用。比如,近郊村落的人居环境改造、城镇化工程建设、产业发展等主要交给市场。

三　村落社会扮演近郊村落城镇化的主体角色

在近郊村落城镇化发展过程中,村落社会主要由村落组织和村民群众组成。在旧型城镇化模式下,村落社会处于被动地位,基本没有发挥其主体作用。从浙江省9个近郊村落的城镇化实践看,无论是土地征用开发和房屋拆迁安置,还是"撤村建居"和户籍"农转非",村落社会往往是"被代表"、"被同意",基本没有自主的选择和决定权。在新型城镇化背景下,村落社会是近郊村落城镇化的当然主体,处于核心地位,应当逐步发挥其主体作用。具体表现在：（1）在近郊村落城镇化实践中，必须赋予村落社会平等的地位和权力。特别是在征地、房屋拆迁等涉及村民切身利益和财产权利的事项上，要保障村落组织和村民群众的主体地位，赋予村落社会和村民群众充分的话语权和对等谈判的公平权力，保障村落社会的权利。（2）在近郊村落城镇化发展过程中，应当赋予村落社会自主选择和决定的权力。比如，在户籍转换、撤村建居等城镇化行动中，村落社会应当拥有根据绝大多数村民群众意愿自主选择的权力；在村落产业和集体经济发展、集体财产处置、集体福利分配和社区服务等方面均具有自主决定权。近郊村落是有生命的，不同的近郊村落均有自己不同的基础、背景、环境和发展条件，由此孕育出来的近郊村落城镇化发展道路也应当由自己选择，并显示出自己的特点。

总之，国家、市场与村落社会三者之间既分工又合作，形成独特的协同力量，共同促进近郊村落的城镇化。

第五节　边缘创新：探寻近郊村落城镇化的新型方式

新中国成立以来，伴随着工业化、城镇化的发展，在我国逐渐形成了城乡分割的二元政策体系和二元经济社会结构。工业与农业、城镇与乡村、市民与农民之间在社会地位、社会机制和社会利益等方面均存在着明显的差别，在一个统一的国家中事实形成了两个截然不同的社会。而且通过户籍制度、劳动就业制度、教育制度、医疗制度、社会保障等一系列城乡有别的制度安排，建立起一道难以逾越的城乡鸿沟。因此，城镇与农村相对独立，分别受两个不同系列的组织机构和体制机制管理，基本在两个社会体系中并行运行。

近郊村落地处城镇周边，其经济社会发展与城镇经济社会发展存在着密切关联。比方说，近郊村落的村域经济发展势必受其傍倚的城镇经济的深刻影响，往往成为城镇经济的扩散地。同时，近郊村落因其独特的地理区位而成为城镇劳动力特别是务工农民工的租住地，还是城镇经济和空间扩张的对象。正是因为近郊村落社会与城镇社会之间的频繁交往与密切关联，致使其村落社会文化和村民价值取向等均深受城镇社会的影响。当然，近郊村落的情况也是有所差异的。有些近郊村落虽然属于农村社会，但已经受到城镇化的深刻影响。既有较强的村落表象性因子，也具有明显的城市化因子，在社会形态上更多体现出一种过渡性和边缘性。有些近郊村落则已经被纳入了城镇范围，但又未能充分融入城镇体系，介于城乡两种社会体系的边缘。基于此种特性，有学者指出："城乡二分法已不能充分反映城市的地域结构特征……它已成为一种特定的、介于城市与乡村之间的连续统一体。"① 从这个意义上说，近郊村落是一种特殊形式的社区，在这里中国二元社会的遗存尤为明显。因此，近郊村落的城镇化发展特别复杂于典型农业村落的城镇化变迁。

近郊村落正处于城乡两个系统交界处，两大社会系统在这里有所交叉与重合，城乡两种社会因子在这里发生交集与反应，势必会引发一系列的"边缘效应"。既为近郊村的城镇化发展提供了发展条件、机遇和自主行动的空间。正确认识近郊村落的边际区位和"边缘化"现象，合理利用其"边缘效应"，积极推动"边缘创新"，有可能实现近郊村落城镇化发展方式和路径的突破，形成城镇化新的形式，为中国的新型城镇化增添经验和丰富内涵。

一　引导和鼓励近郊村落城镇化发展的自主行为

边缘效应理论认为，异质地域间交界的公共边缘地带往往聚集了大量的互补性因子。近郊村落介于城乡两种社会体系之间，既分割着城镇与乡村，又连接着城镇与乡村，呈现出"似城非城、似村非村"的矛盾性社会特征。同时，处于城乡边缘的区位特点使其能够更便捷地获取城乡双方的资源和机会，有利于承载多元化的社会经济活动，形成了独特的发展优势和发展条件。

此外，近郊村落介于城乡两种管理体制之间，形成了边缘性治理模式。在边缘治理模式下，近郊村落的社会管理事实现为一种特殊的双轨制，致使近郊村落在城镇化发展中存在着较大的自主自由选择空间，为城镇化发展中村落社会的自主行为提供了条件。研究表明，农民的自主行为是推动制度创新的重要力量，农民的自主行为对于制度创新有着特殊的推

---

① 顾朝林、熊江波：《简论城市边缘区研究》，《地理研究》1989 年第 3 期。

动作用，构成为革命与改革之外的又一种社会发展动力。① 村落社会的自主行为有可能成为推动城镇化发展方式创新的重要动力。

当然，我们强调近郊村落城镇化发展中的村落自主行为及其推动的创新，并非脱离现实的、抽象的主观意志表达，不同的制度环境与区域条件都会造成村落自主行为推动创新的不同路径，由此形成不同的创新形式。在城镇化发展过程中，村落社会并非为了自身利益而无视国家权威，也并不由此导向对国家权威的盲目崇拜和绝对顺从，而是在给定约束条件下，以积极行动者的角色推动去城镇化发展方式的创新。有关部门应当准确认识和充分尊重近郊村落城镇化进程中的村落社会自主行为，有效利用其推动城镇化发展的创新价值。需要尊重群众、尊重实践，充分发挥民间社会的创新力量，鼓励村落组织和农民群众在法律制度总体原则指导下积极探索切合实际的、恰当的解决新问题、新情况的形式。同时，在实施国家城镇化制度和政策的过程中，要避免过度地压制村落社会的自主性。对于近郊村落城镇化发展中出现的新探索、新经验、新现象，不宜简单地从制度规定的原则出发加以评判，而应从近郊村落城镇化的实际出发，依据农民群众的意愿和实践的成效来判断其是非得失。要适时总结村落组织和村民群众在实践中创造出来的好做法、好经验，努力上升为政策和法律。如此，无疑会有助于在规范城镇化进程中的村落社会行动，同时保持村落社会的应有活力，提升城镇化发展中的创新能力。

二　探索和创新近郊村落城镇化的发展方式

对于农村城镇化，学界有两种不同的声音。有的主张消灭村庄，农村完全融入城市，农村原有的社会结构和村庄组织彻底解体，村庄原有的规范、文化认同完全消失或者被新的综合性的城镇社区规范所取代，农民变成市民。有的主张容纳村庄，在地域空间上，农村仍保持着独立的存在，但是村庄的功能、结构却与城镇社区无异。即通过村庄社会的改造，实现农村城镇化。我们认为，近郊村落城镇化是一个不可违背的必然趋势，但近郊村落城镇化的发展路径与方式可以是多样性的。新型城镇化道路内在地包含着近郊村落城镇化的特色性发展和多元性发展要求。因此，在近郊

---

① 应小丽：《农民自主行为与制度创新》，《政治学研究》2009 年第 2 期。

村落城镇化发展方式的选择上，需要特别考虑以下三个重要因素：一是中国未来的新型城镇化发展导向；二是城镇化进程中的近郊村落社会实际；三是近郊村落所傍倚的城镇及其所处区域的经济社会发展状况。在此基础上，针对性地选择各个近郊村落的城镇化发展路径和方式。

在近郊村落城镇化发展路径和方式的选择上，应当充分尊重村民群众的意愿和村落社会的自主权，政府不应再强调实施"一刀切"的政策，而是应当承认多元发展、鼓励探索创新，充分调动村落社会和村民群众探索城镇化发展路径和方式的积极性。近郊村落在城镇化过程中，可以选择"融入"城镇，形成多样化的新型城镇社区；也可以选择与城镇"融合"但不"融入"，保持其相对独立性和村落特色。总之，逐渐探索和形成多元化的近郊村落城镇化发展路径和方式。基于多元性的城镇化发展，最终建成形态各异、丰富多彩的近郊村落城镇化模式。

第六节　公平公正：转变近郊村落城镇化的发展政策

从一定意义上说，近郊村落的城镇化总是在特定的政策环境下展开的，特别是在政府强势主导的中国旧型城镇化进程中，政策对于近郊村落的城镇化发展具有至关重要的影响。旧型城镇化政策以传统的现代化理论为指导，强调"以物为本"，从而导致了城镇化发展中见物不见人的独特现象，形成了中国近郊村落边缘化的特殊表达，造成了近郊村落城镇化过程中的一系列不公平、非公正现象。集中表现在：

第一，城镇化行动中政府与民谋利，导致近郊村落和村民的利益被剥夺、被侵害，形成了独特的"痛感性变迁"。所谓"痛感性变迁"，指的是一种村落社会和村民群众不认同的、感觉痛苦的城镇化变迁现象。在旧型城镇化政策背景下，近郊村落的城镇化发展是在政府强势主导下推进的，村落社会和村民群众缺乏自主选择甚至缺乏必要的参与权，往往表现为村民群众不认同情景下的"被城镇化"过程。而且因为政府基于其特殊利益和城镇偏好，实施诸如土地征用、房屋拆迁等一系列近郊村落城镇化政策，对村落集体和村民个人利益造成了不同程度的损害，在强势政府面前村民群众又因自己的弱小而觉得力不从心，只能无奈地接受，由此生发出独特的"痛苦"感。

　　第二，城镇化进程中未能及时转变近郊村民的社会身份，同步给予同城化权利和待遇，形成了独特的"怨恨式变迁"。所谓"怨恨式变迁"，指的是一种村落社会和村民群众感觉不公平公正的、充满怨气的城镇化变迁现象。在旧型城镇化模式下，政府在推动近郊村落城镇化过程中实施特殊的"城镇偏好"政策，习惯于采取通过牺牲农业、农村和农民的利益，促进城镇发展，未能公平公正地对待"被城镇化"的近郊村落集体和村民个人的利益。这不仅表现在通过剥夺近郊村落和村民的利益，促进城镇化进程；而且更重要的是表现在没有随着城镇化的进程及时地实现近郊村落和村民的身份转换，同步地给予同城化权利和待遇。在此背景下，在城镇化变迁过程中，近郊村民无疑会感觉不公平，难免生发怨气。

　　应当理性地认识到，正是由于城镇化政策的不公平、不公正，导致了当下中国城镇化进程中近郊村落的"中国式边缘化"。这种边缘化并非城镇化自然历史过程的产物，而是一种中国旧型城镇化过程中出现的独特现象。不公平、不公正的城镇化政策及其导致的近郊村落"中国式边缘化"和"痛感性变迁"、"怨恨式变迁"，表明这种旧型近郊村落城镇化发展方式是一种不可持续的城镇化发展策略，实质是一种充满负面效应的城镇化，是对发展的"异化"。这种近郊村落城镇化模式势必会形成新的结构失衡，导致近郊村落民众对政府的不满情绪和抗争，造成政府公信力下降，付出巨大的社会成本代价。

　　在新型城镇化背景下，政府应从根本上转变城镇化理念和政策，采取有力措施，逐步建构公平公正的近郊村落城镇化政策体系。其中，最为关键的是：

一　建立互赢互利的城乡统筹政策

　　从一定意义上说，新型城镇化是中国城乡关系变迁的传承与创新。近现代以来，中国城乡关系由城乡一体合治，逐渐走向了城乡二元对立，特别是在新中国成立以后，一系列的城乡分割的二元性政策固化了城乡之间的二元对立关系，形成了独特的农村社会歧视。新型城镇化首先要求根本改变城乡之间的二元对立关系，逐渐推进城乡一体化。

　　未来近郊村落的城镇化政策选择，应当充分考虑城乡一体化的总体发展趋势，根据城乡统筹的原则，逐步建立和完善互赢互利的近郊村落城镇化发展政策。为此需要切实实现以下方面的重要转变：

一是转变政府与民谋利的政策导向，尽快取消以牺牲近郊村落和村民为代价促进城镇化，剥夺和侵害近郊村落集体和村民个人利益的现有城镇化政策，制定和完善有效保护近郊村落集体和村民个人权益的法律和政策，特别是要加强城镇化过程中近郊村落和村民的财产、劳动等权益的法律和政策保障。比如，给予土地被征用村落足额的土地补偿费和土地增值收益，给予房屋被拆迁村民合理的房屋拆迁补偿费和村民认可的住房安置方式，给予被征地村民相应的劳动力损失补偿以及因失地而"失能"后的非农就业援助与失业救济。

二是转变城乡不公平的政策导向，尽快取消城镇化发展中的近郊村落歧视政策，制定和完善切实保障和促进近郊村落和村民权利公平的法律和政策，特别是要加强近郊村落和村民集体土地和私有房屋等财产的自由交易、劳动力和生产要素的自由流动、职业和居住方式的自由选择等方面公平权利的法律保障。比如，允许村落集体土地进入市场自由交易，允许村民房产进入市场自由买卖，让近郊村民带着资产进城。又如，应当统筹近郊村落与城镇的住房建设和人居环境改造，不再人为制造"城中村"，等等。

总之，新型城镇化要求在城乡一体化的背景下处理城镇与近郊村落之间的关系，针对性地实施城乡公平公正的城镇化发展政策，在近郊村落城镇化进程中建设独特的城乡统筹关系，形成城乡互赢互利的城镇化发展模式。

二　建构开放、包容的待遇同城化政策

在城乡二元社会结构背景下，中国社会形成了城乡有别的两套"权利——待遇"体系，且呈现出城乡差异悬殊的状态，从而建构起"两个利益世界"。近郊村落的城镇化变迁正是基于这一城乡分割的二元利益体系。从这一特定角度看，近郊村落由乡村社会转变为城镇社会的城镇化变迁，无疑是一种地位和利益提高的"上行性变迁"。

然而，在旧型城镇化过程中，政府部门未能伴随城镇化的推进及时转变近郊村落的社会性质和近郊村民的社会身份，没有赋予近郊村落和村民同城化的权利和待遇，因此在近郊村落城镇化进程中形成了独特的"权

利——待遇"同城差别。具体表现在两个方面：

一是近郊村落未能伴随城镇化进程获得与原有城镇社区同等的权利和待遇。根据调查，部分近郊村落没有在土地被征用以及农业和农民终结后及时"村改居"，部分近郊村落则已经在法理意义上完成了"撤村建居"，但这些近郊村落仍然不能完全享有城镇社区的权利和待遇。即使"撤村建居"后的近郊村落事实依然实行村民自治，其公共组织仍然由本村村民选举产生，村落公共设施和公共服务依然主要由村落集体组织负责，只是一种"表象性城镇化"。近郊村落社会虽然已经不同于传统村庄社会，但与城镇社区依然存在根本区别，实质是处于同一城镇地域的两种不同性质的社会形式。如此，在同一城镇基层社会中，形成了"性质——权利"不同的"两种结构"。

二是近郊村民未能伴随城镇化进程及时转变社会身份，赋予同城化的权利和待遇。在过去"以物为本"的城镇化取向下，近郊村落城镇化过程中呈现出村民市民化严重滞后于土地城镇化、人居环境城镇化的情况，特别是近郊村落因土地被征用而不再有农业、农民，但村民的社会身份未能随之而及时转换，没有赋予与原城镇居民同等的权利和待遇。即使转变了户籍，实现了"农转非"，形式上转换了社会身份，完成了法理意义上的近郊村民市民化，但这些拥有城镇户籍的近郊村民依然不能享有城镇社会保障、住房政策、教育政策、劳动就业政策，等等。因此，这些近郊村民与原城镇市民存在着根本性差异，实质是处于同一城镇社会场域的两类城镇市民。在同一城镇居民中，形成了"权利——待遇"差别巨大的"两个世界"。

从一定意义上说，在旧型城镇化进程中，近郊村落事实成了嵌入城镇社会的又一个新的结构，导致了城镇社会的结构多元化。

新型城镇化战略根本否定了上述近郊村落城镇化发展模式，要求公平公正地对待城镇化进程中的所有社会成员。一个时期来，不少人呼吁实行"同城同等待遇"。我们认为，公平与平等是一个复杂的范畴，内在地包含着机会平等与结果平等。那么，"同城同等待遇"指向的是何种意义上的平等呢？似乎没有做出明确表达。在社会分化的背景下，机会的平等必须导致结果的不平等。相反，结果平等需要机会的差异化为前提。

我们认为，根据新型城镇化的原则，今后的近郊村落城镇化政策应当旨在逐渐消除"权利——待遇"体系上的同城差距，以及由此而造成的两个利益世界的区隔。需要以公平公正为导向，建构开放、包容的待遇同城化政策体系，促进近郊村落和村民权利——待遇的同城化。为此，需要特别关注以下方面：

第一，实施机会均等的待遇同城化政策。即同一城镇的社区和居民社会地位和社会权利平等，无条件地拥有均等的生存、发展机会。因此需要政府有关部门认真梳理现有近郊村落城镇化及其相关政策，打破原有的城乡二元对立政策体系的分割，逐步取消不利于同城社区和居民机会均等的各种政策，建构一套同城社区和居民同等机会的权利——待遇政策体系。在当前，特别是要让城镇化进程中的近郊村民在社会保障、住房、就业、医疗、教育等民生政策上拥有平等机会和同城化待遇。

第二，实施结果趋同的待遇同城化政策。即承认同城居民之间客观存在的权利和待遇差异，通过让所有民众共同享有城镇化的利益，促进同城居民实际享有的权利——待遇逐渐趋向平等。事实上，不平等是一个客观的社会事实，任何一个社会都不可能保证全体居民实际享有的权利和待遇完全平等。特别是当今中国进入了高度分化的阶段，在民众权利和待遇上，只要承认机会均等，势必会导致结果的不公平。我们认为，新型城镇化政策应当以机会均等为基本取向，承认同一城镇居民之间客观存在的权利、待遇享受结果上的差异性。在此基础上，保障同城社区、同城居民在生存层面上的权利——待遇的结果平等。在当前，急切需要建立和完善基本公共服务上的均等化政策，特别是在近郊村落基础设施、人居环境等方面的建设与维护上，在近郊村民教育、就业、医疗、社会保障和公共福利服务等权利和待遇上实施相应政策，保证与原城镇社区和城镇市民结果平等。比如，近郊村落的公共设施和公共服务应纳入统一的政府城镇管理体系，不再由村集体承担主要责任，改由政府承担主要责任、公共财政承担相应费用。同时，需要采取一系列针对性的倾斜政策，给予处于"权利——待遇"弱势地位的近郊村落和村民更多的支持，逐渐缩小近郊村落与原城镇社区、近郊村民与城镇市民之间的权利和待遇差距，促进同城社区和同城居民实际享有权利和待遇的趋同化。

三　实施全面、协调的同步城镇化政策

近郊村落城镇化是一个综合性的社会变迁，内在地包含着众多方面的

城镇化。根据在浙江省9个近郊村落的调查，城镇化进程中近郊村落之所以呈现出边缘化现象，其中一个重要原因，就在于近郊村落城镇化的非均衡发展，即城镇化各个面向的进展不同步。总体而言，"人的城镇化"滞后于"物的城镇化"，出现了诸如政府在城镇化过程中"要地不要人"之类的情况。由于近郊村落的城镇化主要是通过政府实施的土地征用、政府推动的房屋拆迁和旧村改造、政府推行的"撤村建居"和村民户籍"农转非"等城镇化行动而逐步推进的，呈现出城镇化发展的非同步性，因此造成了近郊村落产业非农化和空间城镇化相对超前，管理城镇化和村民市民化相对滞后的非均衡状态。正是这种非同步城镇化过程，造就了特殊意义上的城镇化进程中近郊村落的"中国式边缘化"。

走出近郊村落"中国式边缘化"的城镇化误区，破解旧型城镇化进程中形成的不公平、不公正难题，促进社会公平正义，无疑是新型城镇化的应有之义。在近郊村落的城镇化发展过程中，需要针对性地实施一系列同步城镇化政策，促进城镇化进程中近郊村落的全面、协调发展。

首先，统筹规划、全面推进近郊村落的城镇化过程。充分考虑近郊村落城镇化的复杂性，对于近郊村落城镇化过程中的集体土地征用开发、村落产业非农化、村民职业的非农化转换、村民房屋拆迁和旧村改造、人居环境建设、村民的自由流动、村落组织制度和管理体制的转换、村民户籍转换、村民的社会保障、村民的同城化待遇等各个方面的发展问题，做出综合性的分析和部署，形成一揽子的解决方案。

其次，协调发展、同步推进近郊村落城镇化工程的各个子系统。根本改变"见物不见人"的近郊村落城镇化发展现象，逐渐采取针对性政策，整合近郊村落城镇化的各个因素，统一城镇化各个子系统的发展步调，努力实现近郊村落城镇化的同步推进。至关重要地是要努力实现近郊村落城镇化过程中的四个协调：一是村落产业非农化与村落空间城镇化发展相协调；二是"物的城镇化"与"人的城镇化"相协调；三是村落组织社居化、村民户籍非农化与村落治理城镇化相协调；四是表象城镇化与实质城镇化相协调。由此提升近郊村落城镇化的质量，改变和解决近郊村落的表象性城镇化问题，推动近郊村落城镇化的内涵发展。

下篇　个案调查

第一章　边缘化与边缘效应：近郊村落城市化的境遇及路径

——以浙江省台州市富强村为例

　　城市化是一个波次延伸的过程，不同的村落会体现出不同的特征。李培林在《村落的终结》中将城郊村划分成三种类型：城中村、近郊村、远郊村。[①] 相对来说，近郊村具有其独特性。与城中村、远郊村不同，近郊村靠近城市，处于城市和农村因素犬牙交错的形态之中，既有较强的村落表象性因子，也具有明显的城市化因子，在社会形态上更多体现出一种过渡性和边缘性。近郊村落被纳入了城市范围但又未能充分融入城市体系，介于城乡两种社会体系的边缘。基于此种特性，有学者指出："城乡二分法已不能充分反映城市的地域结构特征……它已成为一种特定的、介于城市与乡村之间的连续统一体。"[②] 李培林曾说过："通过对村落城市化链条每一个发展环节理想类型的建立，就可以在理论上再造中国村落城市化的生动而又丰富的全过程。"[③] 在当下众多村落城市化的研究成果中，把视角置于近郊村这一特有的社会空间结构实体的还非常少。本文拟以浙江省台州市富强村为个案，近郊村落的边缘化为背景，分析近郊村落在城市化进程中所表现出来的行为方式及特点。

---

　　① 李培林：《村落的终结——羊城村的故事》，商务印书馆 2004 年版，第 7 页。

　　② 顾朝林，熊江波：《简论城市边缘区研究》，《地理研究》1989 年第 3 期。

　　③ 李培林：《巨变：村落的终结——都市里的村庄研究》，《中国社会科学》2002 年第 1 期。

第一节　城市化进程中的富强村

富强村位于台州市椒江主城区西大门，1992 年之前是原栅浦乡政府所在地，后因行政区划变动，乡政府被撤销。属于典型的城乡接合部地区，距离最近的商品房小区仅有 400 米左右。1994 年台州市政府迁至椒江以后，开始大规模的城市化建设。短短十几年的时间，台州城市化建设取得了巨大的成就。截至 2010 年底，台州的城市化率达到了 62%。中心城区不断向周边地区扩张，而富强村正处于城市对外扩张的前沿地带，必然要承载城市化所带来的一系列冲击和吸引，无法摆脱被城市化的命运。最为突出的就是土地被征用，2002 年，街道办事处就从富强村征用了 480 亩地，建起了天天物流园区。另外，82 省道、椒江大桥也都从富强村经过，占用了部分土地。但是，城市扩张也为富强村提供了得天独厚的条件，为其能够利用自身条件自主发展提供了各种便利。受工业化、城市化的影响，富强村发生了一系列变化。

首先，富强村地少人多，共有人口 2300 多人，土地面积为 1400 亩左右，而且约有一多半的土地已经相继被政府征用，仅靠土地种植已经无法满足村民生存与发展的需要，从而倒逼着富强村考虑其他的出路。

其次，随着工业化、城市化的推进和社会分工的深化，富强村的产业结构开始发生变革，人们基本上都从第一产业转移到了第二、第三产业，传统的乡村开始出现了分化，而诸如新技术、新工具、新思想、新文化等城市文明就像"打入乡村原子堆的中子"，[①] 使村庄开始发生裂变，给富强村的发展提供了内部动力。

再次，谋求经济社会发展是改革开放以来农村和农民的最重要目标。由于受多种因素影响，国家未能在城市化加速发展过程中及时出台近郊村落发展的相关政策，而是由村民群众自主选择发展道路，依靠村民自谋出路。富强村的干部是一些在外创业的成功人士，他们思想开放、眼光敏锐、敢闯敢干，顶住压力把村民的承包土地集中起来实施非农开发利用，通过筑巢引凤的形式把工业引进村庄，推动村庄的发展。

---

① 高佩义：《城市化发展学原理》，中国财政经济出版社 2009 年版，第 191—195 页。

应该说，富强村所走的这条路是在一定历史条件下所做出的选择，是城乡各要素在此相互磨合而达到的相互平衡与妥协的状态，既有偶然性也有一定的必然性。

第二节 边缘化：近郊村落城市化的现实境遇

20世纪90年代后期以来，我国的城市化进程突飞猛进，城市空间不断扩张，把越来越多的农村地区卷入城市化的旋涡。这些处于新成长阶段中关键位置的近郊村无论在体制上还是在结构功能上都面临着新的问题与困难。富强村虽然在空间结构、经济发展等方面具备了某些都市性，但是却并没有从传统村落变为都市社区，而是陷入了似农非农、似城非城状态，成了一种"另类"的边缘化村庄。

一 社会政策的边缘性

（1）社会保障政策的边缘化。富强村虽然已经被划入了城区的范围，但是受制于城乡二元体制及户籍制度，其村民无法享受城镇居民社会保障，依然是按照农村社保政策享受最基本的社保。调查中发现，近郊村的农村社会保险和商业保险发展也相对滞后，这使得农民需要承担的风险要较城镇居民大大增加。

（2）经济社会发展政策的边缘化。对于近郊村的发展，政府没有一个统一的、确定的政策规划。而且地方政府更加热衷于获得近郊村的土地用作城市基础建设或商业开发，却很少有兴趣去解决土地置换或者出让后农村及农民的发展问题。虽然台州市城市化建设进展迅速，但是富强村似乎并没有享受到太多的城市化建设所带来的"红利"，富强村的发展也面临着巨大压力。富强村所处形势有其特殊性，虽然当地政府也曾为村庄改造做过规划，但是因为城乡两种规划思想不同以及富强村的从属的区位，使规划难以实施。2007年左右全市新农村建设开始全面推广开来，诸多城中村都进行了旧村改造、统拆统建，而富强村因为情况复杂，一直没有得到新农村建设的政策。如今村里老房子密布，街道狭窄，私搭乱建等违章现象严重，严重影响村民的生活质量。

二　社会结构的混杂性

（1）空间结构的碎片化。调查发现，一些近郊村往往存在着村落空间内农业用地与非农业用地共存、村属单位与非村属单位交错、村民生活区与工业区混杂的局面，这就导致整个村庄的空间结构略显混乱、分散，呈现出碎片化趋势。富强村人多地少，成规模的大块土地被政府征用后，村集体所能利用的土地就已经非常有限而且分散，在村集体把能利用的土地征用后，最后只剩下一些不成块的、零星的土地还在种植农作物，但仅能供应自家消费需求，已无法产生经济效益。由于富强村曾经是乡政府所在地，因此原乡政府及乡中学都是无偿占用村集体土地，如今虽然这些土地还在村中，但是已经不归富强村管理。另外，富强村一直没有开展统一的旧村改造，也没有村庄建设的整体规划，导致村庄的生活区与工业区并未形成有效的间隔，而是混杂在一起。

（2）人口结构的复杂化。像其他的近郊村一样，富强村同样面临着人口结构的多样性，农村户籍人口与非农业户籍人口并存，本地人与外地人杂居。富强村的人口结构由农民、城镇居民、外来人口混合构成，不同的是富强村的城镇居民并非村落合并或城市社区迁入，而是由本村农民在政府拆迁过程中所转化。而这些人却并未享受到与城里人同样的待遇，并未被纳入城镇居民社会保障体系，而是仍然以富强村村民的身份享受村集体的福利待遇。外来人口也是富强村的一大特色，目前该村共引入企业50多家，吸引外来务工人员5000多人，是本村人口的两倍，外地人混居村中，在为村民带来房租收入的同时也造成了很多问题。

三　村庄发展的过渡性

城市化是一个动态的过程，在城市化的不同阶段，村落的社会状态会表现出其特殊的阶段性特征。从一定意义上说，城市化进程中近郊村落的边缘化，实质是动态城市化过程的一个具有过渡性质的聚合体。富强村正处在这一种动态化的发展之中，各种要素混杂其中，充满了矛盾、对比与反差：现代思想观念与村落乡土性、城市文明与农村文明、本村人与外地人。乃至本村村民因阶层分化而产生的在职业、需求、生活方式、价值信仰以及心理文化素质等方面不相同的人群，因共存于同一村落空间内，势必产生各种各样的矛盾与冲突。

在富强村，既可以看到城市里的银行、大型超市、家具市场等，也可以看到低矮散乱的房屋建筑；既可以看到老年迪斯科、现代化的家电和交通工具，也可以看到传统的"送大暑"和寺庙里的袅袅青烟。在这里，"城市与乡村各要素空间变化梯度大，是城市与乡村两类性质不同的区域间的急变革"。[1] 这些冲突与变革为富强村提供了发展变化的条件和机会。随着城市化的进一步推进，富强村可能最终也将与城市融为一体，从一个地道的农村村落变成真正意义上的城市社区，但在如今这个发展阶段上，边缘化及动态性却成了近郊村落城市化发展过程的重要表现。

四　村庄成员的异质性

传统的中国农村社会，农村社会成员普遍居住和生活在村庄，以土地和农耕为本，呈现出较高的均质性，随着农村非农经济的发展和城市化的推进，近郊村落社会成员的均质性被打破，逐渐地分离为多个阶层和群体，呈现出非农化、多元化、异质化的趋势。相当部分近郊村落的社会成员处于边缘化状态。

卢福营教授从非农化的角度对农村社会成员的边缘化进行了非常详尽的论述，他把农村边缘人群定义为"在非农化过程中，从传统农民中分离出来却未能完成非农化，即未能彻底切断与传统农民的身份联系，同时又未被非农社会群体完全接纳，处于两种社会角色边缘的农村社会成员……根据非农化的方式，划分为五种类型：进厂（店）不弃田、亦工（商）亦农、进城不脱村、亦城亦乡、非工非农。"[2] 与之相比，富强村村民也具有"离土不离乡"等某些共性的特征，有所不同的是富强村村民的非农化并非因土地被政府征用，而是通过集体行为改变土地利用性质，从而使村民在职业上已经基本实现了"脱农"，只是在社会身份上依然处于"两栖化"和"边缘化"。随着土地被征用，富强村村民出现了明显的职业分化，大多数村民"洗脚上田"，进入工厂打工或自主创业，实现了

---

① 高长见：《城乡结合部社区的阶层化趋势研究》，人民网：http://theory.people.com.cn/GB/40557/49139/49143/3495109.html，2005－06－24。

② 卢福营：《中国特色的非农化与农村社会成员分化》，《天津社会科学》2007年第5期。

职业上的"非农化"和产业结构上的劳动力转移，少数年龄较大的村民还继续务农，在零星分散的边角土地里寻求有限的收获。还有相当一部分村民赋闲在家，以打零工维生，这部分人以四五十岁左右的村民为主（见表1、表2）。村民职业的分化也导致了农村社会阶层的分化，村民在职业身份、经济收入、社会地位、政治意愿上出现了多元化。"农村社会成员因职业的不同逐渐分离为众多个社会资源和社会机会占有不平等的社会阶层"，[①] 打破了原来村庄均质同构的社会结构，也为村庄治理带来了新的局面，势必会对农村社会发展带来深刻影响。

表1　　　　　　　　2011 年富强村农户情况　　　　　（单位：户）

总户数	汇总农户数			
	纯农户	农业兼业户	非农业兼业户	非农户
950	50	60	350	490

数据来源：2011 年台州市椒江区农村经营管理统计年报：农村经济基本情况分析表

表2　　　　　　　　2011 年富强村劳动力情况　　　　　（单位：人）

总人口数	汇总劳动力数							
	汇总劳动力数	从事家庭经营	从事第一产业	外出务工	其中常年外出务工			
					总数	乡外县内	县外省内	省外
2131	1200	450	80	750	250	120	90	40

数据来源：2011 年台州市椒江区农村经营管理统计年报：农村经济基本情况分析表

---

① 刘成斌，卢福营：《非农化视角下的浙江农村社会分层》，《中国人口科学》2005 年第 5 期。

第三节　城市化进程中近郊村落的"边缘效应"

"边缘效应"源于生态学，它是指在某一生态系统的边缘，或在两个或两个以上不同性质的生态系统交互作用处，由于某些生态因子或系统属性的差异而引起系统某些组织及行为的较大变化。在这里，可以把"边缘效应"引入社会学研究领域，将其视为不同社会系统的交互作用而产生的一系列反应。近郊村落正处于农村系统与城市系统的交界处，两大社会系统在一定程度上有所重合，城乡各要素在这里发生汇集、交叉及反应，势必会引发一系列的"边缘效应"。

一　创造了近郊村落发展的条件和机遇

异质地域间交界的公共边缘地带往往聚集了大量的互补性因子，不同的地域属性也在这里汇集交融。处于边缘地带的近郊村具有对立统一的特性——分割城市与农村，同时又将两者连接起来。其"似城非城，似村非村"的特征决定了其所处环境的多样性和异质性，同时处于交界地带的区位使其能更便捷地获取各方的资源，有利于承载多元化的社会经济活动，因此具有较高的发展价值。"它所蕴涵的综合价值使个人和团体的社会与经济活动的有效性提高，选择机会增多。从此意义上讲，边缘区可谓促进城市文明发展的前沿区。"[1] 在富强村，最明显地表现为发展机会的增多、人口和企业的集聚、物质和信息的迅速流通，等等。这些使得富强村的经济活动更加有效、市场更加广阔、能量更加强大、对环境的适应性更强，从而为富强村的发展创造了充足的条件，也使其生命力更加旺盛。比如，随着台州市城市化发展，市区土地资源越来越紧张，原先的工业企业不得不向周边地区迁移，而这恰恰给近郊的富强村带来了契机，利用自身的土地资源吸引了大量的工业企业入驻，有力地促进了富强村集体经济的发展。同时，工业企业也带来了大量的就业机会，一方面，富强村村民可以就近在这些企业就业；另一方面，

---

① 邢忠：《边缘区与边缘效应：一个广阔的城乡生态规划视域》，科学出版社 2007 年版，第 13 页。

吸引了大量外来务工人员，并由此给富强村带来了出租房屋、经营针对外来人员的服务业等机会，明显地提高了村民的收入水平，并使得村民收入来源多元化（见表3）。

表3　　　　　　　富强村历年农民人均收入情况　　　（单位：元）

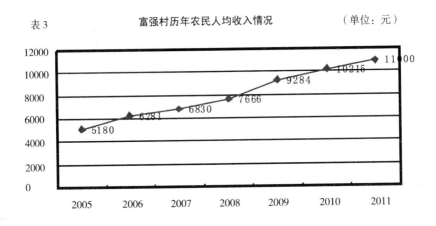

数据来源：2011 年台州市椒江区农村经营管理统计年报：农村经济基本情况分析

二　构建了城市生态系统的缓冲带

历史经验表明，城市生态系统具有人口高度集聚、资源紧张、环境污染等负功能，且其自我调节、修复、还原能力较差，很多时候无法满足城市人群的需要。而近郊村落的存在可以在一定程度上缓解城市生态系统的城市病。城市为了维持自身的存在与发展，必然要通过各种途径向周边排解过重的负载，而近郊村正处于这一特殊地位。但是一些在城市看来属于负面的因素，在近郊村落却有可能转化为正面功能。随着经济社会的发展，台州市城区的交通、能源、水源、环保等压力越来越大，原有的城市功能迫切需要改造和创新，在这个过程中，一些部门开始逐渐向城市周边地区转移。从富强村情况来看，不仅吸引了大量工业企业，还吸引了大量外来就业人员，大大减轻了城区的压力。反过来，这些工业企业的产品及服务又能供应城区，这会带动一大批相关产业的发展，如：建筑业、运输业、物流业、商饮业、服务业，等等（见表4），从而实现城区与近郊村之间的良性互动。

表 4　　　　　　　　　2011 年富强村经济收入情况　　　　　（单位：万元）

农村经济总收入	村组集体经营收入	农民家庭经营收入	农村经济总收入按行业划分								
			农业收入		渔业收入	工业收入	建筑业收入	运输业收入	商饮业收入	服务业收入	其他收入
			种植业收入	其他收入							
20008	1255.15	18752.85	5	0	10	19190	110	450	120	120	3

数据来源：2011 年台州市椒江区农村经营管理统计年报：农村经济基本情况分析

总的来说，近郊村落的存在使城乡实现了共生、适应及循环，使城市生态系统与外部系统间建立了和谐有效的关联。近郊村落因其在边缘区所特有的媒介和半透膜作用决定了它在城市生态系统中的重要性。另外，从当前发展阶段来说，城市体系日益完善，虽然城市也依然在发展，但是其发展对于台州市的城乡一体化的发展所做出的贡献已经越来越有限。相反，近郊村及广大农村地区的发展将会对城乡一体化建设起到越来越重要的作用。

三　提供了村落自主行动的可能空间

富强村在应对城市化挑战的实践中采取了集体性的自主行动，取得了明显的成效。可以说，富强村所处的边缘化区位为其提供了集体自主行动的可能空间。首先，治理体制上的边缘化导致了近郊村落发展的双轨制甚至某种程度上的无制可依的状态，从而为近郊村落提供了发展的自主选择权。其次，前文中提到富强村在城市化政策中处于边缘化，政府并未对其提出具体的发展模式。同时，在"以经济建设为中心"这个"指挥棒"的影响下，政府往往更热衷于城市及工业的发展，对近郊村前期甚至一度采取放任自由的态度，这就使得富强村有了较为宽松的发展环境，能够按照城市化发展规律以及自身的需求选择适合本村村情的发展道路。再次，近郊村落的内在发展诉求为村落自主行动提供了动力。城市化的迅猛推进，使得大量的土地被征用，一方面致使近郊村落的土地资源日益短缺并增值，另一方面迫使富强村实现资产形态的转换，以谋求自身的新发展。同时，通过土地转让获得了不菲的经济补偿，为富强村的自主发展提供了有利条件。正是在此背景下，富强村将村民承包的土地集中起来，由村庄统一管理、统一开发，借助集体土地资源的自主经营，发展集体经济。

需要注意的是，虽然富强村的边缘区位可以为其提供较为宽松的发展环境和自主行动的可能空间，却缺少科学合理的规划，表现出一定的随意性甚至盲目性，有可能导致发展的无序化。

首先，大量违章建筑出现。长期以来，在内外因素的共同作用下，富强村走上了一条自主发展的道路，应该说农民的生存理性让他们努力地寻求自己的脱困之路，然而，等农民实现脱困之后，经济理性就开始发挥作用。在小农意识形态基础上形成的近郊村民的"经济理性"是一种类似于"极端功利主义"的"另类理性"，带来了一些预想不到的消极后果。富强村在发现违章建筑有利可图后，开始追求利益的最大化。于是，出现了很多未经审批的厂房，而村民则看到外来人口涌入可以带来可观的房租收益以后，于是在房前屋后凡是能利用地方都搭起了建筑物，使原本拥挤的街道更是杂乱不堪。

其次，强化了政府与村庄的博弈。在以经济建设为中心的背景下，政府为了鼓励农村自主发展，往往对一些违章行为睁一只眼闭一只眼。富强村大量的违章厂房甚至一度得到过政府的默许和支持。出于规章制度的严肃性，当时政府对富强村的违章建筑还是要收取罚金的，只不过罚金的70%会返还给村里，而且年终的时候还要按照厂房平方数给予一定的现金奖励。在这种"经济逻辑的强势下，人们对此（违章行为）往往会'集体失忆'或者当作无关紧要的方面"①，为了经济发展而把这些约束条件省略掉了。而这种做法留下了后遗症，由于之前通过罚款把富强村的这种违规行为合法化了，使得大量违章建筑成为事实，给村庄整治和违章处理留下了极大的隐患。目前，这种违规行为还在继续，政府则依然采取妥协式的罚款方式，只不过这些罚款不再返还给村里。

四 带来了新的社会矛盾

近郊村处于城市系统和农村系统的直接交锋地带，其所体现出来的边缘化本身就是不稳定的表现，势必带来新的矛盾与冲突。

（1）结构性的矛盾。在城市化及非农化进程中，农村一般面临着两

---

① 李培林：《村落的终结——羊城村的故事》，商务印书馆2004年版，第71页。

种命运：一种是外散型的非农化①。这种村庄在非农化的过程中几近解体，大批村民外出谋生，使村庄变成"空壳村"；另一种是内聚型的非农化。在这种村庄里，农民往往采取集体行动，在村里举办或引进非农产业，从而实现整体非农转化。富强村属于后者，但是这种类型的非农化仍然面临着一些结构性矛盾，主要是村庄工业化促使人口集聚，进而导致村庄社区结构的膨胀，而本村村民和外来人员之间在社会身份、村庄福利和居民权利等多个方面还存在较大差异和区别。

（2）制度性矛盾。随着村落非农经济的发展，村域范围内入驻了大量的企业和单位，2012年已达到50多家，它们地处富强村域，但并非隶属于富强村，富强村集体组织无权对其实施管理。伴随这些企业和单位而来的还有大量的外来务工人员，2011年时已达到5000人，是富强村户籍村民的两倍。这部分人员户籍在流出地，富强村对其无权管理，而其户籍地政府也受地域限制，无法对其实施有效管理。另外，还有一部分人因为近郊村房租相对便宜，他们便选择租住在富强村，但是并不在村内企业里工作，而是在城市中工作，这些租房客处于游离状态，很不稳定，富强村也无法对其进行有效的管理。总之，上述几种状况很容易产生管理的真空状态，给富强村社会管理带来了巨大的风险。

（3）文化性矛盾。从村庄层面看，其文化上的矛盾主要是指这种内聚型的村庄本身所带有的封闭性、乡土性与更大的社会延展性之间的矛盾。这种内聚型的村庄往往对应的是村庄利益的独享性和封闭性，会在一定程度上影响村庄与更大范围的宏观社会体系的联系。从村民层面来看，本村村民与外来人员之间的文化融合存在很大困难。调查中发现，富强村村民与外来人员之间基本上不存在相互交流，最主要的交流仅仅局限于房东与租客之间的利益往来，这种状态导致宏观意义上的村社区无法产生较强的凝聚力，而且会增加当地的社会管理风险。

第四节　主动适应城市化进程：融合而非融入

城市化是历史发展的必然，是大势所趋。传统的村落无法抵挡城市化

---

① 折晓叶：《村庄的再造：一个"超级村庄"的社会变迁》，中国社会科学出版社1997年版，第16页。

大潮的冲击，所以要主动地去适应。我国的城市化往往是政府起着主导性作用，以"大包大揽"的政府行为来推动，容易造成基层农村的积极性不高，助长村民对政府的依赖。尤其对于处于城市化中的边缘村落来说，他们处于旋涡的中心，他们的态度也影响着自己的命运。政府要调动近郊村的积极性和主动性，让村民从被动接受变成主动参与，主动去适应城市化进程，了解近郊村城市化进程中的任务和使命，让村民能够走向市场、走向现代社会，从而实现城市化。近年来，我国农村城市化普遍表现出一种强烈的自发性倾向，主要是一种自下而上的推动，对于其发展的路径选择，尤其值得我们重视。

对于农村城市化，学界有两种不同的声音：一是融入说。即消灭村庄，农村完全融入城市，农村原有的社会结构和村庄组织彻底解体，村庄原有的规范、文化认同完全消失或者被新的综合性的城市社区规范所取代，农民变成市民，如李培林的"村落终结说"①；二是融合说。即容纳村庄，在地域空间上，农村仍保持着独立的存在，但是村庄的功能、结构却与城市社区无异，也就是实现一种新型的城镇化。这是江浙等民间私营经济发达地区常见的一种方式，最终达到的是城乡一体化而非单纯的城市化，如折晓叶的"村落再造说"②。

调查中发现，很多近郊村落的发展虽然受到体制制约、政策偏向、政府规制等一系列外部因素的约束，却也为村庄提供了"请工业进村"的机会。他们可以利用自身的优势，主动将城市资源引入乡村，依靠村庄内部的合作，实现内聚型的"集体非农化"转型。实践证明，近郊村落的工业化发展并没有导致村庄的消亡，而是经过不断的自我调适和主动进取，对引进的城市工业产生了新的适应力，而且通过对村庄社会结构和组织的不断的"自主建构"和创新，嫁接出了更加灵活的企业体制和行政体制，使其更能适应现代城市化对农村社区结构和功能的要求，为其与城市系统的融合奠定了基础和平等对话的条件。

富强村在发展过程中摸索出来的村庄集体经济发展模式以及村庄企业

---

① 李培林：《村落的终结——羊城村的故事》，商务印书馆 2004 年版，第 168—170 页。

② 折晓叶：《村庄的再造：一个"超级村庄"的社会变迁》，中国社会科学出版社 1997 年版，第 6 页。

化管理模式使它虽然保持一种相对的封闭性和利益关联性，而其物业经济渐成规模、村庄运行渐入正轨、村庄集体经济实力大大增强等因素也使富强村有能力在非农化、城市化道路上有更多自主行动的可能，可以更加主动地向城市社会转型，走一条"乡土型城镇化"的道路。这里所说的"乡土型城镇化"，可以理解为以村落为行为主体，依托"乡土性"的社会资源、条件和优势，在集体行动逻辑下实现内发性的自主发展，推动农民非农化及村落社区化，以应对和适应城镇化大潮的一种发展模式。

　　从富强村目前情况来看，需要在以下几个方面加以完善：首先，要加快推进村庄集体经济的股份量化，摆脱农村集体经济的模式，采取现代化的股份制模式，让村民从享受集体经济红利的农民变成拥有公司股权的股民，尽快对村集体经济资产进行清算，固化村民的股权，实现村民经济身份的转变，从而打破农村原有的那种封闭的格局，打开富强村城市化的大门。其次，要进一步推动农村社会管理的社区化。农村城市化的一个重要指标就是农村社会管理的社区化。在城市化大潮中，富强村已经被纳入了城市规划体系，要实现城市化，社会管理模式的转型也是一个必要的环节。在城市化进程中，近郊村必然要经历传统村庄结构的解构与新型社区的重构，村庄抑或社区的管理模式也必然要随之而改变。所以，改造村庄管理体制，实行城市化、社区化的管理模式，既是历史的必然，也是富强村的理性选择。对富强村来说，要建立专业化的社区治理主体，政企分开，健全相关机构设置，明确各自职能，各司其职，分工合作，使村庄管理从管控型向服务型转变。同时，要充分利用自身的区位优势，推行"在地社区化"，通过引进外部资金及自主开发等方式，加强基础设施、公共服务设施建设，提高村民的生活水平，争取达到甚至超过城市社区的标准。

　　（本报告撰写人：李传喜，原文发表于《南都学坛》2013 年第 6 期，本书收录时做了适当调整与修改。）

第二章　近郊村集体农地的资产形式转换

——以浙江省两个近郊村为例

在传统的农村社会中，土地始终是最主要的生产要素和资产形式。改革开放以来，地方政府通过征用近郊村集体土地等方式实现城镇空间扩张，由此推动了城镇化的发展。同时，土地征用也导致了近郊村集体农地实现了资产形式的多元性转换，并形成了一系列值得研究的社会现象。本文拟以浙江省诸暨市城西新村和武义县大坤头村为例，对土地征用背景下近郊村集体农地的资产转换做些初步研究。

第一节　个案概况

城西新村隶属浙江省诸暨市陶朱街道，位于诸暨西郊。于 2006 年 9 月由山下赵、陶朱、桑园陈三个村合并而成。因位于诸暨城西，故叫城西新村。全村原有集体耕地 1500 亩，随着城镇的空间扩张，城西新村所属三个村庄的土地陆续被政府征用，目前除少量山地和土地征用时按比例留给村庄开发的留置地外，已经没有集体农耕地。村域经济以个体轻纺加工业为主，形成了独特的一楼厂（店）房，二、三楼住房，"楼下生产、楼上生活"的空间格局。虽然城西新村农地基本被征用，但村民依然是农业户籍，不享受城镇居民的权益和待遇。村集体利用土地征用取得的补偿款为村民缴纳了失地农民养老保险和新型农村合作医疗保险费。

村民住房分别于 2003 年和 2007 年进行了二期拆迁，第一期拆迁在村庄合并前实施，实行联建房安置；第二期则在村庄合并后拆迁，实行公寓房安置。目前，城西新村 1121 户村民，已有 800 户左右住房被拆迁并得到安置，但在合并前的三个村之间进展不平衡。

2007 年，城西新村所在的诸暨市被确定为全国农村社区建设实验县（市、区）。根据市政府的安排，城西新村投资建设了 2000 平方米的村社区服务中心，专门聘请了 2 名退职的老干部在村社区服务中心值班，为村民提供各类服务。2007 年以来，村集体陆续投入了 1500 多万元进行新农村建设，主要用于村庄公共设施建设和集体公益事业。

大坤头村隶属浙江武义县熟溪街道，位于武义县城西南郊，是一个仅 220 多人的小村庄。历史上以种粮为主，20 世纪 80 年代被当地政府列为蔬菜基地，开始转向种植和经营蔬菜，变成蔬菜专业村。全村原有耕地 240 多亩、山地 100 多亩。从 20 世纪 90 年代初开始，政府先后从大坤头村无偿或低价征用了 200 多亩土地。目前，村集体仅剩 40 多亩耕地，还有少量散落而难以开发利用的山地。

从 2008 年开始，大坤头村启动了旧村改造工程，先后完成了二期改造，有 80 多户村民住房得到了拆建安置。按照农村"一户一宅"的建房政策，每户村民可在拆迁安置中获得一幢别墅的购房指标。相当部分家庭为实现旧村改造政策利益的最大化，通过诸如分家单独立户等做法，以获取更多的住房安置面积。调查时，笔者发现相当部分祖孙三代的家庭借助三代人分别立户，在旧村改造中获得了三幢别墅。出于多种考虑，当地政府给予了大坤头村众多特殊的旧村改造优惠政策。比如：允许在大坤头村有房产的非本村居民在旧村改造中以优惠价格购置联建房，允许一定数量的新建住宅实行集体出让等。如此，大坤头村的旧村改造兼有一定的住房商业开发性质，村集体因此获得了上千万元收益。

大坤头村尽管几乎没有耕地，但依然是农业户籍，村民只能享受农村基本养老保险。村集体利用集体收入为全村村民投了新型农村合作医疗保险。由于种种原因，该村尚未参加失地农民养老保险，村庄的公共设施和公益事业相当缺乏，正在伴随旧村改造的进程逐步建设之中。

第二节　土地征用引发的近郊村农地资产多元转换

伴随着村集体农地陆续地被征用，集体土地资产发生了多元性的转换。宏观地分析，村集体土地资产因被政府征用直接地转换为两种新的资产形式：一是现金，即政府给予村集体的被征用土地补偿金；二是留置地，即为保持近郊村集体经济的可持续发展，政府根据土地征用量按比例留给村集体进行非农开发的非农建设用地。在此基础上，村集体和村民群众结合具体实际进一步地进行资产处置，转化为多样性的资产形式。

一　现金

根据调查，近郊村的农地在城镇扩张过程中陆续地被政府征用，政府根据相关政策给予一定的土地补偿金，成为土地征用过程中近郊村集体农地资产的直接转换形式之一。然而，被征用土地的补偿金并非以农地的市场价值给予补偿。而且由于征用农地的用途不同，村集体获得的土地补偿金有所不同；各地政府的征用土地补偿政策不同，村集体获得的土地补偿金也会有所差异。比如，城西新村的集体土地主要于 2003 年和 2007 年分两次被政府征用，政府以 1.8 万—2.8 万元/亩的价格给予村集体被征用土地补偿金，总计约 3000 多万元。大坤头村的集体农地首次于 2003 年被政府征用于河道整治，因属于公益建设项目，村集体没有获得土地补偿金。随后二次土地征用主要用于保障房建设，土地补偿金较低。或许，正是为了给予大坤头村集体适当的补偿，当地政府在旧村改造中给予了特别的优惠政策，使得该村在旧村改造中获取了 1000 多万元集体经济收入。两个村的公共组织根据地方政府的相关政策和村庄的具体实际，对以征用土地补偿金形式获取的现金进行具体处置，形成了多元化的农地资产转换形式。

第一，建设基础设施和公益事业。近年来，响应政府新农村建设和农村社区建设等号召，近郊村落纷纷加大了基础设施和公益事业建设的力度，特别是在土地被征用，村集体组织手中拥有较丰厚集体资金的背景下，公共设施和公益建设成为了村级组织和村民群众最为关注的中心工作。调查中了解到，城西新村近年在村级基础设施和公益事业建设上投入了大量的资金。（1）按农村社区建设的要求，投资 250 万元建设 2000 平方米的村服务中心大楼。按诸暨市农村社区服务中心的统一标准设置了"六站、五室、四栏、三校、二厅、一家"。（2）根据新农村建设和村庄整治的要求，投资 25 万元建设封闭式垃圾站 28 座、公共厕所 3 个；投资 700 万元实施村庄整治，实现村庄亮化、绿化，道路硬化，全面完成了村中心建成区的电力、雨水、污水排放等地下管网铺设，实现了生活污水无害化处理。（3）投资 80 万元新建 1000 平方米的老年活动中心，并将村庄合并前的 3 个村办公楼改造为老年活动中心；（4）投资 80 万元新建了 5 个灯光球场和 7 个健身场地。大坤头村的基础设施和公益建设刚起步，主要伴随旧村改造而逐步实施。该村在旧村改造过程中创新了管理模式，村级组织下放权力，住房建设由拆迁安置户自主负责，实行自治式管理；村集体主要负责公共道路、水管等公共设施的建设。目前，村办公室、公用宴庆场所等设施已经初步建成，但尚未交付使用，村组织依然租用农户的房屋办公。在以上村集体设施建设上，村集体投入了上千万元资金。

总体而言，近郊村落的公共设施和公益建设虽然获得了政府财政的一定支持，但主要来源于村集体被征用土地的补偿金。在这两个村庄，相当部分的集体农地补偿金用在了各类公共设施建设和公益建设上。也正是因为拥有农地补偿金，使得近郊村落集体相对富裕，为村落公共设施和公益建设的大投入奠定了财政基础。如此，以公共设施形式存在的村集体固定资产成了土地资产转换的一种重要形式。

第二，发展集体经济。伴随着土地的陆续被征用，近郊村落的农民逐渐成为失地农民。他们因失去土地而变为无地可种的农民，并有可能缺乏生活来源。为此，地方政府对近郊村落的集体经济发展给予了较多的关注，并以不同形式强调，在土地被征用后，村集体必须按比例留存土地补偿金，用于发展集体经济，以保证村集体经济的可持续发展和村民生活稳定。城西新村和大坤头村分别按政府要求，留存了一定比例的土地补偿金，并结合本村实际，努力利用土地补偿金发展集体经济。然而，因两个村落的实际情况不同，村干部的认知有别，两个村的具体做法有明显差异。城西新村个私经济相对发达，而且是一个由几个村庄合并而成的新村落，合并前各村实际和土地征用情况等存在着差异。据此，城西新村更倾向于将土地补偿金分配给村民个人，由村民个人和家庭自主利用土地补偿金发展个私非农经济。村集体也留存了部分资金，主要用于公共设施建设和公共管理支出。此外，村干部和群众也在努力探寻发展集体经济的方式和途径，只是受政策等因素影响，目前集体经济发展不太理想。大坤头村的主政者则倾向于利用被征用集体土地的补偿款发展村集体经济，故而土地补偿金主要留存于村集体，由村集体统一支配和开发，只是少量地分配给村民个人，以解旧村改造中村民购房和装修资金紧张的燃眉之急。调查时，该村利用土地补偿金和旧村改造政策进行房产开发，盘活了资金，获取了理想的收益。一个仅有 200 多人的小村庄，目前村集体积累了上千万元集体资金。

第三，支付村公共管理服务费用。中国农村实行村民自治制度，因此由村集体自己承担村级公共管理服务的费用。城镇化进程中的近郊村落虽然正处于由农村社会向城镇社会转化的过程之中，但其基层社会管理体制主要按原来的村民自治制度。因此，村庄公共管理服务费用由村集体自己承担，成了一笔不可缺少的集体支出。特别是对于近郊村落来说，随着城镇化的推进，村公共管理服务的需求日益增长。相应地，管理服务费用也呈现上涨的趋势。用于村公共管理服务的费用主要有：（1）村干部和公职人员的工资和误工补贴。根据当地政府的相关规定，村书记、村主任等主职干部的工资由政府财政承担，其余村干部和公职人员的误工补贴（工资）由村集体支付。此外，村组织召集会议等还需要给参会人员发放一定的误工补贴等。（2）村落的公用水电费。（3）发放集体福利的费用。如：新型农村合作医疗保险费、养老保险费、老年人生活补贴和节日福利等。（4）道路保洁费。在城西新村，道路保洁由所在街道统一招标，委托环卫公司实施保洁服务，但保洁费由村集体自行支付，每年约 8 万—9 万元。支付上述费用的集体资金无疑包含着征用农地的补偿金，而且当下近郊村落的集体资金主要地来源于被征地补偿金。因此，集体农地资产部分地转换成为村公共管理服务的费用。

第四，分配给村民个人。按现有的土地征用政策，集体农地补偿金并非全部由村集体留用，其中相当部分根据有关规定分配给了村民个人。土地补偿金的分配办法因村而异，相比较而言，城西新村分给村民个人的比例相对较高。而大坤头村书记觉得应当由集体统一支配，利用土地补偿金实施集体经济开发，为村民获取可持续的经济收益，然而，目前苦于找不到集体资产投资经营的合适途径和方式。在旧村改造过程中，基于村民群众建房、装修需要大量资金的现实困难，大坤头村村集体曾给每个村民发放了数万元，此外，基本没有向村民个人发放土地补偿金。

近郊村民在分得土地补偿金后时常会进一步地做出资产利用和开发的策略选择。当然，不同村民对待村集体分配给的土地补偿金会有不同的态度，从而形成多样性的用途。宏观地说，大致有以下主要用途和资产转化形式：

一是变为生产资料，转化为经商办厂的创业资本。比如，城西新村所在的诸暨市个私经济发达,特别是该村紧邻袜业之乡大唐镇,部分村民将分得的一部分土地补偿金用于购买袜机、织布机等生产设备,投资办厂,形成私有的非农性生产资料和经营资本。大坤头村所在的武义县经济相对落后,该村原来是一个蔬菜专业村,村民基本以蔬菜种植和经营为业,从事个私非农经营的创业者相对较少,利用土地补偿金投资办厂或经商者不是绝对没有,但相对较少。但是,村集体留存了较大比例的土地补偿金,并借旧村改造的特殊优惠政策用于房产开发,获得了较明显的经济收益。

二是变为生活消费资料,转化为村民个人的消费资料。借助土地征用而分得的补偿金,近郊村民成了令人羡慕的"富人"。他们在拥有较大数量的土地补偿金后,往往会拿出相当部分用于消费,改善生活水平。特别是装修房屋、购买家用电器、汽车和电脑等高档大件消费品,仿效和追求城镇市民的现代生活方式。

三是变为物业资产,转化为私有物业资本。或许,这是近郊村落集体土地补偿金最主要的去向。由于近郊村落村民均面临着私房的拆迁安置,势必需要将分得的土地补偿金主要地用于购置拆迁安置房或旧村改造后的新建住宅。按 2003 年诸暨市出台的《城区征地补偿安置暂行规定》,2003 年城西新村 700 多户拆迁户选择了联建房安置方式,按人均面积 25 平方米分配宅基地建造三层楼房,由政府统一设计、村民自行建造。2007 年拆迁的 68 户则改为公寓房安置,按人均 75 平方米的标准或"拆一还一补差"的原则进行安置。大坤头村在旧村改造过程中则实行统一规划、统一设计、统一建造、自主管理,按一户一幢的标准分配给村民别墅。如此,近郊村民在拆迁安置或旧村改造中一次性获得了政策规定标准的宅基地和住宅。一个祖孙三代五口之家有可能拥有近 400 平方米或 3 幢别墅的私有房产。为了建设或购买、装修这些房产,近郊村民几乎用尽了一生的积蓄,也利用了从村集体分得的大部分土地补偿金。调查时,村民们调侃地告诉我们:分来的钱都变成了砖头、水泥了。

在现行拆迁安置政策和旧村改造政策下,近郊村民的房产相对充裕,远远超过了近郊村民家庭居住和生活的需要。因此,近郊村民的剩余房产大多用于出租经营,村民借此获取相对稳定的物业收入。比如,城西新村的部分民房靠近公路和商业区,他们将住房的一、二楼出租给托运部或企业,每户能收取的租金少则 4.5 万,多则 10 多万。那些非邻街的农户则主要出租给外来人员居住或出租给他人办厂、开店，一年也能获取上万元收入。还有一些村民则把底楼改造后自己办厂开店。根据对城西新村 50 名党员的问卷调查，其中 12 人在自家住房从事生产经营。也有少量村民将部分土地补偿金用于购买附近的商铺，用于出租以收取租金。

如此，近郊村民的私有房产已经不再是一般意义上的住宅，不能简单地视之为消费资料。从某种意义上说，近郊村民的这些物业资产是农地资产的特殊转换形式，具有生产资料性质。近郊村民正是利用这些物业资产实行出租经营或生产经营，以此取得较为可观、可持续的经济收入。

二　留置地

留置地，有些地方也叫留用地、返还地等。在城镇化进程中，地方政府基于近郊村落集体土地被征用后集体经济难以保证可持续发展的实际，出台了一些地方性的扶持政策。留置地政策就是其中的一项重要政策，也是浙江各地较普遍推行的一项政策。具体地说，地方政府在征用近郊村集体土地时，根据被征用土地的总量按一定比例返还或留存给村集体一定数量的建设用地，由村集体自主处置，用于非农开发利用，推动集体经济发展。据调查，各地政府出台的留置地政策存在较大差异，特别是留置地的数量以及开发等方面有着重大区别。从原则上讲，村集体的留置地主要用于非农开发利用，由村集体自主处置。但在调研中发现，城西新村的留置地因缺乏建设指标而大多闲置，未能得到有效的开发利用，大坤头村则因各种原因尚未落实留置地。

从调查的情况来看，留置地的主要用途，一是用于办公场所等村集体公共设施建设，成为集体固定资产，比如，城西新村有 10 多亩留置地用于村社区服务中心的建设；二是用于非农性开发，转换成经营性的生产资料。

可见，在现有的政策背景下，近郊村落的集体农地资产通过被征用，实现了多样性的资产形式转换，已经转化为多元化的生产资料和消费资料。

第三节　近郊村集体农地资产形式转换的重要趋向

根据对两个村落的集体土地征用及其农地资产转换过程的考察，不难发现，近郊村落土地征用背景下农地资产的形式转换呈现出一系列重要趋向。

一　去农化

农村耕地原本是近郊村落最重要的生产资料，也是村民群众世代赖以谋生的主要手段。近郊农民不仅以土地为生，而且以土地为生活保障。失去耕地意味着农民失去了赖以结合的生产资料，进而失去了原有职业和生活来源。近郊村的集体农地被征用后，农地资产以特定方式实现了补偿和转换。从资产用途看，基本转向了非农性利用和开发。据调查，无论是土地补偿款还是留置地，都很少用于农业生产经营和农业发展。在访谈中，大坤头村的领导曾提及一个想法：从本村村民原来主要从事蔬菜生产经营的实际出发，设想利用集体资金到其他地方租用一块土地，组织村民继续老本行，但尚未变成现实实践。可见，在土地征用背景下，集体土地资产转换的过程在特定意义上就是一个"去农化"的过程。

然而，传统的农村社会具有一系列特定的社会属性，农地、农业、农民（农业劳动者）无疑是其中最根本、最具典型性的农村社会属性。土地征用过程中集体农地资产的非农化转换，导致了近郊村落成为失去农地，进而成为没有农业和农民的村庄。换句话说，在这一过程中，近郊村落逐渐变成为一个非农化社会。

二　去集体化

集体经济是社会主义农村的重要表征。所谓集体经济，在绝大多数村落中主要表现为基于集体土地的农业生产经营。近郊村落的农地原本属于集体性质，是村落社会最重要的集体资产形式。然而，土地征用后的资产形式转换致使其相当部分以不同形式分配给了村民个人或家庭，转换为私有资产或私人消费资料，呈现出"去集体化"的特点。尽管集体农地资产转变为村民个人资产或消费资料的具体形式因村而异，甚至因人而异，但这一资产转换过程客观存在。

显然，在土地征用和集体农地资产转换过程中，村落集体资产不同程度地受到了损害，如若不采取特殊的支持政策和特别的发展策略，近郊村落的集体经济有可能逐渐走向衰微，甚至出现村落财政危机，导致治理运行的障碍。调查中，我们了解到城西新村尽管利用土地补偿金开展了一系列公共设施和公益事业建设，得到了民众支持。但是，因缺乏强有力的集体经济支撑，已经出现了村落组织运行经费不足，村集体财政入不敷出、负债运行的状况。该村目前集体每年固定收入 50 万—60 万元，其中包括入股信用社的利息 4 万—4.5 万、石料市场营运收入 50 多万。但每年公共管理服务的固定支出需要 120 万—130 万元。为此，村集体已向村民借债 170 万元左右。因集体经济薄弱，村集体不能给村民群众带来诱人的利益，有可能失去对村民的吸引力。特别是在个私经济迅速发展的背景下，在村民个人的利益结构中，来源于集体的利益份额相对微小，甚至可以忽略不计，最终可能导致村落社会凝聚力的缺失、村落组织整合力的下降。

三　去生产性

在社会保障政策不完备的情况下，土地在中国农村具有一定的保障功能，但其主要是农民从事农业生产经营的重要生产资料。而且由于近郊村落处于城镇周边的特殊地理区位，使得近郊农民拥有利用土地实施商品农业开发经营的优势。如：大坤头村在土地被征用前是一个蔬菜基地，村民大多利用集体农地生产和经营蔬菜，借此可以获取较为理想的经济收入。然而，随着土地被征用，集体农地资产经过转换部分地退出了生产领域，变为非生产性的固定资产和消费资料，而且在农地资产总额中占居了相当大的比例。其中，部分转换成为村落公共设施、部分用于村落管理服务费用、部分变成为村民个人的建房资金，还有部分被村民直接用于消费。

如此，村落社会的生产性资源特别是集体生产资料在土地征用背景下的农地资产转换过程中相对减少。在这一过程中，村民们有可能因获得了相当数量可以自由支配的土地补偿金，用于非生产性支出，一时提高了家庭的生活水平。然而，非生产性支出不能为村集体和村民个人带来进一步的、可持续的收益，因此有可能影响村落经济的可持续发展和村民群众生活的稳定。

加之，地方政府没有在土地征用开发和土地资产转换过程中同步推动近郊村落的社会身份、基层治理体制、社会保障等方面的转变，即村民没有赋予城镇市民的同等权利待遇，依然是一个特殊形态的农村社会。一句话，近郊村落正在走向城镇社会但未被城镇社会完全接纳，呈现出典型的边缘化状态。

（本报告撰写人：李莉、卢芳霞、卢福营）

第三章 城镇化进程中近郊村民的职业转换

——浙江省金华市陶朱路村调查

改革以来，中国城镇化进程加速，一批批近郊村落陆续地被纳入城镇。随之，近郊村民也因失去土地等原因实现职业转换，由农业劳动者变为非农劳动者。实证研究表明，近郊村落城市化过程中的村民职业转换是一个多元力量参与的协同过程。本文根据对浙江省金华市陶朱路村的调查，对城镇化进程中近郊村民的职业转换做些初步分析。

第一节 村民职业的非农化转换

一 村民职业非农化转换的历史过程

陶朱路村地处浙江金华市东郊，历史上村民主要从事农业经营。20世纪80年代初，实行家庭承包经营制后，村民们获得了土地经营自主权，村民们依托郊区地理优势种植蔬菜或经营蔬菜批发。当时，陶朱路村村民的职业大多是菜农和菜贩。

历史地看，陶朱路村村民职业的非农化转换是从征地开始的。大致分为二个阶段：

第一阶段：单位征地与岗位补偿阶段（1982—1996年）。在这一阶段，金华婺城区农机站、婺城区农资公司、再生公司、农机站、金华军分区等9个单位先后向陶朱路村征地共90亩。按照"谁征地、谁安置"的国家政策，当初陶朱路村共有31人以土地征用工的方式被征地单位招用，成为了城市单位的职工，同时也改变了户籍关系。如此，小部分陶朱路村村民因征地而实现了职业转换，从传统意义上的农民变成为工人，成了居住在农村中的城市居民。

第二阶段：政府征地与货币补偿阶段（1996—今）。随着城镇化的推进，为满足城镇迅速扩张的需要，金华市政府于 1996 年重新进行了城市发展规划，调整了城市布局，陶朱路村因此被纳入城市规划区范围。为推动工业经济和城市的发展，地方政府主动扮演起征地者角色。1996 年，东孝乡政府向陶朱路村征地 422 亩，建设乡工业园区。2002 年，金东区政府向陶朱路村征地 145 亩，建设金东工业特色园区。2003 年，东孝街道向陶朱路村征地 188 亩，建设环北、环东和陶朱路公园。这一阶段，由于国家出台新的土地征用和补偿政策，政府只按标准给予被征地村庄和村民一定的经济补偿——土地征用补偿款，不再负责劳动力的就业安排。因此，被征地农民失去土地这一赖以生产和生存的土地后，在获得有限经济补偿的同时却面临着失业的风险。

如何在城镇化进程中积极推动近郊村民的职业转换，成了影响近郊村落经济社会可持续发展的一个重要变量。为此，陶朱路村两委做出了一系列努力。比如，主动地与汽车东站、公交公司等征地单位协商，由村集体在车站周边建造简易平房，作为店面房出租给村民经商；设法引进农产品批发市场，为村民创造就业机会。村两委在引进农产品批发市场的过程中，与市场开发建设方签订了相关协议，陶朱路村低价提供开发建设用地，相应地，农产品批发市场的装卸业务交由陶朱路村垄断经营。为此，陶朱路村出资 60 万元，注册成立了专门的村级集体企业——陶朱路村装卸队，负责经营农产品批发市场的装卸业务。在初始阶段，陶朱路村装卸队只招收本村男性劳动力，成为推动陶朱路村村民职业转换的重要途径和载体。

与此同时，失去农业经营的土地后，相当部分陶朱路村村民开始自主地寻求农外生存的机会，积极谋求非农职业岗位。有的外出经商务工，有的就近在农产品批发市场从事果蔬挑拣、包装、称重、保安等工作，有的在家经营出租房等。当然，也有部分村民赋闲在家，依靠房租和集体福利生活。

二　村民职业非农化转换的方式

根据以上考察，我们发现陶朱路村村民职业转换的主要方式有：

第一，土地征用单位安置。主要是在 1996 年前的土地征用过程中出现的村民职业转换。这些村民在完成职业非农化的同时，实现了社会身份的同步转换。既由农业劳动者变为了非农劳动者，又从农村居民变成了城市居民。

第二，村集体组织的安排。具体表现为以下方式：一是由村集体企业雇用本村村民；二是村组织通过出租、承包集体资产的形式，组织村民就业。

第三，村民自主择业。村民自主择业是当下陶朱路村村民职业转换的最主要途径和方式，并日益呈现出多元化的趋势。有务工、有经商办厂、也有经营出租房等，但受雇于周边城市商店和企业的务工者占居大多数。

第二节　村民职业转换博弈场的"局中人"

社会由不同人群的集合体所构成，不同的人群集合体形成不同的结构，一个结构中的群体之间的相互作用就构成一个博弈[①]。在特定意义上，陶朱路村村民从农业劳动者到非农劳动者的职业转换过程是地方政府、村庄组织、用地单位、转业村民等多种力量互动、博弈的结果。在这一博弈场域中，转业村民、村庄组织、地方政府、用地单位构成为"局中人"。他们从各自的立场和意愿出发，凭借拥有的机会与资源，运用多种行动策略，争取、保护和扩大各自利益，在陶朱路村村民职业转换过程中扮演着不同的角色，构成为近郊村民职业非农化转换过程的参与者。

一　转业农民

转业农民是陶朱路村村民非农化职业转换的主体，在职业转换的博弈场中扮演着极其重要的角色。所谓转业农民，主要是指陶朱路村早期因土地征用而被企业招用的土地征用工和后期因土地被征用需要转换职业的劳动者。根据调查，除约100余名60周岁以上的老年人，依然利用目前村庄仅有的60多亩土地种植、经营蔬菜外，其余约800名本村劳动力以不同形式实现了职业转换，这些人大多就近在周边城市或本村从事第二、第三产业，带有明显的"就地转移"特点。此外，还有小部分具有劳动能

---

① 潘天群：《博弈生存：社会现象的博弈论解读》，凤凰出版社2010年版，第8页。

力的村民赋闲在家，尚未实现职业的转换。

陶朱路村村民长期从事蔬菜种植、经营，劳动投入大，但比较收益较高，由此培养出村民的勤劳品质，同时也使得陶朱路村村民不容易考虑再投入更多的成本冒更大的风险去开辟新的生活空间和就业机会，缺乏农外就业的职业技能和自主创业的胆识。此外，由于在土地征用和房屋拆迁中，村民们大多获得了一笔不小的补偿款，借此建造了宽敞的楼房，拥有了独特的房屋资产。利用靠近城市和工业园区，特别是农产品批发市场的优势，依靠出租房屋即可获取较为丰厚的固定收入。加上村集体的福利，村民们即使不工作也可以生存无忧。因此，陶朱路村的转业村民大多选择就近务工经商，主要在一些知识、技术含量低的劳动力密集型行业工作，缺乏外出到异地寻求非农岗位和自主创业经营第二、第三产业的主观意愿和客观能力。

然而，陶朱路村周边的劳动力市场需求特别是对于低素质劳动力的需求相对有限。在劳动力市场开放的环境下，劳动力供给又具有无限扩大的趋势，陶朱路村转业村民必须面临劳动力的市场竞争。在周边就业市场有限、自身就业能力低下、劳动力供给无限的背景下，陶朱路村转业村民势必要求在职业转换中获得保护，通过博弈争取就业机会，扩大职业转换的权益。一方面，转业村民作为共同利益的群体，成为一个特殊的"局中人"，与地方政府、村庄组织、用地单位展开多元博弈；另一方面，转业村民因为具有同质性，在职业转换过程中势必会在群体内部展开博弈。

可见，在职业转换过程中，转业村民有着强烈的非农职业转换愿望，但有限的就业机会、"匮乏的人力资本和社会资本"[①] 却大大限制了他们的自主择业空间，正是这种"有心无力"的状况使得陶朱路村转业村民的博弈行动呈现出独特性。

二　村庄组织

在陶朱路村村民职业转换过程中，村（居）委会和党支部作为村庄的正式组织扮演着重要角色。

---

① 李飞，钟涨宝：《人力资本、社会资本与失地农民的职业获得》，《中国农村观察》2010年第6期。

　　首先，在现行城市化政策背景下，近郊村落没有因为城市化而消解，"村庄仍然是一个管理单位，也仍有自己的集体经济。在一定的程度上，村庄还有一部分社会福利，更重要的是，村民仍然认同村庄，对村庄有许多要求"①。作为"村庄当家人"，村庄组织在村民的职业转换过程中也时常代表村集体和村民群众与地方政府、用地单位博弈，努力争取有利于村民群众职业转换的机会和权益，开发非农就业资源，成为村庄的人格化代表。如前所述，陶朱路村"两委"先后与用地单位等协商，获得相关部门同意，由村集体在汽车东站、公交公司周边建造简易商铺，出租给村民经商，实现职业转换。经与地方政府、用地单位博弈，引进了农产品批发市场，并专门组建集体企业——装卸队，垄断市场装卸业务，安置了数十名村民就业。同时，农产品批发市场落户于陶朱路村，也为大批本村低素质劳动力提供了就业机会。据调查，目前该村有数百人在农产品批发市场从事挑拣水果、包装、保安等各类非农工作，成为吸纳陶朱路村转业村民的重要载体之一。

　　其次，村庄组织是"国家代理人"。在村集体土地征用和村民职业转换中，村庄组织又时常需要扮演"国家代理人"角色，协助地方政府落实相关政策。特别是在 1996 年前，国家的土地征用工政策需要在村级组织的协助下落实到村、到人。为此，村级组织专门出台了相应规章。比如，由于土地征用工指标少，不能分配到所有被征地的农户，因此经讨论决定被征土地达到 1 亩的家庭可以得到 1 个招工名额，但获得招工名额的家庭须向村民小组缴纳 4000 元，以补偿那些被征地但没有获得招工指标的家庭。

　　最后，村庄组织还是"村民利益协调人"。在陶朱路村村民职业转换过程中，村庄组织不仅是非农就业资源的开发者，而且还是就业资源的分配者。无论是土地征用工名额的分配与落实，还是集体商铺的招租和集体装卸队的用工，其权力均掌控在村庄组织手中。因此需要村庄组织及其领导人借助各种机制协调村民之间的利益，合理分配村集体的公共就业资源。特别是在村民非农就业能力低下，希望在村庄组织帮助下获得非农就业机会的背景下，即集体公共就业资源供不应求的情况下，集体公共就业

---

① 王晓毅：《村庄内外——温州宜一村调查》，《社会学研究》2000 年第 5 期。

资源的分配权拥有了特殊的功能。

总之，村庄组织在村民职业中扮演着多重角色。"因此他们的行为表现出多重利益取向，往往是站在村落场域的角度做出的一种既符合国家和村庄整体利益，也符合阶层、家庭和个人利益的理性选择。"①

三　地方政府

在近郊村落村民的职业转换中，地方政府无疑承担着重要责任，扮演着特殊的角色。

首先，地方政府为村民职业转换提供政策支持。在近郊村，地方政府为村民职业转换提供的政策支持分为两个阶段：计划经济时代的土地征用工安置政策与市场经济时期的货币补偿安置政策。前者是基于城市内源性的发展需要，大量公有单位外迁而导致近郊村落部分土地被征用，为补偿农民损失，国家出台"谁征地谁吸劳"政策，为部分失地农民的职业转换提供了政策保障。随着市场经济的建立和企业用工方式的市场化，"以土地换就业"的传统企业用工安置方式逐渐失灵。政府转而主要采取用货币补偿失地农民的征地政策，改由失地农民自主选择非农职业转换方式。

其次，地方政府为村民职业转换提供一定的公共服务。考虑到单一的货币补偿政策不足以解决失地农民的生存保障问题，失地农民自主就业又往往会遭遇知识、技术、资源、信息等不足的钳制，为鼓励、扶持失地农民自主择业，地方政府提供了一些特殊的服务。比如，组织部分失地农民进行就业培训、提供就业信息、为失地农民自主就业提供贷款、税收、场地等方面的支持，等等。

四　用地单位

在一定意义上说，用地单位是陶朱路村村民职业转换中非农就业机会的重要提供者，在村民职业转换过程中扮演着极为特殊的角色。

根据调查，使用陶朱路村土地的单位大致有两类：一是工业园的企业。这些单位主要通过公开招标等方式从地方政府获取土地使用权，他们

---

① 卢福营：《村民自治与阶层博弈》，《华中师范大学学报》2006年第4期。

以货币换取土地使用权，不直接承担陶朱路村村民职业转换的责任。当然，随着企业的建设与生产发展，以及人口的集聚，也会间接地给陶朱路村村民带来一些非农就业机会。比如，有的应聘到工业园企业务工，有的面向工业园企业职工经营餐饮店、旅店、浴室、商店、超市等服务业。二是直接向陶朱路村征地开发和建设的单位。主要有农产品批发市场、公交公司等。这些单位在土地征用过程中与村庄组织达成了互利互惠的协议，征地单位以相对较低的价格从陶朱路村获得土地使用权，陶朱路村则从征地单位获得相应的就业资源和经济权益。比如，农产品批发市场开发单位向陶朱路村低价征用土地，陶朱路村则从农产品批发市场经营单位获取装卸业务，以便安排部分转业村民就业。

可见，用地单位与陶朱路村村民职业转换存在着重要关联。不同的用地单位以各自的方式影响着村民的职业转换，发挥着不同的功能，构成为特殊的局中人。

第三节　村民职业转换的主要模式

陶朱路村村民职业转换是一个多元力量博弈的复杂过程，呈现出多样性模式，最主要有：

一　政府控制型模式

这种模式突出地表现在早期的土地征用工安置过程中。陶朱路村先后有 31 位年轻村民幸运地成为土地征用工。在城乡二元分割体制和计划经济背景下，相对于城市工人而言，农民低人一等，广大农民梦想获得城市户口、市民身份和非农职业。村民获得土地征用工资格，意味着其社会身份由农民变为市民，其职业由农业劳动者变为非农劳动者，成为令村民群众羡慕的对象。因此，在当初，村民希望被征地，进而有机会成为土地征用工，由此改变自己的身份和命运。为防止城市人口规模的"过度"扩大和增加财政负担，政府严格控制土地征用工指标和资质等，以期实现被征地农民的身份和职业转换的有效控制。村民们说，政府是"袋子大口子紧"，意即政府承诺安排招工却又提出很多限制条件。土地征用工的安置过程明显表现出政府控制的特点。

其一，在陶朱路村早期的土地征用工安置过程中，转业村民与地方政府的角色、地位存在明显的不对等性。简言之，两者之间的关系呈控制与被控制状态。地方政府通过设定职业转换资格、限制土地征用工数量、限定土地征用工资质等途径对陶朱路村转业村民进行控制。

其二，政府对用地单位的用工安排进行严格控制，通过对就业资源的高度垄断，保证了土地征用工安置政策的有效落实。

在计划经济时代，全能型政府具备的高动员力与强控制力使一切就业资源高度垄断在政府手中，政府通过对就业资源、就业机会的调控，平衡了农村和城市的人口规模与财政负担，保证了经济社会的有序发展。当然，该模式也存在一些弊端。比如：村庄、村民缺乏自主就业的机会，进而不利于农村社会的自主性成长。用地单位缺乏自由选择职工的权力，不利于单位的自主经营和生产效益的提高。正因为这样，经济和社会的运行、发展缺乏必要的活力。

二　多方合作型模式

在市场经济改革的大背景下，全能型政府逐渐向有限政府转型。政府逐步下放权力，将被征地农民的职业转换交由市场调节。在村民非农职业转换竞争力低下的情况下，村组织作为村庄当家人和村民利益代言人，与用地单位、当地政府等局中人，围绕就业资源的开发与利用展开了博弈。如：陶朱路村村组织在汽车东站、公交公司周边建造简易商铺，出租给村民经商。陶朱路村村组织经过与地方政府、用地单位协商，引进了农产品批发市场，并组建集体企业——装卸队，垄断市场装卸业务等。可见，陶朱路村村民借此实现的职业转换是多方合作的结果，突出地表现为形式上的多方合作和结果上的互惠互利。

在市场经济背景下，村庄组织、地方政府、用地单位等在近郊村民职业非农化转换过程中构成为拥有各自利益诉求的独立主体，多方合作无疑是达到共赢结果的理性选择。在城镇化进程中，村庄组织与用地单位达成了互惠协议，陶朱路村以相对较低的价格转让给用地单位集体土地使用权，而从用地单位获得相应的就业资源和经济权益。农产品批发市场开发单位从陶朱路村低价征用土地，陶朱路村则从农产品批发市场经营单位获取全市场的装卸业务垄断权，以便安排部分转业村民就业。

在特殊条件下，多方合作型模式对于解决近郊村民职业转换具有显见的意义。村庄组织作为"当家人"实施积极有效的博弈策略，努力争取有利于村民职业转换的机会和条件。通过与其他相关组织的互惠合作，帮助村民特别是缺乏非农就业技能的村民获取非农就业岗位。但是，这种模式也可能促使部分村民在职业转换过程中形成对村组织的依赖，缺乏自主就业动力。

三　村民自主型模式

调查表明，在陶朱路村村民的职业转换过程中，一方面，政府和村组织提供的非农就业资源和就业服务非常有限，而且所能提供的就业岗位还可能不合村民群众的就业意愿，无力满足城镇化进程中村民群众多元化的非农就业需求；另一方面，部分村民具备了一定的非农就业竞争力，或拥有自主创业的资源和能力，无须依赖政府和村组织实现职业上的"农转非"。于是，自主择业、创业成了目前陶朱路村村民职业转换的主要方式。有的自己寻找就业单位、有的自主经商办厂、有的自我经营出租房等。如此，多数村民依靠自己的力量自主地完成了从农业到非农业的职业转换，基本没有依靠政府的公共服务，也不依赖村集体组织的安排。当然，并不是说村民自主转换职业与政府、集体组织毫无关系。比如，无论是非农就业，还是经商办厂或经营出租房等，都离不开政府的政策支持。只不过说，村民的职业转换主要是村民自身努力的结果，形成了独特的村民职业非农化自主型模式。

村民自主型模式有利于激发村民群众的自主性和活力，调动村民群众的主动性、积极性，发挥市场在村民职业转换中的功能，保障村民择业、创业自由权。但是，对于处于弱势地位的近郊村民，特别是那些一生从事农业生产经营、仅有一身农业职业技能和经验的中老年村民，则可能因为缺乏非农职业技能和经验而在职业市场竞争中处于不利地位。他们往往只能在一些技能要求低的非农职业岗位上寻找就业机会，通过一定的关系获得诸如门卫、保安、保洁员之类岗位，甚至赋闲在家，难以顺利地完成职业上的"农转非"。

第四节　建构多方参与、协同共促的职业转换机制

从一定意义上说，村民的职业转换是近郊村落城镇化的首要任务。从陶朱路村村民职业转换的事实看，当前近郊村民虽然通过多种途径和方式基本实现了职业的非农化，但是，村民们从事的主要是技术含量低的劳动岗位，相当部分村民甚至赋闲在家，由此引发了一系列社会问题。

实践表明，近郊村民的职业转换是多种力量互动、博弈的结果。在陶朱路村村民职业转换过程中形成的多种模式，各有其优点和局限。无论哪种模式都难以充分地解决村民的职业转换问题，完全满足村民群众的多元职业需求。近郊村民的职业转换，需要建构一种多方参与、协同共促的长效机制。

一　适时转变村民群众的职业转换策略

调查发现，当前陶朱路村村民职业转换中形成了独特的层化现象。职业转换的困难群体主要表现为中老年低技能人群、年轻的"闲二代"。导致职业转换困难的原因，综合起来主要有以下因素：

第一，不恰当的就业观念。特别是两种观念：一是"等、靠、要"式的传统就业观，指望政府和村庄组织安排自己就业；二是过高的择业意愿，"钱少的不干、辛苦的不干、困难的不干"，不愿从事"有失面子"的工作。

第二，拥有一定的非劳务性收入。征地补偿款、出租屋租金收入、村集体福利等，使近郊村民拥有了相当丰厚的非劳务收入，即使不就业也生活无忧，因而缺乏就业竞争的动力。

第三，缺乏非农职业技能。近郊村民以前大多从事农业生产经营，拥有丰富的农业技能，缺乏非农职业技能，致使其在职业的"农转非"过程中遭遇种种困难。

因此，作为职业转换的主体，近郊村民应当与时俱进，理性地选择积极、务实的职业转换策略。

首先，转变观念。在职业转换的过程中，应当改变传统的"等、靠、要"思想，根据市场经济的要求，积极投身到就业市场竞争之中。充分

认识到，在市场经济背景下，每一个人都只有通过市场选择才能获取理想的就业岗位。

其次，提升素质。从自身缺乏非农技能的客观实际出发，主动学习非农知识和技能，以适应职业"非农化"的要求，提高自己在非农就业市场中的竞争力。

最后，理性选择。近郊村民应当从当地和本人的实际出发，在职业转换过程中理性地选择就业方式。在当前，灵活就业或许是一种理性的选择。

所谓灵活就业，就是"在劳动时间、收入报酬、工作场地、社会保险、劳动关系方面不同于建立在工业化和现代工厂制度基础上的、传统的主流就业方式的各种就业形式的总称"①。譬如：从事小手工业、小商品零售业、街头贩卖、自我雇佣等。灵活就业门槛低、时间灵活、形式多样，被称为"劳动力海绵"。"当越来越多没有技术的农村劳动力涌入城市时，城市中的主流经济体系常常需要花很大力气来吸纳他们。"② 在此情况下，近郊村民在职业转换中不应一味地依靠政府、依靠村庄组织。相反，应当充分地利用现有的资源和条件灵活就业，自主地创造和拓展职业转换的空间。

二　切实加强政府部门的就业服务

在计划经济时代，政府曾经通过安置土地征用工的方式来解决被征地农民的工作出路。随着经济体制改革的推进和城镇化的加速发展，这种包揽式的村民非农化方式和政府控制型模式日益显现出局限。在市场经济背景下，政府将近郊失地村民的就业交给了市场，借助市场调节实现近郊村民的职业转换。政府不仅不负责失地农民工作安置，而且很少承担近郊村民的就业服务责任。

然而，市场并不是万能的。由于近郊村民自身的禀赋、技术、资源、信息等不足以对抗就业市场竞争的风险，容易出现找不到工作或者找不到

---

① 叶继红：《生存与适应——南京城郊失地农民生活考察》，中国经济出版社 2008 年版，第 261 页。

② ［英］安东尼·吉登斯著：《社会学》，赵旭东等译，北京大学出版社 2003 年版，第 479 页。

理想工作的局面，亟须借助政府的宏观调控和有力服务。特别是当下中国近郊村落的城镇化是一种"被城镇化"过程，村集体和村民群众缺乏自主选择的权力。当近郊村集体的土地被政府征用之时，村民也因此失去了其劳动力赖以结合的生产资料。将这种无生产资料可结合的劳动力简单地交给非农就业市场，任其在就业市场竞争中优胜劣汰，势必导致不公平的就业结果。因此，政府理当承担近郊村民就业服务的责任。

在近郊村民的职业转换过程中，政府务必从实际出发，加强对近郊村民的就业指导与服务。比如，务实地开展近郊村民的非农职业技能培训，加强近郊村民的非农就业指导和信息服务，积极鼓励和切实支持近郊村民自主创业，为近郊村民灵活就业提供政策保障和财政支持，优先安排近郊中老年和缺乏非农技能的村民从事公益性劳动岗位，加强近郊村民劳动权益保护，赋予近郊村民市民权利和待遇（即同城同待遇），等等。

三　努力完善基层组织的自我服务

当下中国的基层社会管理普遍实行基层群众自治制度，这一中国特色社会主义基本政治制度要求基层群众自主处理自己的事情，要求基层组织承担起自我管理、自我教育、自我服务的职责。近郊村作为一种非常特殊的基层社区，尽管与一般的农村村庄、城市社区存在着明显区别，但基层群众自治的本质不变。在基层群众自治体制下，村或社区基层组织势必需要履行其自我服务的重要职能。特别是在城镇化过程中，村民的职业转换急切需要基层组织提供大量的服务，因而顺理成章地成了近郊村自治组织最为重要的职能之一。

基层组织在村民职业转换过程中的自我服务，最主要地体现在：

第一，延续"国家代理人"角色。协助地方政府落实与村民职业转换相关的就业政策、劳动政策、社会保障政策等，以及相应的就业服务工作。

第二，强化"村庄当家人"角色。在村民的职业转换过程中，代表村民群众和村庄的利益，加强互动和博弈，争取有利于村民群众职业转换的机会和权益。同时，主动、积极地开展各种形式的就业服务，为村民的职业转换提供强有力的组织支持。

四 积极推进社会组织的协同参与

在近郊村民职业转换过程中，社会层面的协同参与也是不可或缺的。一方面，用地单位作为近郊村民职业转换博弈中的特殊"局中人"，应当直接或间接地为失地的近郊村民提供非农就业机会。在招工时，适当顾及被征地近郊村民的就业困难，给予一定的倾斜与扶持。特别是将一些低技能要求的劳动岗位，优先照顾给近郊村的中老年和缺乏非农技能的村民群体。在一定意义上说，用地单位应当把推动近郊村民的职业转换视为自身应有的社会责任。另一方面，职业培训机构、职业中介机构等社会组织应当拓展服务领域，将近郊村民的就业服务纳入业务范围，并给予特殊的关注。从近郊村民的特殊性出发，提供针对性的非农职业培训和创业、就业服务，建立近郊村民职业培训、创业就业服务的独特机制。

（本报告撰写人：李意、卢福营）

第四章　自主选择与政府规制：一个
近郊村的城市化探索

——以台州市富强村为例

　　近郊村是一种独特的村落形态。目前，学界对城中村、城郊村进行了较多的研究，但是很少对城郊村进行进一步的细化研究。李培林曾经提出过城郊村的分类，把城郊村划分成城中村、近郊村和远郊村三种类型①。但是，李培林本人也只是对城中村进行了研究，而没有进一步指明近郊村和远郊村的区别与联系。学界一般是将这两种村落合在一起，以城乡结合部或城郊村来统称。然而，这两种村落事实上还是存在较大不同的。与远郊村相比，近郊村在地理位置上更加靠近城市，处在城市化过程中城市与乡村的直接交锋地带，处于城市化各要素犬牙交错的形态之中，所以各种冲突更加激烈、更加直接。对近郊村来说，它具有一种历史赋予的独特性：既有很强的村落表象性因素，也具有明显的城市化因素，在社会形态上更多地体现出一种过渡性和边缘性。本文以台州市富强村作为研究个案，通过深入的田野调查，将富强村作为近郊村落城市化的一种类型提出来，分析它在城市化进程中表现出来的行为方式及特点，力求对其行为选择进行学理阐释。

第一节　城市化进程中近郊村的自主选择：
理性选择与非理性构造

　　M. 施密特曾经指出："社会变迁过程原则上可以理解为选择过程，

---

① 李培林：《村落的终结——羊城村的故事》，商务印书馆 2004 年版，第 7 页。

通过自身的综合结果或再生产过程的资源需求，排除或选择不同的行为方式。"① 近郊村落处于城市化旋涡的中心位置，在被边缘化的同时也面临着许多选择。有学者将当前中国村落的城市化进程分为三种：一种是地理性的城市扩张型，一种是要素流动型，一种是政府推动型。② 而富强村却是走了一条自发工业化带动城市化的道路。然而，由于其边缘化的地位以及历史因素的影响，富强村并没有明确的城市化发展实施模式，所以其发展更多地体现出自主性、随意性甚至盲目性。那么，他们这种方式究竟是一种理性选择还是一种非理性构造？他们如何在传统与现代、城市与乡村的冲突中走上城市化的坦途？这是我们最关心的问题，也是富强村在城市化过程中的"自发性经验"。

一　经济体制上的村落物业化

富强村以前是一个穷村，虽然具有靠近城区的区位优势，但是因为当时的村干部不作为，村庄情况毫无起色，村集体一年也仅有三四万元收入，而且还发生了村集体的腐败窝案。2002 年底，村"两委"换届，新一届村集体领导班子开启了富强村物业化的序幕。应该说，富强村的物业化是从 2003 年开始的。该村利用自身的区位优势，把村民的土地统一征用，以土地出租或建设标准厂房"筑巢引凤"等方式吸引企业进驻，这种方式大大地带动了村庄的发展。2011 年，该村集体经济收入达到了1150 万元。

从富强村的实践来看，其村集体经济主要是一种物业租赁经济。他们是通过自主的集体行动改变了土地利用形式，以集体的方式拥有和利用土地，从而实现了农民与土地的脱离，并开拓了新的发展空间和发展形式。应该说，这是富强村村民的一次理性选择，不仅告别了原来那种"靠天吃饭"的非理性的自然空间③，而且与同期政府土地征用相比，自主开发所获得的收益不仅更多而且可持续，是一种"有预见的理性"。因为政府统一规划中把该村所在地域划为工业用地，征地补偿价格非常低，每亩地

①　桂华：《城市化与乡土社会变迁研究路径探析——村落变迁区域类型建构的方法》，《学习与实践》2011 年第 11 期。

②　查普夫：《现代化与社会转型》，社会科学文献出版社 2000 年版，第 5 页。

③　孟德拉斯：《农民的终结》，社会科学文献出版社 2005 年版，第 57 页。

只有 10.8 万元，而如今厂房出租每亩地每年租金都要 8 万—9 万元，而且这个收入是可持续的，因此村民群众普遍不愿意"卖地"。可见，在实现了非农化以后，农民普遍把土地作为了一种可以升值保值的资产，并努力把土地价值发挥到最大。而"一旦土地成了在农业领域以外的经济领域生产经营的资本，城郊村的集体经济就获得了新的生产增长方式。"[1]如今富强村共建有标准厂房近 10 万平方米，土地出租近 100 亩，共引进企业 50 多家，其中规模以上企业有 5 家。这些企业不仅为村里剩余劳动力的就业提供了便利，而且还吸引了大量外来人口，这些外来人口租住在村里，又为村民带来了一笔房租收入。萧楼曾把夏村的生存状态视为一种"拔根状态的生存"："人人都拔了根，挂了空……在现代性的外表下，夏村几乎已经没有了土地，已经被城市化了，他们只有土的想象，而无法进行土的依恋"。[2] 而富强村的村民却保留了自己的根，从而可以使村庄发展生生不息，既可以规避市场风险，又可以有自我再生产的能力，所以全村上下对村庄未来的发展远景充满了希望。

二　行政组织上的村庄企业化

在一些经济发达地区，由于集体经济的发展，各村庄纷纷成立了经济合作社、实业公司、股份合作制企业等经济形式，来负责管理集体经济，而且这三种经济形式呈递进关系，揭示了村庄集体经济组织发展的趋势。富强村在 20 世纪 90 年代初也成立了经济合作社，但是经济合作社并无实际内容，也不是一个独立核算的组织，依附于村委会，而且当时村里也没有集体经济和产业，这只是一个应政府要求而建立起来的"空架子"。而 2003 年全村土地统一征用以后，村里成立了富强村实业总公司，负责村庄土地、厂房以及进驻企业的管理，开始有了实质性的内容。这是一种村庄的"共有经济"[3]，但因为富强村只是以土地入股，还没有实行股份量

---

① 路小昆：《徘徊在城市边缘：城郊农民市民化问题研究》，四川人民出版社 2009 年版，第 98 页。

② 萧楼：《夏村社会：中国"江南"农村的日常生活和社会结构（1976—2006）》，生活·读书·新知三联书店 2010 年版，第 204 页。

③ 蓝宇蕴：《都市里的村庄：一个"新村社共同体"的实地研究》，生活·读书·新知三联书店 2005 年版，第 127 页。

化，所以是一种平均主义的经济，而不是按"份"共有的集体经济。但是，不可置疑的是，这种形式的集体经济成了维系村落共同体的纽带，把农村在非农化的基础上重新组织起来。应该说，"股份制"是现代化过程中村集体企业一个绕不开的"槛"，只不过随着村庄产权的清晰，村民与村庄、村民与村民之间的关系更加倾向于契约性。在这个过程中，富强村经历了从村管企业到企业管村的转变。实际上，从土地征用完成以后，整个村两委的运转就开始以公司的形式进行，随后实业公司在村庄管理中发挥的作用越来越大，给村民带来的好处也越来越多。于是，普遍得到村民的认可和接受。在富强村的这种发展模式中，以土地为基础搭建起了现代化的经营体制和管理平台，建立了这种"村企合一"的行政组织，实行企业化运作，统一负责村庄的生产和建设，并有共同的一套领导班子。通过村民代表大会和理财小组，让村民也都能参与和监督，从而加强了村民与村庄之间的经济利益关系。农民既是村民又是股东，会强化村民的内聚力和利益归属，很大程度上巩固了村落共同体。

三　社会保障上的村庄依赖性

农民与土地有着天然的联系。对农民而言，土地既是生产资料也是生存保障，失去了土地就相当于断了后路。所以，如何为失土农民提供保障，成了理论界研究的热点。一般来说，有以下三种方式：一是土地被政府征用，政府所能给予的补偿非常少。一般情况下，政府会给予失土农民"农转非"的政策，至少可以享受城镇最低生活保障，或者提供"失土农民养老保险"，但难免会出现"政府不作为或作为欠佳"的情况[①]，会产生不良后果。二是土地卖给开发商，可以获得一大笔资金，统一为村民购买社会保险，因为这一做法所需资金量大，所以仅在集体经济发达的地区可以做到。三是村庄集体经济比较发达，可以由村庄为村民提供基本的保障。这三种方式并非一定孤立存在，有可能会重合。富强村属于第三种，以村庄集体经济分红的方式为村民提供福利。目前，富强村村民凡是男性年满60周岁，女性年满55周岁，每月发放500元生活费；凡富强村村

---

① 于洪生：《城郊村：城市化背景下的村务管理调研》，社会科学文献出版社2005年版，第202页。

民，不论老少，每人每年发3000元集体分红，并且由村里统一购买农村合作医疗保险。2012年，村集体分红一共发了900多万元。这些数字还会随着村集体经济收入的提高而提高。对于统一购买社保，村干部表示："心有余而力不足，要是统一办社保的话，要一次性付出6千万—7千万元。现在是没有的，或许等以后这边能引进开发商，把土地卖掉以后还有希望。而我们现在每个月的福利要比参加社保得到的还要多，所以还不如把钱拿去建厂房出租来得多。"所以，现在村民对于村庄有较强的依赖性，一方面，因为村集体基本承担了村落生活的全部责任；另一方面，更重要的是因为村民享受到的这份非本村村民不能享有的集体经济分红。但是，这种方式也有一定的局限性，即无法规避市场的风险，具有不稳定性，会随着市场的波动而变化。

四　社会管理上的封闭性与自主性

富强村在城市化过程中一方面受到城市化大潮的冲击与洗礼，另一方面在村庄管理上却又保持着一定的封闭性和自主性。

一是土地的自主管理。土地问题是近郊村村务管理面临的最棘手的问题，很多地方土地管理混乱。富强村问题也曾比较严重，在2002年之前，前一届班子比较腐败，把村里大量土地贱卖掉从中获利，书记和村主任也分别因此获刑。2002年之后，新上任的班子吸取教训，收紧土地管理权，把土地集中征收回来，统一开发，共同获利。这一做法使农民与土地仍然紧密地联系在一起，只不过联系方式由直接从土地中获利变成了"土地所有权借以实现的经济形式"[①]：租金。虽然这种做法也有一些不确定性，但是他们却是"以自己的集体行动表达了明确的利益主张和强烈的自主愿望"[②]。而由村集体来自主开发土地，不仅获得了土地的超额收益，还获得了对土地实实在在的管理权。也正是因为有土地的存在，才使村庄仍然保持着一定的封闭性和排外性：土地所得收益只能由具有本村户籍的村民享有。

---

① 马克思：《资本论》第3卷，人民出版社1978年版，第714页。
② 路小昆：《徘徊在城市边缘：城郊农民市民化问题研究》，四川人民出版社2009年版，第87页。

二是村庄基建工程的"包清工"。福村所有的基建工程,包括标准厂房、村庄道路甚至路灯、绿化等全部由村里"包清工",从采购到建设全部由村里自己完成。一方面,这样做能为村民提供就业机会,增加收入;另一方面,也能保证质量,减少开支。村庄基建工程全部由自己负责,且并不以盈利为目标,也能够让老百姓信任。而这方面还需要做的就是要完善村务公开制度,加强村民及村理财小组对村务的监督,让村庄事务透明化。

三是小农的另类理性。农民的生存理性让他们寻求自己的脱困之路,然而,等农民实现脱困之后,经济理性就开始发挥作用,而这会带来预想不到的后果。富强村在发现这条路有利可图后,开始追求利益的最大化。于是,出现了很多未经政府审批的厂房。而村民在看到外来人口涌入可以带来客观的房租收益以后,在房前屋后凡是能利用的地方都搭起了建筑物,使原本拥挤的老街更是杂乱不堪。据街道办事处干部估计,整个富强村有30%的厂房是违章建筑,而违章的民房就更多了。所以,这也是富强村发展中出现的一个很大的问题,也是非常棘手的问题,需要在以后的发展过程中寻求解决途径。

第二节　政府规制:城市化进程中近郊村与政府的博弈

一　政府面临着农村与市场的两难选择

正如有学者所指出的:"村落终结已远远不是简单的'空间变迁'和一般意义的'关系变动',也不是农民群体单一的'去农为工',而是一个非常复杂的总体变迁过程,其中充满着激烈的矛盾冲突和利益重组。"①诚然,正是农村、市场与政府三者之间的矛盾冲突与利益重组,才构成了城市化进程中近郊村的发展全貌。而政府作为居于村庄和市场之上的力量最大的第三方,在市场力量不断侵蚀村庄的时候,必然要面临一个选择,有时候这个选择是两难的。现阶段,土地财政是地方政府财政收入的大头。然而,这往往是政府低价征用土地,高价卖给开发商,通过两者之间的巨大差价获取暴利,而处在这一链条最低端的农民却享受不到土地增值

---

① 田毅鹏,韩丹:《城市化与"村落终结"》,《吉林大学社会科学学报》2011年第2期。

的红利。富强村因地处近郊，靠近市区，所以土地就这样被大量征用，按规定政府征用土地要返还 10% 的村留地，但在现实中却因为各种原因，这 10% 的村留地经常被截留，无法兑现。政府的这种行为造成了村民的不满，加剧了社会矛盾，引起百姓多次上访。

另外，在当时以经济建设为中心的背景下，政府鼓励农村自主发展，往往对一些违章行为睁一只眼、闭一只眼。当时，富强村也进入了快速发展的轨道，很多厂房都是未批先建，甚至占用了非村留地的集体临时用地，这是明显的违章行为，但同样也得到了政府或明或暗的鼓励，甚至还得到了市政府的表扬和推广。出于规章制度的严肃性，当时政府对富强村的违章建筑还是要收取罚金的，只不过罚金的 70% 会返还给村里，而且年终的时候还要按照厂房平方数给予一定的现金奖励。在当时"经济逻辑的强势下，人们对此（违章行为）往往会'集体失忆'或者当作无关紧要的方面"①，为了经济发展而把这些约束条件省略掉了。而这种做法也给现在留下了后遗症，由于之前通过罚款把富强村的这种违规行为合法化了，使得大量违章建筑成为事实。如今即使要拆迁的话，政府也需要付出极大努力，而且影响非常之大。调查时，这种违规行为还在继续，政府则依然只能采取这种妥协式的罚款方式来维持现状，只不过这些罚款不会再返还给村里了。政府面临着两难的选择：是站在农村这一边扶持村庄发展，还是站在资本市场这一边任其扫平村庄？在"国家——村庄"的场域中，政府行为必然影响甚至决定村庄的命运，而政府选择的两难只能让村庄发展前景的不确定性大大增强。

二　政府的统筹规划缺乏机动灵活性

近郊村由于受到城乡二元结构的影响，村情会比城市社区更加复杂，而且很多近郊村在城市化过程中的发展模式各不相同，因此更需要在政府层面上的合理统筹规划。富强村在发展过程中虽然有很大的自主性，但是始终离不开政府的推动。富强村在城市化进程中进展缓慢，一直无法突破困境，这固然有富强村自身的原因，但也不能忽视外部原因即政府的统筹规划不够灵活机动。

---

① 李培林：《村落的终结——羊城村的故事》，商务印书馆 2004 年版，第 71 页。

首先，征地缺乏长远规划。这导致了富强村土地利用率降低，开发成本（既包括行政成本也包括资金成本）过高，政府和开发商不敢进入。从 20 世纪末开始，富强村的土地就断断续续地被征用，而且征地的时候也并未考虑到将富强村统一纳入发展规划。如今村里三分之二的土地被征用了，剩下的三分之一由村里收回建起了厂房，村里已无可利用的空闲土地，唯一剩余的就是大量的老房子、老街，情况比较复杂，而且当时征地的时候并没有抓住时机开展旧村改造，导致如今老房子里的村民对拆迁的期望值大大提高。如此一来，再进行拆迁所要耗费的成本就大大增加。再加上最近国家对房地产市场的调控力度增大，房地产商进来的话风险太大，所以旧村改造就一直搁置下来，政府也持顺其自然的态度，没有进一步提出规划设计。

其次，基础设施建设与征地开发不同步。主要是政府在近郊村公共基础设施上投入不足。受土地财政、绩效考核、任内政绩等因素的影响，政府高层在制定决策的时候经常会以短期经济增长为衡量标准，而对处于边缘区的近郊村的空间改造以及基础设施建设不予重视。富强村在村庄建设中基本上是依靠集体经济自身的财力支撑的，政府在政策、资金上投入很少。

最后，近郊村城市化的制度供给不足。在城市化进程中，政府有计划的政策推动对近郊村城市化起着方向性的引领作用，要使富强村这样的近郊村实现城市化，必然需要政府的政策性推动，以解决诸如户籍、社保、组织结构以及社会管理等方面的问题。但是，国家并没有对近郊村这种边缘性社区给予特别关注，也未就近郊村落城市化问题做出统一的制度安排和工作部署。不仅没有相对独立的政策体系，也缺乏专门的管理部门。同时，各级政府也未能在具体的城市化实践中出台有针对性的政策和制度。"从一定意义上说，城郊村社区城市化制度的供给不足是导致城郊村边缘化的直接原因。"[①]

三　政府行政干预过多

由于我国实行村民自治制度，政府对村庄的干预问题一直是学界争论

---

① 李意：《边缘治理：城市化进程中的城郊村社区治理》，《社会科学》2011 年第 8 期。

的热点。而现实中国家权力的下沉导致村庄过度行政化，也一直困扰着村庄自治。当然，有些村庄因为其封闭性和局限性，在发展过程中也需要政府的支持与引导。但是，很少有政府部门能够以发展的眼光及时地审视政府干预行为的合理性，这就导致一些政府行为在如今看来有些僵化。不仅起不到作用，反而给农村带来不便，让村庄疲于应付。就富强村来看，政府行政干预主要有三个问题：

一是行政性事务太多，村庄疲于应付。在富强村办公楼大会议室里的一面墙上，挂着大大小小十几块牌子，分别对应着政府指派的各项任务。如：争先创优、基层党建和各种检查等。虽然是各种荣誉，但是村干部看起来并不高兴："很多都是虚的，给下面增加负担了。我这个村里经济条件好一点，很多资料还都多一点，别的村都没有的。政府一来检查，他们没有的就把我们的资料拿过去搞一下，应付一下，都是虚的。这些指标和任务有经济条件还可以应付，没有经济条件，搞都没办法搞。只要事情好办就行了，等上面检查，他应付一下就行了。"

二是村留地开发报批手续烦琐，成本较高。村里要建厂房，报批是最麻烦的一个工作，因为要涉及土地的预审、立项、供地、水利、电力等多个环节和国土局、工商局、水利局、电业局等多个部门，审批过程烦琐而且效率不高，经常有跑十几趟都没有办成事的情况发生。而且土地开发报批的费用较高，报批 1 亩地需要缴纳 10 万元，其中指标费每亩 4 万元，其他各项如税费等每亩约 6 万元，这大大增加了村里的财政负担。

三是村里的财政权限额度太低。为了有效地管理村集体资金，防止腐败，"村财乡管"或"村财镇管"的方法被普遍推行。这是一项制度创新，有效地约束了村干部的行为。但是，制度实行这么长时间以来并未及时改进，尤其是村里的权限额度还按照过去的标准执行，导致略显僵化。富强村的村干部就抱怨："现在村里权限额度只有两千块。像我们这个村工程这么多，经济也算可以了，现在随便搞搞都要几千、上万了，每年资金往来要上千万的，每次还得到办事处办理，还得去银行，多麻烦啊。制度是好的，但是不方便了。"这一规定对一些经济条件较好的村已经不适用了，甚至限制了村庄的发展。

第三节　妥善处理村庄、市场与政府之间的关系

"国家——社会"关系是农村城市化研究中一个不可回避的主题。在传统乡村社会中，国家与社会是相互对立的两极，是一种"权力支配社会"的运行模式，是一种单一向度的刚性的管理模式。随着家庭承包经营制的推行以及农村私营经济的发展，农村生产关系发生了重大的改变，摆脱了"大集体"、"大锅饭"的平均主义，农村经济社会的发展开始趋向于多元化和复杂化，仅靠单一的"权力支配社会"模式已经无法有效地对农村社会进行管理了。在此背景下，"国家——社会"关系经历了"由国家社会同构一体一元结构，到国家与社会有限分离二元结构，再到国家与社会相互影响的互动演进过程"①。而且随着市场经济体制的确立，市场也成了一个重要的关系主体，由此"国家——社会"关系也演变成了"国家——市场——社会"的三方互动关系。农村城市化就将国家（政府）、市场与社会（村庄）紧密地结合在了一起，这三方在城市化过程中不断地发生冲突碰撞、不断地相互适应，最终推动城市化进程。在近郊村城市化过程中，必须考量这三者的关系，妥善处理相互之间的冲突。

一　依靠市场力量推动村庄经济多元化

要合理处理市场与村庄之间的关系，充分利用市场实现村庄集体经济的多元化，发挥自主创业的持续性效应。目前，富强村的经济还是单纯的土地物业租赁的方式，这种方式虽然为富强村的经济社会发展起到了很大的作用，但"过于单一的积累体制就会表现出过密化和内卷化"②，不利于村庄的长远发展。因此，要转变发展理念。城市化对近郊村的发展带来了双重效应，随着城市从生产性中心到消费性中心的转变，城市原来的生产功能必然要向周边地区转移。近郊村落应当抓住机会，依靠市场力量和村庄自身优势发展多元经济，改变现在单一的以物业租赁为主的产业结

---

① 白贵一：《当代中国国家与社会关系的嬗变》，《贵州社会科学》2011 年第 7 期。
② 黄宗智：《中国农村的过密化与现代化：规范认识的危机及出路》，上海人民出版社 1992 年版，第 41 页。

构。不仅要为城市提供廉价的厂房和土地，而且也要为城市提供商品、服务、娱乐等多种功能，这样才能让村庄的发展更有动力，产生更大的经济、社会效益。

二　借助政府支持清除村庄发展障碍

近郊村因其特殊性，面临的问题和困难必然非常之多，仅靠村庄一己之力是无法解决的。近郊村落城市化毕竟是政府主导的社会工程，政府必须发挥主导性作用，对近郊村落给予必要的支持。在富强村的实践中，在旧村改造、违章建筑、外来人口、土地纠纷、发展资金、政策扶持等方面都存在困难，这些都严重制约了村庄的发展，而这些问题必须在政府的推动和支持下才有可能解决，政府部门要主动承担起责任，成为近郊村城市化的设计者、参谋者、引导者和协调者。

（本报告撰写人：李传喜，原文发表于《温州大学学报》2014 年第 1期，本书收录时做了适当调整和修改。）

第五章　边缘治理：城市化进程中的
城郊村社区治理

——以浙江省陶朱路村社区为个案

近年来，随着我国城市化进程的急速推进，大批城市近郊的村庄逐渐被纳入城市范围，形成了独特的城郊村社区。从某种意义上说，城郊村社区是我国农村城市化进程中出现的一种过渡性社区形式。受中国特色城市化道路的特殊影响，城郊村社区不仅在地理位置上处在城乡边缘，而且在治理方式上界于城乡两种体制之间，呈现出独特的边缘性。本文拟以浙江省陶朱路村社区为个案，通过对城郊村社区组织结构和职能的考察，分析城市化进程中出现的边缘治理现象。

第一节　经济社会变迁与治理方式转换

陶朱路村社区处于浙江金华市东北郊，是由原陶朱路村演变而来的。依托城郊的地理优势，很早以前就是金华闻名的"菜篮子"。村民们大多以蔬菜种植和销售为生，是一个以商品农业为主的典型城郊型村庄。改革开放以来，随着金华城市规模的扩张，自 1984 年开始，陶朱路村的土地逐渐被政府和企业征用，由此改变了陶朱路村村民的生产、生活方式和村庄的面貌。2000 年，金华市政府对城市布局做了重新规划，原来位于城区的许多企业和单位因种种原因，纷纷外迁到陶朱路村所在的城郊地区落户。各种类型的企事业单位错落分布在陶朱路村土地上，陶朱路村的土地通过征用而非农化，广大村民群众因此成了失地农民，并逐渐地失去传统的农民属性。

随着改革的深入和经济社会的发展，陶朱路村所在地政府从城市化发展和城郊村管理等多种因素考虑，于 2001 年出台了《关于在市区开展撤村建居工作的意见》，通过撤村建居，将城郊村改为城市社区。2003 年，陶朱路村村民委员会在这一过程中被撤销，改建为陶朱路村社区居民委员会。相应地，村民转变了户籍关系，变成为市民户口。从形式上看，陶朱路村已经被吸纳进城市体系，已经成为一个城市社区。

然而，刚刚从乡村社会中脱胎出来的新城市社区，因受城乡二元社会结构及其相应的就业、教育、社会保障制度和基层治理体制等因素的影响，依然带有其脱胎而来的乡村社会的痕迹，显现出亦城亦村的两栖性特点。为便于区别和界分，我们把这种介于城市社区与农村村庄之间的过渡型社会形式称之为"城郊村社区"。

由于配套制度改革的滞后、传统管理方式的路径依赖、陶朱路村社区的客观情况、民众的主观意愿等多种因素的影响，失去了农业经营的生产资料，改变了居民的户籍身份，法理上已经纳入城市管理体制的陶朱路村社区，依然在很大程度上沿用着过去的农村基层治理结构与运行机制。在陶朱洛村社区治理实践中，城乡两种治理制度并存，两种治理因素渗透，呈现出非城非村、亦城亦村的边缘性治理特色。这种边缘性治理现象打破了传统的城乡二元治理结构，导致了界限分明的城乡两种基层治理体制的模糊，在中国特色的城市化进程中形成了一种独特的基层治理模式，我们称之"边缘治理"。

所谓"边缘治理"，是指在改革以来的城市化过程中形成于城郊村社区，介于城市居民自治与农村村民自治的边缘，城乡两种基层群众自治体制和管理因素同时并存、相互渗透、综合作用的基层社会治理方式。

第二节 社区治理的边缘性

一 治理体制的双轨化

基层社会治理带有明显的公共性特征，这就要求公共组织的存在及其治理活动不能依私人意志而定，必须依据事先公开确定的规则进行，旨在保证公共组织和治理活动的正当性，进而提高基层社会治理的效能。作为基层社会治理依据的规则，一部分是对基层社会治理活动作出统一规定的国家法律法规和基层政府颁布的各种规范性文件，另一部分是基层社会公共组织在长期的治理实践中总结和制定的治理准则。当然，在效力位阶上，前一部分治理依据要比后一部分高，后者必须在不抵触前者的条件下才能有效适用。

众所周知，在现行国家制度安排中，基于城乡二元经济社会结构，采取了城乡有别的两种基层社会治理体制。在城市社区实行居民自治，在农村村庄实行村民自治。城市化进程中出现的城郊村社区，介于城市社区与农村村庄之间，是一种独特的过渡性、中介型社区形式。相应地，其治理依据也游离在城市居民自治和农村村民自治两种体制的边缘，形成了基层社会治理的双轨化。

据调查，在政府的推动下，陶朱路村于 2003 年撤村建居，陶朱路村社区居民委员会已经取代村民委员会成为法定的基层群众自治组织。从法理上讲，与之相配套的一系列城市社区治理的法律制度自然而然地成了陶朱路村社区治理的依据，原来赖以运作的村庄治理规则不再适用。陶朱路村社区公共组织的领导人对此有着清晰而深刻的认识，并见之于客观行动。如：2003 年 11 月，陶朱路村社区居民委员会成立以后，在街道党委的要求下，召开了由全体陶朱路村社区党员、三委干部以及各条线负责人参加的联席会议，专门学习与讨论《中华人民共和国城市居民委员会组织法》，为依法治理社区作好准备。学习与讨论后达成一致意见，社区干部应该比照城市居委会的做法，应该有专门办公室，实行干部上班制等。又如：在 2005 年新一届居民委员会选举前，政府相关部门就下发了《浙江省城市社区居民委员会选举办法》，以此作为指导陶朱路村社区居民委员会的选举活动的准则。在访谈中，陶朱路村社区领导也不止一次地表示"我们确实是在党的领导下进行社区居民的自我教育、自我管理、自我服务"。可以肯定，城市居民自治的精神和规则已经一定程度地成为陶朱路村社区治理的依据。

然而，深入调查和分析陶朱路村社区治理的实际运作和具体事件，不难发现其治理活动在相当程度上依然遵循着村民自治规则。笔者在陶朱路村担任居委会主任助理期间，常常听到书记、主任的口头禅："按村里的规定办"。所谓"村里的规定"，指的是原先的《陶朱路村村民自治章程》，主任将之比喻为"村里的红宝书"。撤村建居后，陶朱路村社区事务较原村务有了许多改变，但《陶朱路村村民自治章程》仍然发挥着重要作用。之所以如此，一个重要原因是新的社区自治组织仍需处理大量与原先村民自治相同或类似的公共事务。比如，在五年过渡期内，"本村辖区面积不变，土地、财产所有权和使用权不变，计划生育政策不变，建房政策不变"①。这些不变的政策使村庄管理的内容得以延续，自然而然产生了对陶朱路村原有治理规则的依赖。在一定程度上，《陶朱路村村民自治章程》是目前陶朱路村社区公共组织和村民的主要行为依据。

与此同时，笔者也发现，既定城市社区的许多政策事实上不能为城郊村社区享受，如政府并没有为陶朱路村社区公共空间的水电、卫生等公益性支出买单，法律上已经实现村转居的陶朱路村"城市居民"并没有享受"市民"享有的福利保障待遇，陶朱路村社区党支部书记如是说："我们成了两边不着靠的地区，新农村建设的好处享受不到，城市社区建设的政策也惠及不到"。陶朱路村社区成了"被遗忘的角落"。

宏观地说，陶朱路村社区的治理依据主要来源于两个方面：一是国家法律法规的外部强制规定，二是根植于陶朱路村社区治理内在需要、作为经验总结的自治章程。在陶朱路村社区居民委员会选举之类重大活动中，在陶朱路村社区公共组织作出的一些书面决议中，居民自治的相关法律和制度已经成为城郊村社区治理的适用依据。但是，这些国家法律法规的效用，更多地依赖于政府的强制政策，而不是生发于陶朱路村社区治理活动的内在需要，因而其实际作用极为有限。相反，在某种意义已经"过时"，却符合陶朱路村社区治理实际需要的《村民自治章程》，在处理具体的村社区公共事务时发挥了实实在在的作用。村社区干部觉得原来的《村民自治章程》非常管用，有时还必须按原来的规则办事才行得通。显现出其特殊的合理性，并得到了广大村社区居民群众的认同。

二　自治范围的模糊化

为规范城市社区建设，陶朱路村社区所在的金华市金东区政府专门印发了《金华市金东区居民委员会设置工作的意见》，确定了社区居民委员会的设置原则。一是地域管理范围控制原则。根据人口居住情况及共建单

①　金东区政协：《关于对我区撤村建居情况的调查及社区建设管理工作的几点思考》（内部资料），2004 年。

位、企业分布等状况，从有利于管理、有利于发展、有利于社区建设出发，划分社区居委会管辖范围。二是人口规模原则。考虑居民、企事业单位人口分布情况，一般以 2000 人左右的人口数目来确定社区范围。在调查中，陶朱路村社区所在的东孝街道主任指出，陶朱路村社区的范围是按照属地管辖的原则确定的，在陶朱路村原来的土地（包括农用地和宅基地）上征地、建房、落户的单位都包含在陶朱路村社区范围里。区民政局 W 局长也认同这种观点。他说，金东区一共 8 个街道 18 个社区，每个社区的管理范围都很明确，不会留出一处空白点。可以肯定，划分社区的时候确实是将陶朱路村与周边单位一起"打包"的。

可见，根据政府文件和相关干部的访谈，陶朱路村社区的管辖范围是按照属地原则确定的，即以地域空间距离为标准确定陶朱路村社区管辖范围，并将该空间范围内属于社区自治层面的"人"和"事"作为治理对象，而不管这些"人"是否属于原来陶朱路村的村民，也不管这些"事"是否关系原来陶朱路村村民的利益。亦即，原则上关于"陶朱路村社区的治理"应该关乎这一地域范围内所有的"人"与"事"的治理。

然而，在陶朱路村社区治理实践中，却显示出了治理范围的模糊化。

第一，对社区内的"事"的管理显得模糊。由于陶朱路村社区内涵盖了原村庄和大量的企事业单位，原则上陶朱路村社区的治理应该是对社区范围内所有村庄事务和企事业单位除业务外事务的管理。但是，现实中各个企事业单位各自为政，只接受街道的指令，与陶朱路村社区居委会等公共组织并无管理与被管理的关系。陶朱路村社区公共组织只负责陶朱路村公共事务。诸如：村社区环卫委员会只负责村社区居民区内公共场所的卫生状况，村社区居民区与驻社区单位之间的道路等公共卫生由区环卫局负责；村社区治保委员会只对村社区居民区的安全负责，并没有将驻社区单位的社会治安事务纳入自己的管理轨道。对此，陶朱路村社区干部深有感触："本来车站、农产品批发市场都是我们社区的。可是，牌子换了，公章换了，我们也成社区干部了，但实际上还是只管原来村里的事情。"

第二，社区内的"人"的自治显得模糊。原则上，陶朱路村社区内的人口指的是原陶朱路村村民和企事业单位的常住人口（不包含大量租住在本社区的外来务工人员），社区自治应该是上述人口对社区领导集体的民主选举，对社区公共事务的民主决策、民主管理、民主监督的过程，但在现实中，陶朱路村社区内企事业单位的常住人口并不拥有陶朱路村社区领导人的选举与被选举权，更无从谈及参与公共事务的决策、管理与监督。严格地讲，陶朱路村社区的自治只是社区内原陶朱路村村民群众的自治。

可见，陶朱路村社区的治理局限于原陶朱路村村属范围内的人以及缩小了的村落地域范围内的公共事务，在实践过程中不难发现形式上的社区与事实上的村庄的矛盾，这一矛盾致使治理实践与治理制度发生了明显偏离，导致了城郊村社区自治范围和对象的模糊化。

三　治理组织的两栖化

任何一种形式的治理都是依托一定的组织来实现的。所谓组织，美国学者罗伯特·普莱修斯认为是"形成一定结构的人际关系"[1]。在社会学领域里，组织就是为实现某方面的特定目标，按照一定规则和程序排列起来并开展活动的群体。

基层社会治理是国家治理体系的有机构成部分，因而其公共组织的建构离不开国家制度的安排。历史表明，社区公共组织的设置，一方面依据国家的制度设计；另一方面来源于民众的治理实践。既是国家建构基层社会的结果，又是基层社会自主创造的产物。

陶朱路村是在金华市金东区广泛进行撤村建居工作并同步开展城市社区建设的背景下实现由农村村庄到城市社区转变的[2]。如此，城郊村社区作为一种特殊的基层社区，其公共组织的设置需要考虑多方面的因素。

首先，城郊村社区已经纳入城市范围，其治理应当归属于城市社区管理体制，遵循城市居民自治的原则和政府关于城市社区管理的相关文件规定[3]进行组织设置。根据文件精神，城市社区公共组织体系大体包括：社

---

① 参见 E. 奥多威尔编：《公共行政选读》，英文版，胡顿·米夫林公司，1966 年，第 41页。

② 有人将这个过程比喻为"坐直升飞机"，意指未经过居民委员会的过渡，村民委员会直接变成社区居民委员会。

③ 这些文件包括《民政部关于在全国推进城市社区建设的意见》、《中共浙江省委关于加强城市社区党建工作的意见》浙委发［2001］60 号、《中共金华市委、金华市人民政府关于加强城市社区建设和社区党建工作的意见》市委［2001］36 号、《浙江省城市社区建设指导纲要》（浙委办［2003］80 号）、《关于推进社区居民自治的意见（试行）》浙社［2003］4 号等。

区党组织、社区居民自治组织（含社区居民代表大会、社区居民委员会及下属组织、社区议事（共建）委员会等）、社区民间组织等①。

其次，城郊村社区在城市社区的外表下延续着其固有的乡村属性，村落经济、文化、社会共同体尤其是经济共同体是这种乡村属性的核心。毫无疑问，历史延续的、事实内存于城郊村社区的种种特殊的乡村属性，必然对社区公共组织的设置产生深刻影响，这无疑要求政府在构建城郊村社区公共组织时要充分考虑其特殊性，导致陶朱路村社区的公共组织体系呈现出鲜明的两栖性。

村转居以后，陶朱路村社区居民委员会、社区党支委已经取代了原来的村民委员会和陶朱路村党支委，成为村社区治理的两个重要组织，体现出典型的城市社区公共组织结构特征。但到目前为止，金东区政府通过文件的方式在陶朱路村社区建立的社区公共组织只有陶朱路村社区居民委员会和陶朱路村社区党支委，而且陶朱路村社区居民委员会和党支委的产生方式和人员构成基本上保留原来的村庄样式。只是名义上的改变，实质还是原来陶朱路村的自治组织和基层党组织。

由于地方政府对村转居后城郊村社区其他组织设置问题的不确定，加上村转居后村社区规划和村社区居民生活的实际需要仍没发生根本性变化，一些明显带有村落特征的公共组织得以完整保留。比如，普通城市社区不承担经济职能，因此不存在实体经济组织。而陶朱路村社区保留了原陶朱路村的集体经济合作社，以及原村庄的集体企业——装卸队。此外，由于小区规划的需要以及过渡期内村社区居民享受农户建房优惠政策，陶朱路村社区建房小组得以继续保留并发挥重要作用。从一定意义上说，经济合作社、建房小组、装卸队等都是原来农村公共组织的保留。

四　治理职能的叠合化

在中国现行城乡二元基层自治体制下，城市与农村基层自治的职能存

① 各级文件对社区组织的设置要求有所差别。《中华人民共和国居民委员会组织法》的提法有些过时，《民政部关于在全国推进城市社区建设的意见》的规定比较原则，《浙江省城市社区建设指导纲要》提出了"加强社区党组织、自治组织、群团组织、民间组织的建设"要求。这里的提法参照的依据主要是《中共浙江省委关于加强城市社区党建工作的意见》、《中共金华市委、金华市人民政府关于加强城市社区建设和社区党建工作的意见》等文件。

在着显著的差异。根据《中华人民共和国村民委员会组织法》等相关法律的要求，农村村民自治组织负责诸如农田水利、道路等公共设施建设，以及公共福利、公共服务等与村落生产生活相关的几乎一切公共事务。由于其建设与管理的费用由村集体经济支出或者通过村民筹资等方式来支付，因此承担一定的集体经济保值增值职能。城市社区自治组织则更多是作为单位制管理体制的补充，只负责有限的公共事务。辖区内的教育、卫生、治安、供水、供电、道路、环境建设等社会事务管理，主要由相关政府或公共事业单位直接负责。由于社区建设与管理费用由国家财政支付，社区自治组织一般不承担经济管理职能。

据调查，陶朱路村社区自治组织承担的公共职能具有城乡叠合的特点。不仅需要完成城市社区公共组织的职能，而且承担着建设和维护村社区公共设施、提供居民社会保障、经营和管理集体经济等方面的职能。具体地说，主要有：

第一，协助政府管理政务。《中华人民共和国居民委员会组织法》第三条规定，居民委员会的任务之一是协助人民政府或者它的派出机关做好与居民利益有关的公共卫生、计划生育、优抚救济、青少年教育等项工作。据调查，陶朱路村社区公共组织的该项职能突出地表现为：（1）配合街道等部门完成征地工作。配合街道做好征地工作是陶朱路村社区公共组织及干部的重中之重的职能。村转居以后，受传统乡村关系的路径依赖，陶朱路村社区干部一时难以摆脱"政府代理人"的角色，对街道政府下达的征地任务"言听计从"。（2）响应政府号召发展经济、解决就业问题。为促进街道经济、社会协调发展，贯彻上级富民工程精神，促进农民增收，解决农村剩余劳动力、失地农民、下岗职工的生活就业问题。陶朱路村所在的东孝街道制订了《关于来料加工工作考核奖励的实施意见》，要求陶朱路村社区 2007 年发展来料加工户 15 户，加工人数为 15人，共收加工费为 23.5 万元。（3）协助街道做好流动人口、出租房管理和计划生育工作。为维护辖区社会治安稳定，维护流动人口合法权益，根据公安部《租赁房屋治安管理规定》、《浙江省暂住人口管理条例》、《浙江省流动人口计划生育管理办法》等法律法规要求，结合城郊村外来人口集聚的实际，东孝街道特别重视流动人口"三证合一"管理工作，并将该工作任务延伸到各个村社区。陶朱路村社区按照文件要求，设立了流动人口服务与管理小组，组织了一批无职党员担任流动人口管理协管员，及时与房屋出租户签订综合管理责任书，与外来、外出育龄妇女签订计划生育合同，并在第一时间进行人来登记、人走注销以及及时发放暂住证。社区计划生育协会还要配合街道做好社区内所有妇女（包括外来妇女）的计划生育宣传与教育工作。

此外，陶朱路村社区公共组织的政府协助职能还包括配合街道做好社区环境卫生工作以及创建工作等。

第二，建设和维护公共设施。陶朱路村社区已被纳入城市社区管理的范围，根据城市管理的相关规定，道路、路灯等基础设施的建设与维护应交由市、区两级政府相关部门进行统一管理。然而，尽管陶朱路村社区名义上已经改为城市社区，但村社区内的道路、卫生、供水、供电、电讯等公共设施与公共服务均由村社区自行负责。陶朱路村社区实施的旧村改造、村庄整治正是陶朱路村社区履行公共设施建设职能，为村社区及其全体居民提供公共服务和公共产品的重要途径。

陶朱路村社区公共组织承担的公共设施建设职能，明显保留着村级组织的职能特性。不过，在典型的农村中，村级组织的公共设施建设职能侧重于农田水利等生产性基础设施的维护与建设，而陶朱路村社区则更侧重于生活、休闲类基础设施建设和公共产品的提供。

众所周知，城市公共设施的建设费用由政府提供，农村公共设施的建设费用主要由村集体自己筹措。对于像陶朱路村社区那样村改居后设立的城郊村社区，其公共设施应当由谁承担，相关制度没有做出明确规定。从陶朱路村社区的调查来看，在实践中基本由村社区集体支付。

第三，提供劳动与社会保障。给村社区居民提供就业机会是陶朱路村社区公共组织的重要职能之一。随着土地的被征用，村社区居民的隐性失业因失去土地转为显性失业问题，如何开辟就业途径，保障社区居民的日常生活成为村社区领导干部的中心任务。2000年，陶朱路村引进了农产品批发市场并在市场内组建了装卸队，为失地又失业而且无特殊生存本领的居民开辟了新的就业渠道，成为城郊村社区公共组织的一项特殊的职能。

长期以来，社会保障制度的二元化使农村居民的社会保障以土地保障、家庭保障、村集体保障为主，城市居民以就业保障为主。村改居以后，土地完全丧失，失地农民面临着城乡社会保障的断裂①。从法理上说，陶朱路村社区居民已经是法律意义上的城市居民，理应享受城市居民同等的养老保障、医疗保险和失业保险等社会保障待遇。但是，在实际运作中，陶朱路村社区居民基本不享受城市居民的社会福利和社会保障，大部分社会福利待遇来源于陶朱路村集体，街道只负责很小部分的支出。

根据调查，陶朱路村社区提供的社会保障大致分社会保险、社会救助以及社会福利三方面：

社会保险主要集中在新型农村合作医疗保险上。由村社区集体支出，每人每年 30 元。由于意见不统一，陶朱路村社区没有实施全体社区居民的养老保险。此外，失业保险也不在列，但东孝街道作为征地单位给失地农民给予了一定的补偿。

社会救助主要是低保家庭的最低生活保障，村社区内有 10 户低保家庭按政策享受了城乡居民最低生活保障，其经费由政府和村社区集体共同承担。其中，区政府出资每人 90 元/月，村社区集体出资每人 30 元/月。

社会福利主要集中在"老年人福利"上，村社区集体给 60—69 周岁每人 20 元/月、70—79 周岁每人 30 元/月、80 周岁及以上每人 40 元/月的老年人生活补助款。每年组织老年人外出旅游 1 次。2006 年，陶朱路村社区集体出资修建了老年公寓，安置了村社区的 5 位孤寡老人。此外，村社区的集体福利还包括村社区居民子女考上大学奖励、村社区居民子女受表彰奖励等。如：居委会主任在宁波海军某部任职的儿子于 2007 年荣立三等功，村社区集体给予了 800 元奖励。

第四，经营集体经济。由于陶朱路村社区的公共服务与社会保障支出经费大部分来源于村社区集体经济，其公共服务与社会保障职能须由强大的村社区集体经济做支撑，因此使得集体经济经营成为村社区组织的重要职能。

始于 1980 年的征地并不必然地带来陶朱路村集体资产的原始积累。初期的征地活动都是在土地承包户与征地单位间进行的，土地承包户是最直接的受益者。以村民小组为单位进行征地以后，经各村民小组内部协

---

① 李学斌：《"城中村"改造的问题与对策》，《南京理工大学学报（社会科学版）》2005 年第 8 期。

商，村民小组提取了部分征地款，受益者改为村民小组与农户，分配比例由各村民小组自行决定。到了 20 世纪 90 年代中期，大规模的征地开始（以东孝乡工业区征地为标志），陶朱路村"三委"作为村集体的代言人，开始介入征地款的分配和管理。经讨论决定，对土地征用补偿款按照村集体提成 30%，村民小级提成 10%，农户留 60% 的比例进行分配。此后，陶朱路村集体积累了数以千万的货币资产。

撤村建居过程中，陶朱路村社区管理者和居民群众拒绝实行集体资产的股份制改造。村社区集体资产依然主要由村社区核心组织及其干部负责经营。如何经营村集体资产，实现集体资产的保值增值，自然成为城郊村社区核心组织最重要的职能之一。

总体而言，根据调查所获资料分析，现阶段的陶朱路村社区公共组织所承担的中心任务是基础设施建设和环境整治（包括旧房老房拆除、外墙粉刷、污水沟清理、植被绿化、道路硬化等），当地习惯地统称为"旧村改造"；常规任务是环境卫生、治安保卫、出租屋管理、计划生育宣传与教育等公共事务的管理；特殊任务是装卸队和集体物业的经营与管理等。显而易见，村庄治理与城市社区治理在此出现了交叉、叠合。

第三节　社区治理边缘化的重要原因

调查发现，陶朱路村社区的治理一头延续着农村的村民自治，另一头接轨于城市社区自治，呈现出一定意义上的边缘化倾向。导致陶朱路村社区治理边缘化的原因是复杂的，其中最为重要地受以下因素影响：

一　城乡二元性社会体制的制约

从一定意义上说，城乡二元性社会体制是在特定的历史背景下形成的。新中国成立后，为了迅速改变中国的面貌，把我国由贫穷的农业国建设成为强盛的工业化国家，党和国家领导人决定实施工业优先发展战略，即通过工农业产品价格的"剪刀差"，低价收购农产品，把农业剩余转化为工业利润，再通过严格控制工业部门的工资水平，把工业利润转化为财政收入。另外，国家还可以从农业税收、农村储蓄等渠道获得大量工业化建设所需资金。为了保证从农业中获取稳定的工业化资金，实行严格的城乡分割政策。以城乡分割的户籍制度为基础，形成了城乡有别的二元性财税政策、就业政策、住房政策、社会保障政策等。这些制度和政策相互支持，逐渐形成和强化了城乡二元性社会体制。

城乡二元性社会体制实际上是一种不平等的"特权"制度，人为地在城乡之间设立起一道坚固的壁垒，将城市居民与农村居民划分为两个在发展机会和社会地位等方面极不平等的社会集团。[①] 正因为这样，20 世纪80 年代初，国家在建构基层群众自治体制时，分别建立了城市居民自治制度和农村村民自治制度，形成了两种治理体制并存的基层社会治理格局。

在地方政府借助行政力量强制推进城市化的过程中，由于受地方财政能力等多种因素制约，无法让所有"撤村建居"后的村社区居民完全享受城市居民同等的权利和待遇。在这种特殊背景下，城郊村社区的治理方式并不是伴随"撤村建居"完全地由乡村基层治理体制转变为城市基层治理体制，而是将城市基层治理的元素作为新的变量逐渐地嵌入城郊村社区治理结构和运行机制之中，原有的一些村庄公共组织和公共权力运行机制因特殊需要而暂时得以保留或延续。比如，陶朱路村社区公共组织体系中的经济合作社之类组织，在城市社区中并不存在。村社区公共设施建设、村社区居民的社会福利保障等也不是城市社区公共组织的职能。

正是由于受城乡二元性社会体制的影响，村转居后的陶朱路村社区居民依然享受不到城市居民在基础设施建设、教育、社会保障、住房等方面所享受的待遇。国家对陶朱路村社区的基础设施建设、社会保障和教育事业等方面的投入严重不足，其基础设施建设与社会保障的经费只能依靠村社区公共组织和村社区居民自主筹集。开展相应的经济经营活动以获取村庄基础设施建设和村民社会保障的经费，自然成了陶朱路村公共组织的重要职能之一。相应地，有别于城市社区，经济合作社等集体经济组织成了陶朱路村社区的重要公共组织之一。我们有理由说，城乡二元性社会体制是导致城市化进程中城郊村社区治理边缘化，呈现为非城非乡、亦城亦乡等边缘治理特征的根本原因。

---

① 王岗峰、黄雯：《新农村建设与改变城乡二元结构体制》，《马克思主义与现实》2007 年第 2 期。

二 城郊村社区城市化制度的供给不足

我国的城市化进程不仅仅是一个"集聚与扩散"、"侵入与接替"的自然生成过程，更多地表现为政府有计划的政策推动过程。如此，超常发展与急功近利也就成了题中应有之义①。从陶朱路村社区的变迁来看，城郊"村庄"向"社区"的转变，在相当程度上是政府推动的结果。像陶朱路村那样的城郊村的完全城市化，势必有赖于政府进一步出台具有针对性的制度，以解决诸如社会保障、劳动就业、居住方式转变、集体资产处置、社会组织结构和职能转换等问题。但是，受多种因素影响，各级政府未能在城郊村城市化过程中出台充足的针对性政策和制度。从一定意义上说，城郊村社区城市化制度的供给不足是导致陶朱路村社区治理边缘化的直接原因。

据调查，在陶朱路村"撤村建居"工作中，政府供给的相关制度严重缺失。陶朱路村社区所在的金东区政府出台的相关规范或文件，不仅数量有限，而且内容粗糙、模糊不清，操作性不强。针对陶朱路村的"撤村建居"工作，金东区政府主要出台了三个文件：《关于做好撤村建居工作中原村集体资产实行股份合作制的工作意见》、《关于同意撤销东孝街道东关等二个村民委员会设立东关等二个社区居民委员会的批复》、《关于撤销东关等二个村党支部设立东关等二个社区居委会党支部的决定》。其中，第一个文件由于规定得太过简单而不具操作性，再加上大部分陶朱路村社区居民的反对，最终未能贯彻实施。为加强对陶朱路村社区集体资产的经营管理，无奈地保留了集体经济合作社这一组织。后两个文件只是宣布了村民委员会和村党支部分别被居民委员会和居委会党支部取代，并规定居民委员会的工作为原村民委员会的工作，居委会党支部由原村党支部委员组成并按原村党支部的分工继续工作。至于陶朱路村社区居民委员会和居委会党支部如何产生、哪些人有选举权和被选举权、社区居民委员会的管辖对象和事项有哪些等问题都没有明确规定。

政府供给的制度缺乏，使得陶朱路村社区的管理基本上还是沿袭着原村庄治理的模式，甚至于2005年的陶朱路村社区居民委员会换届选举，

---

① 轩明飞：《"边缘区"城市化的困境与反思》，《思想战线》2005年第6期。

还是基本上按照原来村民委员会的选举办法实施，选举产生的陶朱路村社区居民委员会也只限于管辖有选举权和被选举权的原陶朱路村村民，而不是全社区的居民。

三　城郊村社区的现实需求

在陶朱路村"撤村建居"过程中，遗留下来的一个最为棘手的问题就是原村集体资产的处置。由于政府出台的制度不够详细，街道对此事的态度较为模糊，再加上村社区居民的反对，原陶朱路村的集体资产及其管理机构——集体经济合作社被保留了下来。

原陶朱路村集体资产的保留与陶朱路村社区治理的边缘性存在着密切关联。比如：怎样让村社区的集体资产保值增值？由谁来管理村社区的集体资产？村社区集体资产的管理组织如何产生？哪些人有资格参与村社区集体资产的管理？这些貌似经济管理的问题与陶朱路村社区的居民委员会、党支委和经济合作社的选举程序和组成人员发生着直接或间接关联。调查中，陶朱路村社区居民委员会委员 Z 向我们阐述了他对村社区居委会选举工作的看法：

> ……照理说，他们（指社区内的非本村居民）也应该派代表参加选举的，我们是一个社区的嘛！但是，他们要是真出来选，万一选上了怎么办？我们村的集体资产归他管吗？要与他一起分吗？这是不可能的事情，他们最多只能出来选，绝对不能当候选人。

陶朱路村集体资产的保留，使得原陶朱路村村民担心村社区其他人员参与村社区居民委员会民主选举和自治活动会损害其利益，不愿吸纳原陶朱路村村民之外的村社区居民参与基层自治活动。因而，到目前为止，陶朱路村社区居民委员会、党支部委员会和经济合作社管委会都由来自原陶朱路村的社区居民选举产生，陶朱路村社区的三大核心组织都由原陶朱路村村民组成。

此外，陶朱路村社区的周边环境和基础设施不仅无法与城市社区相比，而且难以得到国家财政的支持，主要地由陶朱路村社区公共组织自行承担。原陶朱路村村民转为市民以后，原来农村村民的自建房屋政策得到保留，相应地，负责村社区居民建房事宜的特殊公共组织——建房领导小组得以保留。同时，与一般的村庄公共组织不同，城郊村社区公共组织承担着外来人口管理、出租房管理等城郊村城市化过程中出现的新职能。

　　（本报告撰写人：李意，原文发表于《社会科学》2011年第8期，本书收录时略有调整与修改。）

第六章　新型城镇化进程中城郊村 "协同共治" 模式研究

——以浙江省东阳市蒋桥头为例

城郊村社区治理体制的调适与转型是我国新型城镇化建设的内在要求。当前，城郊村普遍存在着 "'介于城市居民自治与农村村民自治的边缘，城乡两种基层群众自治体制和管理因素同时并存、相互渗透、综合作用的基层社会治理方式'，即边缘治理现象"[1]，严重地影响了新型城镇化的进程。在地方政府的社会整合下，浙江省东阳市通过输入城市社区居民自治制度、保留城郊村原先的制度性权利，加强行政管控与引导服务、发挥经济能人的治理能力与社会责任，初步探索出 "协同共治" 的城郊村社区治理模式，为城郊村民的有序城镇化与社区治理转型提供了制度保障。本文通过对东阳市蒋桥头小区[2]的实地调研，侧重从组织结构、运行机制两个维度对 "协同共治" 的社区治理模式及其绩效进行了初步考察与评估，试图为这类型城郊村的有序城镇化提供有益的借鉴。

第一节　个案村概况

蒋桥头小区位于浙江省东阳市市区东郊，隶属于吴宁街道兴平社区，有 "吴宁东大门" 之称。东面与兴平社区成家里小区相邻，南邻荷塘社

---

①　李意：《边缘治理：城市化进程中的城郊村社区治理——以浙江省 T 村社区为个案》，《社会科学》2011 年第 8 期。

②　小区作为东阳市城郊村的一级基层建制，隶属于社区居委会、下辖若干个自然村，通常由一个较大的行政村改制而成，在 "社区—小区—自然村" 三级联动的城郊村社区组织结构中居于重要地位。

区四联小区，西接卢宅社区，北临东阳江。兴平东路横穿蒋桥头小区，南邻环城北路与37省道，交通非常便利。小区下辖3个自然村，共有4个居民小组。2011年底，小区共有386户、971人，耕地348亩、山林44亩，居民人均收入11000多元。20世纪90年代中后期，随着东阳城区的发展，蒋桥头先后有43亩土地被征用，主要用于兴平东路、环城北路等的扩建。2000年以来，东阳市实施了"北进西延南连东扩"的城市发展战略，金华海关东阳监管点等一批市政工程落户蒋桥头，该小区先后有270多亩土地被征用，现有300多亩土地在征用协商中。2001年，蒋桥头开始旧村改造，目前已有70%以上的居民迁入新居，成为吴宁街道乃至东阳市村庄整治的示范村。

第二节 "居政区治"的社区组织结构

2004年，东阳市在城郊村设立"社区—小区—自然村"三级联动的社区组织结构。其中，新设立的社区居委会主要扮演街道办事处的"准派出机构"角色，社区居民自治的实质性功能则由小区这一层级来承担，并以自然村为单位来运营集体经济，形成了"居政区治"的社区组织结构。

一 社区居委会的准行政化

《城市居民委员会组织法》第二条规定："居民委员会是居民自我管理、自我教育、自我服务、自我监督的基层群众性自治组织"，是开展居民自治活动的主要平台。但是，当地政府为了更好地汲取资源与行政规制，对城郊村新设立的社区居委会功能进行了根本性的切换，把其改造成街道办事处的"准派出机构"。

首先，在社区管理人员的构成方面，街道办事处干部通过形式化的选举兼任了社区党委、社区居委会的主要领导；社区居民无法参与这两个岗位的竞选，也无法对其进行有效的监督。诚然，作为配套的人事安排，当地政府还对社区的草根治理精英进行了政治吸纳，小区的主要负责人分别被安排为社区党委委员或社区居委会委员。由此，社区党委、社区居委会加强了对所辖小区的政策及业务指导，也便于借助草根治理精英的力量更好地执行街道办事处的意志。

其次，在社区工作重点方面，偏离了居民自治的范畴。由于在权力授予、办公经费、办公用房等方面都深度依赖于街道办事处，社区党委、社区居委会的自主性空间非常有限，它主要是围绕当地政府关注的征地、拆迁、计生、维稳、创建等开展工作、提供配套服务。此外，社区工作人员的"脱草根化"以及缺乏集体经济的支撑，使得社区居委会极少承担居民自治的实质性工作。

最后，在社区事务的决策与管理方面，出现了普遍的"居委会自治"现象。由街道办事处"委派"的社区主职干部、联村干部所主导的社区治理精英，已形成一个闭路运行的"内部人治理"团队。社区党员代表会议与社区居民代表会议形同虚设，它们的功能主要是为了完成指令式的选举仪式，赋予其形式上的合法性而无其他职责；兼任社区党委委员或社区居委会委员的小区负责人基本上也不参与整个社区事务的管理与决策，他们的工作重心与社区认同都集中在小区与自然村层级；社区的普通居民更是无法参与其中。

二　小区的基层自治化

在"社区—小区—自然村"分工联动的组织结构中，小区已成为社区居民自治的实体单位，它拥有比较健全的组织结构，主要包括小区党支部、社员代表会议与经济合作社；此外，团支部、妇代会、民兵连与老年人协会等组织一应俱全。在蒋桥头小区，党支部是该小区的政治领导核心，社员代表会议则是小区最高决策机构，小区重大事务通常是在小区党员与社员代表联席会议上进行讨论，并由社员代表会议表决通过。

值得关注的是，蒋桥头经济合作社既是蒋桥头自然村的集体经济组织，却又代行了整个蒋桥头小区事务的管理与监督职权。它的经济功能与行政功能的边界不是完全重叠的，其经济功能只限于蒋桥头自然村，各个自然村在经济上是独立的，其他两个自然村的居民不能参与蒋桥头经济合作社的年终分红及其他福利；但是，它的行政边界还是原先的蒋桥头行政村，涵盖了三个自然村。换句话说，蒋桥头经济合作社集合着原蒋桥头行政村的村民委员会、村务监督委员会及蒋桥头经济合作社三个组织的权力，在小区治理中发挥着举足轻重的作用。

在当地的干部序列中，蒋桥头经济合作社社长作为小区的法定代表人，与小区党支部书记同级，都是当地政府认可的小区主职干部。蒋桥头经济合作社设管理委员会（简称"社管会"）与监督委员会（简称"社监会"）。由社长兼任"社管会"主任，"社管会"共有 5 名成员、全部都是蒋桥头自然村籍的人士，"社管会"除了主持蒋桥头自然村集体经济事务外，还承担着原蒋桥头行政村村民委员会的职权；"社监会"共有 3 名成员，承担着原蒋桥头行政村村务监督委员会的职权，由蒋桥头自然村籍的、现任小区党支部书记兼任"社监会"主任，另外两个自然村的各 1 名代表人士出任"社监会"成员。

在蒋桥头小区治理精英的产生机制方面，基本上参照了我国农村基层党组织及《浙江省村经济合作社组织条例》中的相关选举办法，在小区党员、居民民主选举的基础上，还会考虑自然村之间的平衡。小区主职干部通常由蒋桥头自然村人士出任，按党员及居民的比例，另外两个自然村都有相应数量的村民被推选为小区党支部、经济合作社监管会的成员及社员代表，代表所在的自然村参与整个小区事务的日常管理。作为社区自治的实体单位，蒋桥头小区承担着小区范围内诸如建房指标、计划生育指标等公共事务的管理与决策权力，与小区居民的利益休戚相关，小区居民参与这一层级治理精英选举的意愿与积极性远高于社区居委会层级的选举，小区居民的"村庄共同体"认同也比较强烈。

三　自然村集体经济功能显现化

"中国农村村民自治的重要制度背景是集体财产制度。在中国，农村的土地等财产为村集体所有。这是世界上独具特色的财产制度，也成为中国乡村治理的基础。"[①]作为一种稀缺资源，在城市化进程中城郊村集体土地的价格一路走高，但它还无法进入一级土地市场直接进行交易，其价值除了城郊村民逐渐增加的房租收入外，主要体现在集体土地被征用后政府提供的社会保障、补偿的土地征用款、返还的留用地及其开发所衍生的公共财产。

---

① 徐勇、项继权：《参与式财政与乡村治理：经验与实例》，西北大学出版社 2006 年版，第 1 页。

在 2004 年东阳市推行的城郊村社区管理体制改革中，为了减少居民的阻力，当地政府除了准许由小区来承继原行政村的制度性权利外，还允许自然村保留独立的集体经济组织，并允许其"以地生财"，在政府征地后返还的留用地上开发物业经济。当地政府希望通过这一方式来提高城郊村"内源式"发展能力，在其集体土地被征用、村民失去基本的生产资料与土地的社会保障功能后，起到一种社会稳定"安全阀"的功能。

具体而言，自然村的组织结构相对简单，以蒋桥头自然村为例，它已撤销生产队的建制，集体资产统一收归蒋桥头经济合作社经营管理。在内部管理体系方面，参照《浙江省村经济合作社组织条例》的规定，蒋桥头经济合作社设有"社管会"与"社监会"两套人马，并设有独立的社员代表会议来代行社员（即具有蒋桥头"村籍"的村民）大会的职权，自然村超过 5 万元的单笔开销及兴建综合楼等重大决策都要经过社员代表会议表决通过。自然村经济合作社的社员，其参与主要体现在经济合作社及社员代表会议组成人员的民主选举、民主监督等方面，但他们基本上不参加经济合作社的日常管理。

在集体经济的权益分配及社员资格认定方面，蒋桥头经济合作社还没有实行股份制改革，还没把自然村的集体资产分解到每个社员身上；社员每年的年终分红及其他福利由经济合作社"社管会"提议、社员代表会议审批，社员资格实行"退出无收益、进入有门槛"的封闭式管理。把户口迁出蒋桥头自然村的社员及自然死亡的社员，自户口外迁或注销之日起，便不是该经济合作社的社员，无法继续享受各项福利，也因股份未量化分解而无法获得股权一次性"卖断"的收益。"外嫁女"、无子家庭的第二个女儿的配偶子女及通过购买宅基地落户于蒋桥头自然村的村民皆无法获得经济合作社的社员资格；只有那些嫁给社员的妇女、父母有一方以上为社员的刚出生的小孩及满足《东阳市特定时期入学大中专院校毕业生户口"非转农"实施办法》条件的原住村民，在经过社员代表会议审批同意后才可以拥有蒋桥头经济合作社的社员资格。

第三节　"协同共治"的社区运行机制

作为当地政府、社区组织、治理精英与社区居民等利益相关方合作博弈的产物，现行的东阳市城郊村社区治理体制具有浓重的"利益平衡"色彩，在输入城市社区居民自治的制度安排外，并没有从根本上触动城郊村原先的制度性权利。就其运行机制而言，它具有操作层面的合理性，呈现出"行政管控—能人治理—民众参与"的"协同治理"格局，较好地促进了城郊村民的有序城镇化与社区治理转型。

一 行政管控与服务引导

社区居委会的设置及其准行政化明显增强了当地政府对城郊村的社会整合，使社区治理烙上较重的行政管控色彩。在原有的联村干部、村财乡（街道）管等制度安排外，采取了"空降"街道办事处的干部兼任社区党委、社区居委会主要负责人，直接主导社区层面的治理过程。与此同时，当地政府还通过政治吸纳的方式，把各个小区的负责人安排为社区党委或社区居委会的组成人员，在行政建制上整合了各个小区及自然村的政治资源，便利了当地政府对各个小区与自然村的资源汲取与行政规制。

具体而言，在接到街道办事处的具体指令后，通常由社区主要负责人召集社区工作人员开会，分解工作任务，并由联村干部具体落实到各个小区；遇到如征地、创建等重大工作任务时，也会召集所属的各个小区干部与会，直接布置工作。就行政管控的领域而言，它具有显著的"外部输入"的特征，主要集中在当地政府重点关注的征地、拆迁、计生、维稳、创建等方面。诚然，在市场发育还不成熟、城郊村自身又缺乏足够多可支配资源的背景下，行政管控能力强大的地方政府对推动我国新型城镇化建设发挥着毋庸置疑的主导性作用。

值得关注的是，在实施行政管控功能的同时，城郊村社区居委会也开始发挥一定的服务引导功能。例如，为了提升城郊村的社区治理成效，社区居委会开始导入城市社区的一些治理规则与治理理念，并对社区居民的生活方式与行为习惯进行了引导与规范。此外，随着基本公共服务逐步地从东阳城区向城郊村社区延伸覆盖，城郊村社区居委会在信息沟通、资源配置等方面有了更多的自主性与可支配资源，它与社区居民的"利益关联"开始显现、居民的"社区认同"业已初步萌生，他们对社区居委会政务公开的关注开始增强，城郊村社区居民自治层级上移的社会基础正在逐步形成。

二　能人治理与社会责任

随着农村新兴经济精英阶层的崛起与参与，东阳地方政府顺势实施了政治吸纳战略，一批经济能人被安排进入村级领导班子。[①]私营企业主蒋世标正是其中的佼佼者，他于 1996 年被推选为蒋桥头村党支部书记，标志着蒋桥头的经济能人开始正式登上村治舞台。在 2005 年的小区党支部、经济合作社换届选举中，同为经济能人的蒋洪涛与蒋世标分别当选为小区党支部书记、经济合作社社长并连选连任至今，他们践行了先富群体的社会责任，在小区治理中发挥了"领头雁"作用。

在蒋桥头小区的治理过程中，旧村改造、发展集体经济及社区环境整治是三大标志性的事件，这都跟经济能人主政后的经营性治理[②]密不可分。2001 年，东阳市政府从浙江省衢州市购得 3000 亩的国有划拨土地使用指标，蒋世标等通过积极运作，以 3 万元/亩的价格争取到了 40 亩土地指标，在接下来的三年中，每年又分别购得 10 亩的土地指标，共计 70 亩土地用于蒋桥头自然村的第 1 期旧村改造项目。此后，该自然村陆续进行了第 2 期、第 3 期的旧村改造。另外两个自然村的旧村改造也相继展开，目前蒋桥头小区已有 70% 的居民住进宽敞整洁的联体别墅中。与此同时，蒋桥头的治理精英还致力于发展"以地生财"的集体经济。经过周密的安排，2007 年，蒋桥头自然村筹集 900 多万元的土地征用款，在留用地上兴建了 29 间 6 层高、建筑面积达 15000 平方米的蒋桥头综合楼。2009 年开始，这栋综合楼每年可为该自然村贡献 100 多万元的租金收入。此外，该自然村还将一批闲置土地租赁给附近的 8 家企业，每年也能为蒋桥头经济合作社入账 20 多万元。另外两个自然村也相继在留用地上发展了物业经济。由此，基本解决了居民的生活保障问题。2012 年，蒋桥头小区启动了以道路绿化、排水排污、溪流改造及治安监控等为主要内容的社

---

① 陈玉华：《新经济群体的政治参与及政治整合（1979—2009）——以浙江省东阳市为例》，中国社会科学出版社 2012 年版，第 122—124 页。

② 卢福营：《能人政治：私营企业主治村现象研究——以浙江省永康市为例》，中国社会科学出版社 2010 年版，第 141—142 页。

区环境整治工作。"在村庄社区内部的资源整合和动员"① 外，蒋桥头的治理精英还运用了合作博弈的策略，积极争取相关政府部门的专项补助款。仅 2012 年，该小区投入社区环境整治的资金就达到 800 多万元，有效地改善了小区的公共基础设施，推进了宜居社区、平安社区建设。

三　政治信任与民众参与

由于主职干部长期任职、决策权力相对集中，蒋桥头小区的居民参与主要体现在民主选举层面，而选举后的参与则相对有限。在近两届的经济合作社与社员代表的选举中，蒋桥头小区居民的投票参与率普遍较高，但选举的竞争性并不强，在经济合作社社长的选举中还连续出现了"等额选举"的情况，经济合作社社长蒋世标的得票率高达 95%。在经济合作社其他成员及社员代表的选举中，也没有出现白热化的竞选及派系竞争等情况，连选连任的比例较高。在选举后，蒋桥头的民众很少参与小区事务的民主管理、民主决策与民主监督，他们大多通过与小区主职干部的私人接触、对小区公益事业的参与等方式来表达自己的意愿及利益诉求，其参与呈现出原子化、非制度化的特点。

此外，在家族力量、经济力量的交互作用下，蒋桥头小区的治理精英正经历着由"精英循环"向"精英复制"的蜕变②，在小区年轻干部培养以及党员发展等方面出现了明显的"家族化倾向"，草根居民很难挤进既有的权力体系，呈现出较强的利益固化现象。而随着村落空间格局尤其是居民住房结构的变化，村落公共空间严重地被削弱，传统的公共舆论与意见领袖逐渐失去了话语权；而重心在外的就业结构又让很多青壮年劳动力外流，部分消解了其参与社区治理的利益诉求，客观上限制了民众参与的程度。诚然，在社区治理团队比较稳定、治理绩效较好的情况下，相对低强度的民众参与具有现实的合理性，在一定意义上，这也是对小区治理团队的治理绩效及其社会责任的一种政治信任，有助于增强社区治理精英的自主施政空间。

---

① 万向东：《都市边缘的村庄——广州北郊蓼江村的实地研究》，中国社会科学出版社 2005 年版，第 156 页。
② 陈光金：《从精英循环到精英复制——中国私营企业主阶层形成的主体机制的演变》，《学习与探索》2005 年第 1 期。

第四节　城郊村社区"协同共治"模式的初步评估

当前，东阳市城郊村社区治理呈现出城镇与农村两种体制并存与叠合的状态，它既不同于经典的城市社区治理模式，又与传统的农村社区治理模式有较大的差异，而是一种新型的城郊村社区治理模式。这种"协同共治"模式具有足够的制度空间容纳社区居委会、小区及自然村进行各自的探索性治理实践；与此同时，它还具有较强的利益整合功能，三层联动的社区组织结构则为当地政府、社区组织、治理精英与社区居民的"利益均衡"提供了多样化的、可资选择的治理平台。

透过"似城非城"、"似村非村"等表层形态，我们可以挖掘城郊村社区"协同共治"模式背后异常丰富的治理资源与自治空间。笔者以为，这是在国家财政资源"硬约束"、市场发育不成熟的背景下，我国新型城镇化建设中的一种地方政府的制度创新行为。一方面，通过保留农村治理体制的制度性权利，社区居民继续保留农村的户籍身份，在建房、计划生育等核心权利方面继续参照执行农村的相关政策；自然村层面保留了集体经济组织，在土地租金收益上涨的背景下发展物业经济，为城郊村的"内源式"发展提供了较好的物质保障；在小区层面实行居民自治，则为经济能人主政与民众参与提供了制度化平台，等等。另一方面，当地政府输入城市社区居民自治的制度平台、通过"空降"干部、吸纳草根治理精英等方式对社区居委会进行了有效的行政管控，在便于政府提取资源、实施行政渗透的同时，也逐渐将基本公共服务延伸到城郊村社区。此外，当地政府还逐渐导入城市社区的治理规则、居民行为规范，为城郊村民的城镇融入及后续的居民自治层级上移提供了较好的社会基础。综上所述，东阳市城郊村社区的"协同共治"模式是当地政府对城郊村社区治理体制的创新，它不仅容纳了基层群众自治的基本诉求，而且增强了地方政府在新型城镇化建设这一"规划性变迁"[①]中的行动能力，为推动城郊村

---

① 许远旺：《规划性变迁：机制与限度——中国农村社区建设的路径分析》，中国社会科学出版社 2012 年版，第 35—36 页。

民的有序城镇化与社区治理转型发挥了建设性作用，是一种行之有效的社区治理模式。

（本报告撰写人：陈玉华，原文发表于《湖北社会科学》2014 年第 10 期，人大复印资料《公共行政》2015 年第 1 期全文转载，本书收录时做了一些格式修改和技术性处理。）

第七章　城镇化中近郊居民婚姻模式的新变化

——基于杭州市头格社区的调查

伴随着城镇化的快速推进，在城镇空间扩张过程中一批批近郊村被纳入城市范围，近郊村社区因此发生了一系列社会变化。其中，婚姻模式的变化就是其中的一个重要表现。近年来，一些学者开始对城镇化进程中城郊社区青年婚姻模式的变化做了初步研究，但尚未做出深入系统的考察。本文拟以杭州市头格社区为例，分析当前中国城镇化进程中出现的新婚姻模式及其影响。

第一节　城镇化中近郊居民婚姻模式的新变化

头格社区位于杭州市经济技术开发区的西南面，社区面积约 2 平方公里，有 886 户，2768 人。作为下沙新城的一个构成部分，其城镇化的进程始于 20 世纪 90 年代。从其城镇化的方式看，主要表现为地方政府主动推动的乡村社会转变为城镇社会的过程。

伴随着杭州市经济技术开发区的建设，头格社区在不到 20 年的时间里，特别是在 2008 年后的三五年中完成了土地征用、房屋拆迁、撤村建居等城镇化行动，由此实现了社区经济和居民职业的非农化、村落空间和人居环境的"去农化"改造、基层管理体制"村改居"的形式性转换等。至少从形式上看，头格社区基本完成了城镇化过程。

历史上，中国农村存在着"嫁娶"和"招赘"两种婚姻模式。在一个相当长的历史时期，中国农村一直严格维持着父系家族制度。嫁娶婚姻既是保证父系家族完整性和延续性的重要手段，也是父系家族制度的重要内容之一，因此嫁娶婚姻在中国农村占绝对主导地位。[1] 然而，随着城镇化的推进，在头格社区出现了一系列婚姻模式的新变化，构成了一道奇异的婚姻景观。

一 招赘婚的流行

在中国传统农村，由于个人成本高、社区歧视以及农村无男孩家庭少，很少出现大范围内流行招赘婚姻模式的情况。招赘婚姻只是中国父系家族制度的一种应时性变化，主要发生在没有男孩的家庭[2]。然而，在近年的城镇化进程中，招赘婚逐渐地在头格社区等近郊村落流行起来。

据调查，在当下头格社区的婚姻模式中，招赘婚占有较大比例，居于相当重要的地位。招上门女婿的主要是无男孩的独女户或双女户。在独女户家中，往往把女儿留在家中招上门女婿。在双女户中，家长往往留其中一个招上门女婿，另一个女儿则外嫁出去。

在招赘婚姻模式中，男方落户到女方家，女方给男方彩礼，喜宴的钱也由女方开支。女婿上门后，户口迁入女方家庭所在的社区，成为该社区成员。社区居民一般不要求女婿改姓，但大部分都要求婚后生育的孩子随母姓。如果男女双方都是独生子女，符合生二胎的计划生育政策，有些家庭会在孩子出生之前协商好，同意其中一个孩子随男方姓。

二 "拼婚"模式的兴起

随着村落城镇化的推进，在头格社区出现并兴起了一种特殊的婚姻模式，当地人叫"拼婚"。在这种婚姻模式下，夫妻双方处在相邻或相同社区，结婚后夫妻双方的户口均留在原社区原家庭，既不迁入对方社区落户，也不迁出组成新的家庭户。拼婚的对象主要是近郊村落的独生子女家庭，由于婚姻的主体双方都是独生子女，符合生育二胎的政策，往往会通过生两胎的办法解决双方家族的延续问题。至于儿女的姓氏一般通过双方

---

① Wolf, Arthur P. 1989. The origins and explanations of variations in the Chinese kinship System. In Chang et al. , （eds）, Anthropo logical Studies of the Taiwan Area. pp. 241 – 260. National Taiwan U-niversity, Taipei, Taiwan.

② 李树苗、朱楚珠：《略阳县上门女婿户的典型个案分析》，《人口与经济》1999 年第 S1期。

协商解决，为了公平起见，大多采取双方各有一个儿女随姓的方式。有的第一胎跟男方姓，第二胎跟女方姓；反之，第一胎跟女方姓，第二胎跟男方姓。

调查发现，头格社区已经出现了多对"拼婚"夫妻，而且在邻近社区同样也存在类似现象。"拼婚"夫妻大多基于某种意义上的"门当户对"，主要发生在经济状况和社区福利状况等相当的两个近郊独生子女家庭中。

三 "速成婚"的出现

"速成婚"是在当下近郊社区出现的一种由"政策引发、利益追求"而导致的特殊婚姻模式。从成婚时间来看，"速成婚"往往发生在征地补偿、房屋拆迁安置等城镇化政策实施之际，而且呈现出"扎堆"结婚的状况。有村民告诉我们："在拆迁时，有很多年轻人结婚，到了结婚年龄的都争取结婚了。主要是为了拆迁多分到房子而很快就结婚的。应该说，所有拆迁户都想多分房子吧！错过这个时间就没有了。"

从成婚方式来看，"速成婚"有"闪婚"的特点，就是男女双方在短暂的相识后迅速确立婚姻关系，但是，不同于一般的"闪婚"，"速成婚"又有自己的特点。在都市青年的"闪婚"现象中，婚姻的决策很大程度上建立在个性吸引上。在择偶过程中，人际网络包括家庭成员的意见并不特别重要，关键性的因素在于个人的判断[①]。但是，近郊村落居民的"速成婚"则不同，它既非都市的自由婚姻，又非传统"父母之命，媒妁之言"。在这个过程中，婚姻双方气质等相互吸引并不是十分重要，而人际网络包括家庭成员的意见则有所凸显。亲戚、朋友介绍是重要的择偶渠道，对介绍人人品的信任是能否建立恋爱关系的重要条件。

第二节 近郊居民婚姻模式变化的重要原因

一 特殊的城镇化政策与集体福利制度

中国的城镇化属于较为典型的"政府主导型城镇化"或"制度投入

---

① 张杰：《"闪婚"与"啃老"——"80后"理性行为背后的文化逻辑》，《青年研究》2008年第6期。

型城镇化"。① 在近郊村落城镇化过程中，政府出台了一系列特殊政策，并采取了众多针对性的城镇化行动。比如，通过设立大规模的工业开发区和城市新区进行城市空间扩张，通过"撤县建区"、"撤村建居"等措施扩大中心城区的地域空间。头格社区就是随着下沙开发区新城的建设而迅速走向城镇化的典型实例。在这一过程中，政府借助国家财政和行政能力，实施大规模的基础设施建设，致使近郊村落的人居环境和生活方式发生了根本性改变。又如，政府在土地征用和房屋拆迁安置过程中实施了相应的补偿政策，尽管这些地方政策一直遭到非议和质疑，但不可否认的是，正是基于这些政策，近郊居民依据村籍即可获取相当的眼前利益（分得土地补偿款、安置住房面积等）。

为了解决城镇化进程中近郊社区经济社会的可持续发展，地方政府也出台了诸如"留置地"政策、集体经济发展基金提留政策等。在土地征用过程中，按被征用土地的一定比例留置给被征用土地单位，用于非农经济开发。同时，要求从土地补偿款中按一定比例提取集体经济发展基金。正是这些政策使得近郊村落有了发展集体经济的基础和条件，从而为集体福利的增长奠定了基础。

在头格社区，借助地方政府的城镇化政策，并结合本地实际实施了若干物业经济开发项目。最为主要是：（1）建设外来人口公寓。在房屋拆迁之后，头格社区在留置地上建设"外来人口公寓"，并按每户80平方米量化到居民。计划由村集体统一招租，到年底统一分红给社区居民。（2）建设临江大厦。社区通过集资方式在留置地上建造了拥有162000平方米建筑面积的临江大厦。大厦底层为营业商铺，归社区集体所有，通过商铺租赁的形式获得租金。二层以上为小产权房，由集资者使用。借助于集体经济的发展，社区居民可以获取一定的分红和福利，形成社区居民的一项特殊权益。

然而，在现行体制下，城镇化给近郊村落带来的现实利益，主要是以现有居民的人或户为单位进行分配的，从而使得本来没有多大价值的"村籍"具有了特殊的利益功能。谁拥有当下的"村籍"谁就享有社区的"城镇化福利"。一旦户籍迁出社区则意味着失去"村籍"，并失去城镇化

---

① 徐琴：《城乡一体化与城市化政策转向》，《现代经济探讨》2010年第10期。

带来的社区集体福利；反之，一旦户籍迁入社区则意味着获得了"村籍"，并获得了享有社区集体福利的权利。正是基于这些特殊的政府城镇化政策和社区集体福利制度，精于理性算计的近郊居民选择了"速成婚"、"拼婚"、招赘婚等新的婚姻策略，以便保护或谋取更多的眼前利益。

二　社区居民的有限理性与利益驱动

大量的研究认为，农民的理性是有限的。诺思则认为，人的有限性体现在两方面：第一，环境是复杂的、不确定的，交易越多，不确定性越大，信息也就越不完全；第二，人对环境的计算能力和认识能力是有限的，人不可能无所不知，因此人的行为不可能是完全理性的。[①] 在城镇化过程中，如何通过各种途径保持和取得社区福利权，保证家庭生计和权益的可持续性，无疑是近郊居民选择婚姻行为的重要依据。至于其选择的婚姻行为策略是否能给自己和家庭带来最大化的利益和最佳的发展机会，则是不可预知的。

近郊社区的独女户，利用招赘婚的方式，一方面，可以保持自身在本村权益和福利；另一方面，可以通过女婿的入赘及其生儿育女扩大家庭成员规模。以国家制度、村规民约允许的方式，尽可能地扩大本家庭在集体分配过程中所占的份额，维护本家庭在城镇化过程中的利益。[②] 访谈时，有位村民说：如果是一个女儿，都是招上门女婿的。嫁出去的话，村里的福利就没有啦！招一个人进来，可以有福利，还解决我们养老问题。如果在分房子之前能生个小孩，还能再多分一份。没有人愿意把女儿嫁出去的，嫁到别的地方什么都没有，除非是周边好一点的村子。头格社区的上门女婿大多来自经济条件较差的省份或者省内其他经济相对落后的地区。通过入赘，改变生活状态，是其选择入赘的重要原因。

由于城镇化政策的实施往往有确定的时间节点，这一时间节点决定了能否享受和享受多少相应的国家补偿和社区福利，其关键在于能否抓住这

---

① 张义祯：《西蒙的"有限理性"理论》，《中共福建省委党校学报》2000 年第 8 期。

② 吴妙琴：《城市化背景下的农村招赘婚姻研究——对杭州近郊 A 村的调查》，华东师范大学硕士学位论文 2010 年版，第 1 页。

个机遇，在政策实施的时间节点之前获取社区的"户籍"。正是基于这一客观的政策背景和利益分配机制，近郊居民理性地选择着种种婚姻策略，以便能够在国家补偿和社区福利分配中实现利益最大化。于是，有条件的近郊居民往往会找准时间节点，争取在政策实施之前努力让家庭"添丁进口"。"速成婚"自然成了一种婚姻策略的理性选择，至于速成式婚姻中存在的不稳定因素等，也就暂时被置之度外了。

"拼婚"则更多体现近郊居民"不要把所有的鸡蛋放在一个篮子里"的朴素的经济理性。随着经济社会的变迁，特别是城镇化进程的推进，农村社会发生了并正在发生着迅速的变化，由此形成了社区发展的不确定性。在调查过程中，笔者听到当地居民谈得最多的无疑是杭州经济技术开发区建设给头格社区及其周边社区经济社会发展带来的变化。有村民指出："头格村原来是下沙这边数得着的好村子，交通方便，集体经济也不错。高沙村当初很穷的，那里离城远，地势低，一下雨全淹了，种不了什么菜，没人愿意把姑娘嫁过去的。现在完全不一样了。高沙成了下沙最好的社区，钱多得很。我们这边就不行了，处于开发区边缘，离学校、工厂远，集体福利和高沙没得比。"正是这种"三十年河东，三十年河西"的发展不确定性，决定了近郊居民婚姻行为选择上的犹豫。部分居民从安全经济学的角度考虑，选择了"拼婚"的形式，将一个家庭的成员分置于两个不同的社区，分别享受两个社区的福利。他们不求"最好"，但求"最稳"。通过家庭成员和家庭利益的分散化，保证家庭利益的持续稳定和安全。

当然，理性地选择"拼婚"方式，可能还基于以下目的：一是承续双方家庭的香火，维护双方家庭的利益；二是摆脱婚姻中一方对另一方的依附，保持婚姻双方的相对独立性。

第三节　近郊居民婚姻模式变迁的社会影响

一　促进家庭结构的转换

家庭结构是指家庭的成员构成状况或者是组成家庭的成员类型。家庭结构与家庭成员的居住状况密切相关，研究者经常根据哪些家庭成员同住及其属性来判断属于哪一种家庭结构的类型。① 研究发现，在中国城镇地区家庭的核心化趋向更明显；乡村的直系家庭比重约为其家庭总数的四分之一，父母同一个已婚子女居住有一定普遍性。②

在头格社区，直系家庭具有一定的普遍性，并未呈现城市中家庭结构简化的状态。招赘婚因为是"从妇居"，从而形成了更多与女方及其父母同住的直系家庭结构。"拼婚"则促使两个独生子女家庭重新组合。拼婚夫妻往往有自己的住房，但更多时间是"从父母居"。一段时间住在男方父母家，另一段时间住在女方父母家，形成"两头走"的居住模式。在这样的家庭结构中，年轻人婚后与双方父母之间联系紧密，他们在自己小家中居住的时间远远少于在双方父母家居住的时间。新型的"拼婚"模式形成了一种新的家庭结构形式，它既不同于年轻人成婚后建立独立的家庭而形成的核心家庭，也不同于传统的直系家庭。在传统的直系家庭中，一般是父母和一个已婚子女或未婚兄弟姐妹生活在一起所组成的家庭模式，往往有两对夫妻、两个中心。但是，在"拼婚"家庭中，往往有三对夫妻、三个中心。在这样的家庭结构中，家庭权力的分配问题就较直系家庭更加突出。

在家庭权力分配上，由于招赘婚、"拼婚"等婚姻模式中隐含的经济利益因素，使得家庭财产控制和权力分配格局上呈现出一些新变化。一方面，代际关系中呈现出家庭权力的家长回归；另一方面，夫妻关系中形成了家庭权力的"夫妻平权"。来自社区的集体福利和经济收益基本由家中长辈掌握，尤其是父亲掌握。村民们说："补偿款、拆迁款大部分是由家中父母控制着。现在年轻人理财观念差，不会持家，父母也不放心这么多钱给他们掌握着。如果是招赘婚，经济大权更不会落到上门女婿手里面。十几年后就说不清楚了，现在谁都不放心把经济大权交给他们。"在传统的嫁娶家庭中，往往是"夫主妻从"的夫妻关系。而在头格社区中，不论是招赘婚还是拼婚，在夫妻关系上更多是"夫妻平权"。在这些婚姻模式中，夫妻双方往往是谁有道理听谁的，入赘的女婿在一些重大问题上并

---

① 风笑天：《第一代独生子女父母的家庭结构：全国五大城市的调查分析》，《社会科学研究》2009 年第 2 期。

② 王跃生：《当代中国城乡家庭结构变动比较》，《社会》2006 年第 3 期。

不会因为其入赘身份而没有发言权。在拼婚夫妻中，由于夫妻双方经济、社会地位上的相对平等，这种夫妻平权则更明显，双方相处更民主。

二　冲击婚姻和家庭的稳定性

法国社会学家穆勒认为，人类历史上的婚姻有三大动机：即经济、子女与爱情。不同历史时期，排序不同。到了现代，是爱情第一、子女第二、经济第三。[①] 然而，根据笔者调查，近郊社区年轻人的婚姻很大一部分是建立在经济利益基础之上，其婚姻的第一动机显然是经济利益因素。

事实上，当下中国年轻人的择偶标准，不仅关注对方的学历、职业、聪明能干、事业有成等隐性的潜能，而且对住房、收入、财产等显性的经济条件也予以厚望。[②] 在社会生活压力日益增大的现阶段中国，重视经济和财富似乎也无可厚非。但是，目前部分近郊社区居民主要出于更多获取城镇化进程中形成的社区福利而选择"速成婚姻"，无疑埋下了婚姻稳定性的隐患。在头格社区中，为能获得社区集体福利分配权，一些年轻人一达到法定婚龄就匆促结婚。存在着结婚年龄小、彼此了解少、感情基础弱等问题。按照培根的理论，"过度加速的角色转变"会造成"社会性问题"[③]，过早的成婚，加上婚姻双方的相互交往不足，使其难以较好地完成婚姻过渡阶段时所赋予的各种角色，最终有可能导致婚姻破裂的危险。

三　影响社区参与和整合

社区参与就是社区主体以各种方式或手段直接或间接介入社区治理与社区发展的一种过程。[④] 动员社区居民参与公共事务，增强成员的社区意识，是社区整合发展的重要手段。头格社区成员主要由原住民、有户籍的外来人员（上门女婿）和无户籍的外来人口（家庭成员与非家庭成员）等构成。不同群体具有不同的生活经历、思想观念、风俗习惯和社区要求，致使社区成员结构复杂化、异质化，从而对社区整合与发展提出了新的挑战。

---

① 刘洪波：《房价翻动了城市青年的婚姻奶酪》，《中国青年研究》2008 年第 4 期。
② 徐安琪：《择偶标准：五十年变迁及其原因分析》，《社会学研究》2000 年第 6 期。
③ 吴瑞君、汪小勤：《我国独生子女群体的婚姻稳定性分析》，《学海》2009 年第 5 期。
④ 龚晓洁、丛晓峰、赵宝爱：《村落精英与社区整合》，《山东社会科学》2010 年第 3 期。

　　大量的研究认为，上门女婿是农村中的弱势群体，他们的家庭地位低，在村庄中备受歧视。但在城镇化进程中的头格社区，上门女婿不仅非常普遍，而且享有和社区居民同样的社区福利待遇，社区居民也表示不存在对上门女婿歧视的现象。然而，在调查中发现，在社区人际交往和公共参与中，上门女婿与原住民之间存在着一定的区隔。在日常交往中，更多地是以上门女婿为圈子，或者与同事们的交往。在社区管理中，由于"外来者"的身份，往往难以获得社区其他成员认同。目前，头格社区的上门女婿大部分在工厂务工，或者在社区中当保安，没有在社区"两委"中任职的，也很少能参与到社区重大事务的决策过程。

　　已有研究认为，社区居民之所以参与热情不足，主要是因为大多数居民认为社区建设的好坏与自己关系不大[①]。调查发现，在头格社区中，拼婚的青年人社区参与远远低于其他居民。由于拼婚夫妻实现"两头走"的婚姻模式，夫妻双方户口分别保留在原来的社区中，因此其家庭利益分散于两个社区，且由双方父母为家庭的核心。社区中的父母家（公婆家）只是一个居住的场所以及获取部分集体福利的利益关联地。对于社区的人和事了解较少，对于社区建设和社区发展关心得也少。相对于其他社区居民，参与度更低些。调查中，拼婚家庭的家庭条件、子女自身素质都挺高的，他们中很多的学历、见识都不错，但是，这些年轻人就少有关心社区事务的。想想也是，在社区居住时间有限，而且户口又不在社区里，有些人也不愿意多参与了。可见，如何增强社区归属感和参与度，动员新婚姻模式下的新社区成员积极参与到社区治理和发展中来，无疑已经成为摆在近郊社区整合和发展中的一个新课题。

（本报告撰写人：吴新慧、卢福营）

---

①　蔡冬梅：《和谐社区建设的实践与对策》，《科学社会主义》2006 年第 6 期。

第八章　城镇化中近郊村落流行的新型赘婚

——浙江省杭州市福村调查

　　婚姻制度是一项重要的社会制度，其变迁过程既是社会发展的表现，同时又会影响社会的变迁，因此成为社会学界长期关注的重要研究课题之一。"赘婚"作为一种婚姻形式古已有之，在描述古代生活和现代生活的艺术作品中都有过对"赘婚"的刻画。但相较于主流的"嫁娶婚"，赘婚在中国传统社会里较为少见。然而，近年部分学者观察到赘婚在一些城镇周边的近郊村落形成一种流行的婚姻现象，但没有就此做出系统的分析。本文拟以浙江杭州近郊的福村为例，对城镇化进程中近郊村落流行的新型赘婚现象做实证研究。

第一节　福村概况

一　福村的基本情况

　　福村是一个典型的近郊村落，位于原杭州市四季青镇的东北部，紧靠江干区政府，北接原杭州汽车东站，南望汽车南站，与城区（采荷街道）只有一街之隔。据社区主任和村民介绍，在没有"撤村建居"之前，村级经济一度是浙江省第一经济强村。在 2002 年承包制改革前，村级集体企业每年净利润在一亿多元。除综合性的集团公司、工厂和经济合作社之外，村集体经济来源还有一幢大楼、2100 亩农田的经营收入。当初，全村共有 557 户，户籍登记人口近 2300 人。由于地处杭州城区的边缘地段，周边的经济（批发业）十分发达，所以福村的外来人口也较多，超过10000 人。当时，村民的经济收入主要来源于：村集体经济分配、房屋出租金、种植蔬菜，此外，还有部分村民参与到了建筑业、服装业、零售业等非农经济中。作为典型的近郊村落,村落经济发达,村民收入丰厚、生活宽裕。

二 福村的撤村建居过程

为加快城市化进程,杭州市政府于 2001 年 12 月 17 日发布了《杭州市人民政府关于扩大撤村(乡镇)建居(街)改革试点推行农转居多层公寓建设的意见》。把包括福村在内的 52 个行政村列为第二批撤村建居改革试点的村落。按照实施办法,福村所在的四季青镇于 2002 年改为四季青街道。同年,福村开始撤村建居工作,村民户籍由农村户籍转化为城镇户籍。由于工程进度拖延的原因,撤村建居过程中的居民集中安置房交付时间拖延到了 2008 年 9 月,2008 年底大部分"村民"获得了第一套住房并入住。至此,福村的村民已经不再拥有农田,也不再下地耕作,而是住进了集中安置的住宅区,但在身份、待遇、管理服务等方面依然与原来的城镇社区和市民存在着明显差异。居民还是称自己为"福村人",称周边的社区为"某村(撤村建居之前的村名)"。

第二节 城镇化进程中短期剧增的新型赘婚

历史上,福村也存在赘婚的情况,但相对较少。根据福村的统计数据和村民的回忆描述,在 20 世纪 30—50 年代,福村有过 3 户赘婚家庭,后来就不再出现。特别是出生于 20 世纪 60—70 年代的一辈中,福村的主流婚姻形式和当时的社会主流一样都是嫁娶婚。然而,伴随村落的城镇化,福村出现了大量的赘婚家庭。

福村城镇化进程中最早出现的赘婚家庭组建于 2001 年。根据福村人口统计资料(2000 年)显示,1988 年前出生的福村未婚女性有 110 余人。在 2001—2007 年间,选择招赘婚姻有 80 余人;而从 2008—2014 年,则只有 1 人选择了赘婚。可见,福村的女儿户家庭在婚姻形式选择上经历了赘婚家庭罕见——赘婚家庭剧增——赘婚家庭稀少的演变过程,只有在村落城镇化急剧发展的特定时期,村民们纷纷选择了赘婚形式,形成了独特的赘婚短期流行现象。因此,福村的赘婚流行与城镇化存在着密切关联,是近郊村落城镇化进程中出现的一种特殊婚姻现象,其婚姻内涵也发生了重大改变，呈现出一系列重要特点。

一　婚姻目的：保护和扩大家庭利益

在传统的赘婚中，女方家庭选择赘婚主要是为了接续宗祧和补充劳动力，是为了满足家庭的各种需求。男方选择入赘主要是因为家境贫寒，没有聘礼，不得不"以身为质"，主要注重赘婚的经济作用。而福村的新型赘婚更多是基于城镇化带来的现实利益考量，独女户理性地选择了招赘婚姻形式。在一定意义上说，赘婚被视为一种利益保护和增加财富的手段。

在福村撤村建居过程中，根据《杭州市撤村建居农转居多层公寓建设管理实施办法》的规定，每户村民可以购买的住房面积按入住公寓时在册农转居户籍人口计算，人均建筑面积不得超过50平方米（40平方米建安价＋10平方米成本价）。独生子女按2人计算份额，原村民①与外地农村妇女结婚，其媳妇可享受1人份额。显然，这一实施办法对于独女户家庭有可能造成利益损失。假设在撤村建居期间，同样是核心家庭（父母健在）中处于适婚年龄的男村民小王和女村民小李各自结婚并生育一个子女。按照规定，小王一家可以购买350平方米的建筑面积，而小李一家由于小李外嫁并迁移户口，不能计算小李和配偶及其孩子的份额，只能享有购买100平方米的建筑面积公寓的权利。按照福村所在的杭州市2008年的平均房价9000元/平方米计算，小李一家的"损失"达193万元。

娶妻与外嫁村民可购买建筑面积及其价值对比

	父亲	母亲	本人	配偶	子女	面积总和	购房成本	价值
小王（男）	50平方米	50平方米	100平方米	50平方米	100平方米	350平方米	45万元	270万元
小李（女）	50平方米	50平方米	0	0	0	100平方米	13万元	77万元

如此，村民们通过比较来衡量相关政策给家庭带来的利害得失，特别是独女户家庭从中发现了政策不利于自己的一面：男子娶妻可以算作本村村民，但是女子外嫁却未能得到平等的权益，甚至可以说是被"政府"

---

① 原农户中的居民人口以2001年12月31日前登记在册的户籍人口为准。

剥夺了原本应得的利益。在此政策背景下，独女户理性地利用政策的弹性空间，以实现自身利益保护与追求。既然女儿外嫁不利，则选择在女儿不外嫁的情况下完成家庭人口的再生产以争取更多的利益。如此，"招赘"成了利益保护、增加财富的理性选择。一方面，国家法律规定男女平等，媳妇嫁入还是女婿入赘应当由村民自由选择，且两者享有同等权利；另一方面，在传统赘婚文化中，招赘女的身份等同于"假子"，赘婿等同于"媳妇"。正是基于以上事实，独女户家庭通过赘婚，在身份上把"女儿"转化为了"儿子"，借此取得与政府谈判的条件，并最后在撤村建居实践中达成了妥协：独女户家庭女儿招赘，赘婿及其子女都落户到"撤村建居"试点村的家庭，即可享受同等待遇。

据调查，在福村城镇化过程中，第一位招赘女于 2001 年结婚，在还没有正式收到撤村建居的文件前，事先做了预测和准备，招了赘婿。访谈中，她说："当时隔壁的芳村①已经拆迁了，很多都招赘的，之后房子可以多分（购买）一点。听说我们这里也要拆迁，家里就和我说可以考虑。毕竟是房子，杭州的房价高。然后，就找了一个。他（丈夫）听了之后也同意了，就结婚了。现在分（购买）到房子有三套，两套出租，房租也还行。我算早结婚的，之后也有很多人这么做。……大家都是这么说的，招赘就和儿子一样了，当然就招赘了。"

可见，不同于传统的赘婚目的，福村的新型赘婚是为特殊城镇化政策带来的利益所驱使，目的主要在于保护和扩大特定的家庭利益。正是诸如农转居公寓安置等特殊的近郊村落城镇化政策所造成的巨大利益差异，促使近郊村落村民为谋求更大的家庭利益而理性选择赘婚形式，致使福村的赘婚在短期内剧增。

二　择偶方式：个人自主选择

从择偶方式看，传统的赘婚主要是由父母包办，父母在女儿幼时就决定要为女儿招婿，待进入适婚年龄就由父母做主为女儿选择合适的夫婿。较为注重家庭因素，而不注重婚姻当事人的相互满意程度。招赘家庭对于赘婿的要求多是为人老实，愿意入赘，放弃自己的继承权和扶养父母的义

---

① 村名做了技术性处理，为杭州市第一批撤村建居试点村之一。

务。而福村的新型招赘婚姻则更加注重婚姻双方的相互满意，父母安排已处于次要地位。在福村，大多数招赘的女性是通过自由恋爱的方式来寻找伴侣，并不是一开始就从有入赘倾向的男性中选择对象。在福村的招赘家庭中，招赘主体对于赘婿的个人素质要求较高，除了人品良好之外，十分看重赘婿的致富能力和容貌身材。招赘婚姻的择偶标准更加接近嫁娶婚的要求。女方家庭不仅需要赘婿满足继承姓氏和承担养老的需求，更看重赘婿个人的能力和与自己女儿的情感状况。

案例：招赘女 L 和赘婿 C 就是福村中通过自由恋爱，结合为赘婚夫妇的典型。L 在 2005 年与来自绍兴某农村的男子 C 结婚（男方入赘）。L 是土生土长的福村人，父亲在杭州城区从事建筑行业，母亲在村中经营一家小饭店，收入可观。2004，L 在工作场合认识了来杭州工作的 C，当时 C 是杭州某小型装修公司的经理。在 C 的追求下，L 决定与 C 交往，期间，L 表达了希望 C 入赘的愿望，C 没有反对。之后，双方家庭就结婚（赘婚）的相关事宜达成了协议，L 与 C 就于 2005 年春节期间完婚。

三　婚姻规则：更具现代性、平等性

赘婚不仅仅是一种婚居安排、居住安排，更是一种身份安排和家庭权利义务的体现。从婚姻规则看，除了需要签订契约之外，传统赘婚规则大致包括姓氏安排规则、财产分配规则和养老义务规则等。福村的新型赘婚在规则上形成了一系列区别于传统赘婚的做法。

第一，姓氏安排规则。中国文化中对于姓氏看得很重，姓氏代表的是一个人家族的归属。在赘婚中，赘婿的姓氏安排和其子女的姓氏安排往往是赘婚家庭关注的焦点。在传统赘婚中男方家庭将入赘男子从家族中除名，男子改姓女方的姓氏，这样做的目的是为了确保赘婚的延续香火功能顺利实现。伴随着姓氏的改变，赘婿也要放弃其在原家庭的一切权利和义务，成了妻子家庭和村庄中的一员，其子女成为妻子家中姓氏和财产的继承者。而现在的福村赘婚中，没有赘婿更改姓氏的做法。Q（女）母说："（改变姓氏）那是以前了，现在没人这么做了。只要他（女婿）能够对女儿好，就可以了。"传统家庭选择赘婚最主要的目的是传宗接代，而当下福村独女户家庭实行赘婚的目的是保护家庭的利益不受损害。只要赘婿及其子女的户口迁入到女方家中，利益保护的目标就能实现，不用像传统

农村通过赘婿姓氏的更改来赋予其村庄身份。故而，在更改姓氏方面，选择赘婚的家庭对于赘婿没有任何要求，促使赘婚规则发生了重大改变，表现得更具现代性、平等性。

赘婿婚后所生子女必须采用女方姓氏，为女方父系传宗接代，这是传统赘婚的重要规则。招赘女承担了传统家庭中儿子的作用，成了家庭中香火继承的中间一环。与赘婿自身的变更姓氏不做要求不同，福村招赘家庭往往十分看重其子女的姓氏安排。子女姓氏安排往往是婚前双方商讨婚姻事宜过程中最为关注的。赘婚家庭较为看重子代姓氏对于赘婚的意义，只有子代的姓氏是女方的姓氏，此婚姻才能被称为是赘婚。不然，"孩子跟他们姓，不就是嫁女儿了。"实践中，福村赘婚家庭的子代大都是跟随母亲（招赘女）一方的姓氏。当然，也有赘婚家庭考虑到了"次子回宗"的方法，即第二个孩子可以跟随赘婿的姓氏。

跟随姓氏安排的还有称呼上的安排。早有学者所提出了"拟制"观点。在赘婚中，招赘的女性被安排为儿子的角色，其在家庭中的地位关系是和"儿子"一样的。那么，她的子女与他父母的关系可以看成是祖孙关系，而非主流的嫁娶婚中的外祖孙关系。在这里，"外孙/外孙女"被拟制成了"孙子/孙女"，其对祖辈的称呼也由"外公和外婆"变成了"爷爷和奶奶"。这一称呼的变化不仅仅局限于这个家庭内部，在对外的关系上，也很自然地表达了这一转变。亲戚或者邻居都以爷爷奶奶来称呼孙辈的外公外婆，在和孙辈的互动中也十分注意称呼的变化。称呼是社会地位、继承权在村庄舆论场域中的再次确认，"她（招赘女）的儿女按照父系称谓称呼她的父母、族亲和外亲，就是这种融入努力的集中体现。这一切的努力，都是为了在她儿子的一辈能够更方便地回到男系继承的轨道上。再者，她的儿女以父系称谓称呼自己的族亲也有利于他们以自己人的身份在本村立足。"[1]

总之，赘婚的特征集中体现在赘婚家庭的子代身上，赘婿入赘的特征已不明显。第三代的姓氏安排的不可变更性，表明了福村新型赘婚与传统赘婚之间存在着一定的承继性，新型赘婚依然保持着某些传统赘婚的内涵

---

① 高永平：《传统框架中的现代性调适——河北省平安村 1949 年后的招婿婚姻》，《社会学研究》2007 年第 2 期。

特征。

第二，财产分配规则。从赘婿的角度来看，在传统的赘婚中，入赘男子失去其出生家庭的继承权，赘婚家庭的财产权利掌握在女方父母手中，入赘的男性失去了自己"出身家庭"的继承权和原属村庄的一切利益。然而，在福村的新型赘婚中，情况发生了明显的变化。由于选择了赘婚，女婿愿意入赘到福村，大大地增加了女方家庭的财产，赘婿自身获得了利益分配的份额。赘婿拥有出生家庭的继承权，同时其孩子也有继承权。L的婚前协议就包括了这个方面。调查中，L母告诉我们："我女儿生了两个女儿，两个女儿是继承不同家庭的财产的。还好是两个女儿，如果先是一个女儿，然后再是一个儿子，可能就不能按照说好的来了，还得为儿子也准备一份。现在，我们家这些么（财产）都是大女儿的（继承女方姓氏的孩子），小女儿的就只有她老家的那几个破房子了。可能长大了会为小女儿也备一份吧？"

传统赘婚家庭中，财产权利掌握在女方父母手中，赘婿只是加入到女方家庭，在经济上充当女方家庭的劳动力。由于传统农村主要是以耕作为职业，耕作单位以家庭为单位，所以赘婿自身的经济是女方家庭密不可分的。由于城镇化的进程，福村家庭已经没有大面积的农田需要耕种，逐渐脱离了土地。赘婿不再依附于赘婚家庭的田地，而是在市场经济中有自己的事业，故而拥有了一定的财政权力。随着"岳父母"年龄的增加，赘婿对于赘婚家庭的经济作用越来越大，逐渐掌握了家庭权力。在这方面，福村赘婚家庭逐渐地呈现出一些嫁娶婚家庭的特征。

第三，养老义务规则。传统赘婚一个重要的出发点是解决"女儿户"家庭的养老问题。入赘男子需要向岳父母承诺永不分家和为岳父母养老送终，同时入赘男子不得赡养父母，不得参与其出生家庭的事务。而福村新型赘婚的出发点并不是解决养老问题，大多数选择赘婚的家庭都表示没有那么考虑养老问题。H（招赘女）的父亲说："以前入赘了就和父母没什么关系了，如果还去（给亲生父母）养老是要被说的。现在不论是女儿出嫁还是倒插门（赘婚的另一种说法）都要照顾我们的，也要照顾那边（亲家）的。这是现在的规矩。现在还是我在养着他们（女儿和赘婿）啊。他们又不做事（没有稳定经济来源）。……招赘的时候没想到要养老，主要还是为了房子。"在福村的新型赘婚中，赘婿并没有失去继承权，所以也理应尽到养老的义务。虽然赘婿不住在父母身边，但是大部分都能够尽到义务。

在养老问题上，现在的做法与过去的有所不同。男方并不会因为自己的入赘行为而切断与"出生家庭"的联系，而女方家庭也不会要求男方放弃任何责任，反而女方家庭很支持男方照顾好自己的父母。

综上所述，城镇化背景下流行的福村赘婚已经根本区别于传统赘婚，形成了一系列新的特点。但是，这种婚姻形式依然沿袭了传统赘婚"从妻居"的婚居安排，以及继祖、养老等功能，因此归属赘婚范畴。从婚姻内涵看，它与现代嫁娶婚姻存在着众多类同性，从这个意义上说，是现代婚姻的一种实现形式。然而，由于婚姻目的（利益保护）的独特性，导致了有关婚姻规则的一些特殊安排，致使在婚姻的一些关键环节和婚姻内涵上呈现了新的特点。正是基于以上事实，可以视之为一种新型赘婚。

第三节　新型赘婚在福村短期剧增的原因

新型赘婚在福村的短期剧增并非村民的随意行为，而是多种因素共同作用的结果，其背后有着多方面的原因。

一　独特城镇化政策的推动

从时间上考察，福村赘婚流行于城镇化"进行时"。新型赘婚之所以在福村短期剧增，首先是因为独特的城镇化政策。

在福村撤村建居过程中，根据杭州市的相关政策，每一户村民因拆迁可以购买的住房面积是按入住公寓时在册农转居户籍人口计算（独生子女按两人计算）。同时，外地农村妇女与福村村民结婚，可享受同样的待遇。从一定意义上分析，这一房屋安置政策主要基于传统的婚姻关系（传统嫁娶婚）进行村民的利益分配，没有充分考虑到农村地区的女儿户家庭特别是独生子女政策后独女户的利益。它默认了"从夫"式的利益分配，出嫁的女儿被计算入丈夫家庭中，在"出生家庭"中没有继承权和分配权。这种房屋拆迁安置政策，剥夺了外嫁女获取与娶妻男村民同等的利益分配权，重构了福村的利益关系和利益分配格局。正是在此背景下，独女户为保护和扩大家庭利益，基于独特的城镇化政策，实施了婚姻策略变通，理性地选择了赘婚形式。旨在通过赘婚争取与男村民同等待遇，以婚姻为手段分享城镇化带来的利益。从这个意义上说，福村的赘婚短期剧增可以称之为"政策性赘婚流行"。

正如有的村民所说："他们都是为了分房子才招倒插门的……本来没有人会特意去招（上门）女婿的，那些人（赘婚）也是看中了家里条件好，有房子才同意的。"更有村民直白地说："能捞一点是一点，一个人50（平方），一辈子都赚不来那么多。随便找一个结婚，大不了离婚，钱拿到手了。要是我有机会，（我也会这样做的。）"赘婚家庭的成员也普遍承认的确考虑了政策因素。"我们家本来就三个人，这几年女儿不出嫁也只能有200（平方）。然后，招了女婿，我女儿那份不会少的，生了孩子之后就又多了100（平方）。……如果女儿嫁出去，户口迁掉，本来应该拿到的小孩那份就没得分了。"招赘女 L 家现在住在复式的楼房里，并且有一套面积为 80 平方米的房屋作为出租房，每年可以获得不少的租金收益。

总之，撤村建居中"按人头分配面积"的房屋拆迁安置条款成了推动家庭选择赘婚而不外嫁女儿的重要原因。通过赘婚的形式，赋予了独女户家庭的"女儿"如同"儿子"一般的家庭身份、家庭权利和村庄权利，使得女儿不会因为自己"嫁人"而损失利益从而保护了自己家庭在村庄利益分配环节不受损失，甚至可以通过缔结婚姻和生育行为实现家庭人口再生产，从而使家庭户籍上的人口增加一倍。家庭人口数的剧增可以使家庭在村庄的利益分配中拥有更大的份额，实现财富的转换和生成。

城镇化是一个非常漫长的过程，即使是拆迁也不是一蹴而就的。从听说可能拆迁的消息到确定拆迁的文件下达，再到动员协商、签订合同、实施搬迁，直到最后入住新房，在福村先后历时将近 8 年。正是拆迁安置过程的长期性，为村民缔结婚姻与人口再生产提供了较充分的时间，福村的适龄女儿户家庭纷纷选择了赘婚这样的婚姻形式来谋取城镇化利益。

事实上，赘婚只是福村村民争取城镇化利益的手段之一，一些有未婚适龄儿子的家庭也纷纷急着找"媳妇"结婚生子，以便及时增添家庭人口。更有消息灵通的村民在正式"冻结"户口①之前，就通过一些手段把并不属于自己家庭成员的亲戚户籍迁入了福村，进而获取更多购房面积和更多利益。

二　集体经济股份制改革和村集体福利政策的驱动

近郊村落集体经济相对发达，特别是福村的集体经济更是达到了较高水平。据统计，在 2002 年股份制改革前，村级集体企业每年净利润就达到一亿多元。撤村建居后，原来的村集体经济组织依然存在，其集体资产仍属社区全体成员所有。在撤村建居过程中，村集体经济进行了股份制改革，村中人员可以享受人口股和农龄股②，按股份进行分红。此外，凭借深厚的经济实力，村民还可以从集体享受种种福利待遇。村民的主要收入不再来自于土地，除了自身的职业收入外，房屋租赁和村集体的分红成了村民收入的重要组成部分。集体收入丰厚了，村民养老、医疗等社会保险费用基本由村集体支付。

在福村，集体福利大多按照村籍人口分配。围绕村级集体福利，近郊村民就"嫁娶问题却有很多的争论，女儿出嫁后是否还享有股份收益权，特别是娶回的媳妇与招上门的女婿是否也应该享有股份权"③，往往成为村民关心的焦点之一。在福村，年轻女性能凭借自身的村籍身份享有集体经济分红，以及由集体经济统一支付的各项社会保险。正是由于近郊村落的集体收益和集体福利对于村民拥有强大吸引力，致使女村民不愿意外嫁。比如，招赘女 L 2014 年获得了近两万元的集体分红。她说："在村里，我现在有一股不到的股份，年底大概可以拿到 6000 元的分红。社会保险什么的，村里面会帮我交的。如果我嫁出去，生活哪里会有现在这么舒服。"

---

① 能够获利的原村民人口以 2001 年 12 月 31 日前登记在册的户籍人口为准，被村民称为"冻结"户口。

② 量化股权可设人口股和农龄股。撤村建居时在册一次性农转非人员，享有人口股，年满 16 周岁至法定退休年龄农业户口在村里的年限享有农龄股。

③ 操世元：《城郊农民市民化过程中集体经济问题——以杭州 Y 村为例》，《浙江社会科学》2008 年第 2 期。

三　独生子女政策的影响

计划生育是一项基本国策，旨在减少出生人口，实现优生优育。计划生育政策的实施，无疑给中国经济社会发展带来了深刻影响，形成了独特的社会后果和政策效应。福村所在的杭州市江干区也一样，于20世纪70年代开始推行严格的计划生育政策。根据《江干区志》记载："1979年，为了鼓励一对夫妇只生一个孩子，实行独生子女奖励。已生一个孩子不再生第二个孩子的夫妇，经申请发给'独生子女光荣证'。不论是城市还是农村都以两个孩子的标准分配相应的福利。1985年，《浙江省计划生育条例》颁布实施后，对违反条例超计划生育者给予必要的经济处罚和纪律处分。1990年，全区累积有38738对夫妇领有'独生子女光荣证'，占可领证夫妇的99.78%"①。

从1979年开始，福村实行计划生育政策。一对夫妇只生一个孩子的计划生育政策，不仅导致了家庭独生子女化，而且出现了大量的独女户。根据福村人口统计资料（2000年），1988年前出生的福村独女户家庭（女儿未婚）有110余户。这些家庭的女儿在撤村建居的重要利益分配阶段进入适婚年龄，在特殊的城镇化利益分配政策下，女儿户只有借助赘婚等手段，才能有效保护和扩大家庭的权益，相当部分适龄女青年选择了赘婚，由此形成了赘婚剧增或流行。

四　现代婚姻观念的支持

伴随着中国社会的现代性变迁，近郊村民的婚姻观念经历着急剧的变化，村民群众对于赘婚的态度也发生了一系列改变，特别是男方不再受歧视。

在传统的赘婚中，男方需要"以身为质"，更改姓名，放弃义务，成为女方家的一员。这对于传统社会中的"父系家庭制度"的文化是一种背离，成为赘婚要做出非常大的牺牲。但是，由于婚姻观念的变化，福村赘婚当事人及其父母对于赘婚形式上的要求有所降低，并且在利益保护的目的下，试图在赘婚的诸多方面形成妥协和变通，赋予赘婚一定的权利和宽松的环境。新型赘婚不再要求赘婿改变姓氏，如果生育两个孩子也可以

① 杭州市江干区志编纂委员会：《江干区志》，中华书局2003年版，第119页。

有一个继承自己的姓氏；赘婿也不需要切断与其父母的联系，放弃赡养义务；赘婿在家庭中拥有了一定的经济地位和权力。通过赘婿规则的现代性转变，有力地提高了赘婿的可行性。

传统社会中，赘婿是被歧视的群体。入赘往往是失了"面子"、"为生活而出卖自己的尊严"的事。伴随着村民婚姻观念的现代化，婚姻变成了更加私人性的选择，赘婿不再被歧视。调查发现，福村村民对于新型赘婿的接受度较高，认为在2001—2008年招赘是很平常的事。在日常的交往中，村民也没有特意关注到"赘婿"的身份，更多的是认为赘婿是"某某家的女婿"，宽松的舆论环境减少了赘婿的心理压力。

第四节　调查引发的思考与讨论

一　赘婚流行背后的隐忧

新型赘婚具有明显的工具性，既承载着继祖、养老等传统功能，更渗透着城镇化背景下形成的特殊"谋利"功能。婚姻的谋利性有可能因政策失效和利益消失而导致婚姻关系破裂，从而埋下了婚姻、家庭危机的隐忧。根据对福村新型赘婚家庭的调查，赘婚家庭中相处融洽的大多为赘婿致富能力出众，在家中已经成了"支柱"的家庭。相反，婚姻、家庭矛盾较多的大多是赘婿赋闲在家，需要由女方家庭提供生活支持的。

撤村建居之后，福村就没有土地供村民耕作，村民们被迫从农业生产退出，转为在非农领域特别是商业市场中谋求职位，致使村民群众尤其是赘婿面临着尖锐的职业挑战。在旧式的赘婚中，赘婿加入到了女方的家庭，从事女方家庭的农业劳动，只要辛勤努力就能够获得女方家庭的认可。但是，在城镇化进程中，村民的职业转换和市民化不可能随着户籍农转非而迅速完成，导致赘婿面临着更大的女方家庭压力。赘婿有限的致富能力和女方家庭较高的致富要求时常会产生矛盾，进而影响夫妻关系与家庭和谐。在城镇化的特殊阶段，为追逐城镇化政策带来的特殊利益，独女户家庭为能在短时间内找到作为谋利工具的赘婿，无奈之中有可能放宽对于入赘女婿的条件和要求。一旦特殊利益获得或特殊谋利功能消失后，家庭成员有可能改变原来的态度，对赘婿提出更为严苛的要求。如若赘婿难以达到理想目标，就有可能在赘婚家庭中失去地位，甚至引发家庭矛盾和冲突。

　　根据福村调查，赘婚家庭破裂的尚不多，难以从中做出赘婚与离婚之间相关性的实证分析。但是，在近年的新闻报道中，"赘婚离婚增多"已经引起了各界的关注。有报道称杭州市萧山地区赘婚离婚数量增多，"2005年前后，萧山区瓜沥镇就有近20对入赘婚姻以离婚收场。2005年9月至2006年9月，萧山瓜沥法庭受理'招赘婚姻离婚案'近20件（不包括双方自愿离婚，没上法院的）。'这一年，仅我们镇，上门女婿至少离了50对。'一位当地人说。……离婚的招赘家庭大都是在2000年前后组成的，双方在认识后不久就匆匆定下婚事，婚前双方缺乏必要了解的事实相当普遍，更不会有什么感情基础"①。赘婚当事人可能由于时间的紧迫性，在缺乏必要了解的前提下匆匆结婚生子。在城镇化特殊利益获得之后，在共同生活中逐渐发现了婚姻双方的不适应，由此引发婚姻矛盾甚至破裂。

　　值得注意的是：政策性赘婚还可能引发涉及子女的家庭矛盾。孩子是中国家庭的重心所在，其代表的是家族和财产的延续。由于赘婚的特殊性，继承问题更成了家庭问题的焦点。从一定意义上说，在拥有两个以上孩子的家庭中都存在继承问题，但在赘婚家庭中，两个孩子从姓氏到权利义务都分别"属于"不同（男方或女方）的家族，可能会造成一定的矛盾。比如，兄弟姐妹之间的摩擦、父母的偏爱和财产分配的不均，等等。目前，福村生育二胎的赘婚家庭较少，其子代年龄尚小，家庭内部还没有出现大的矛盾。但是，当两个分属于不同家族的孩子长大后，情况是否会发生改变？家庭矛盾是否会增大？对于新型赘婚家庭的后续影响，值得进一步关注和研究。

　　需要特别提到的是：2013年11月15日，十八届三中全会通过的《中共中央关于全面深化改革若干重大问题的决定》，提出了"坚持计划生育的基本国策，启动实施一方是独生子女的夫妇可生育两个孩子的政策"，标志着"单独二孩"政策将正式实施。这一政策的出台随即引发了福村赘婚家庭尤其是赘婚们的关注，是否生育第二个孩子成为提上赘婚家

---

① 杨显生、杨江：《浙江萧山招赘遭遇离婚冲击波后日趋理性》，http://news.sina.com.cn/ s/2008 - 02 - 20/102514978063.shtml。

庭议事日程的现实而重要的家庭问题，特别是赘婿们大多希望可以拥有自己（姓氏）的孩子。一方面，政策允许，自己应当和其他家庭一样享有生二胎的权利；另一方面，拥有自己姓氏的孩子，从特定意义上也就延续了自己家族的"种"，可以博取父母的高兴。但是，相当部分女方不支持丈夫的提议，倾向于不生二胎。理由主要是：自己年龄过大、生育第二个孩子可能对现有的孩子造成影响、抚养孩子的成本过高，等等。在我们调查时，福村还没有单独赘婚家庭生育二胎的实践，但发展地看，在今后的岁月里势必会有赘婚家庭选择生育二胎。相比较而言，"单独二胎"政策可能会给赘婚家庭带来更大更多的影响，甚至有可能导致新的赘婚家庭矛盾。

二　社会性别平等与婚姻家庭变迁

福村短期流行的新型赘婚，其婚姻目的与传统赘婚存在着明显的区别。赘婚家庭在城镇化的过程中，受到了男女平等和现代婚姻观念的影响，认识到了女儿和儿子拥有同样的权利。在城镇化过程中，有关部门在政策制定阶段仍以农村传统的男娶女嫁的模式来分配利益，未能充分考虑到男女平等的现代性原则，导致同村村民在权益和待遇上遭遇了性别不平等，即忽视了独女户家庭的权益。在后计划生育时代，福村的独女户家庭占有较高比例，且逐渐进入婚龄阶段，在遭遇城镇化政策的非公平对待的情况下，他们联合起来共同争取自身应得的权益，促使原有撤村建居特别是村民房屋安置政策在实施过程中做出了相应调整，争得了正当的权益。新型赘婚在某种意义上即是独女户保护和扩大城镇化正当利益而理性选择的抗争手段和工具。

从福村的实践看，正是在城镇化带来的巨大利益诱致下，促使深受传统文化影响的村民群众，在实实在在的利益面前进一步深刻地体会到了男女平等的要义，认识到了传统婚姻家庭规则的不合理之处。如此，新型赘婚一开始就不再是为了延续父权制文化，而是确保女性权利不受侵害的重要手段。从客观后果分析，新型赘婚构成为挑战父权制下父子家庭继承传统的工具，促进了男女权利平等的进步。

传统招赘婚姻作为一种特殊的婚姻形式，从古至今一直存在着。传统招赘婚姻是社会文化中男尊女卑性别歧视观念的体现，即是以男性为中心的"男性继承"的传宗接代观念、"男娶女嫁"的婚育观念和"养儿防老"的养老观念的产物。在一定意义上，可以说是父权制文化的产物。

男尊女卑的男女社会性别地位不是生理性别决定的，而是后天社会性别和性别文化造成的，是社会中性别歧视的体现。在传统社会中，女性没有独立的人格，女性没有独立的人身权和财产权。女性社会地位低下，社会资源匮乏，既无法承担赡老育幼的家庭责任，也无力承担组织经济生活的家庭重担。传统的赘婚看似赋予了女性"儿子"的地位，从形式上看似是对于父权制文化的背离，但是实际上是在加固父权制的文化。

从一定意义上说，福村的新型赘婚对传统赘婚实现了多方面的改造，特别是在婚姻规则上基本与现代嫁娶婚趋同，一定程度地推动了赘婚向现代婚姻转变。婚姻制度包括结婚制度、离婚制度和家庭关系制度。无论在结婚、离婚，还是家庭关系制度上，新型赘婚均呈现出独特的新意。特别是在家庭关系制度上，新型赘婚夫妻在家庭中地位平等、夫妻双方都有各用自己姓名的权利、夫妻对共同所有财产有平等处理权，显现出更高水平的平等。入赘婿在新型赘婚家庭中不再是低人一等的成员，很大程度上获得了人身解放。

三　政策性赘婚与策略性维权

从一定意义上看，福村的赘婚是一种"政策性赘婚"，是家庭利益保护和财富增加的手段，其婚姻目的显然与传统赘婚有所区别。福村的赘婚是一种非常规性的婚姻形式，独女户不是为了赘婚而赘婚，也不是为了传宗接代、继承财产，而主要是基于谋利目的，即维护和扩大城镇化带来的家庭利益。

福村新型赘婚短期剧增的根本原因在于特殊的城镇化政策。正是现行城镇化政策特别是在房屋拆迁安置政策上呈现出男女不平等，并且独女户又无力改变不合理的城镇化政策的背景下，独女户通过理性的算计，选择了通过改变自身的条件迎合政策的规定，运用赘婚的形式赋予独生女儿"儿子"的身份，谋取女儿在城镇化利益分配中的合法权利。从福村的赘婚实践看，它既是一种独特的"政策性赘婚"，同时又是独特政策背景下村民选择的一种"策略性维权"，是独女户采取的一种典型的理性行动。

经济学家认为："人们会对激励做出反应"、"当决策者未能考虑到他们的政策如何影响激励时，这些政策就会带来意想不到的效果"①。福村的撤村建居政策所产生的激励效应，改变了近郊村民的成本—收益计算。独女户较为理性地选择了在当初看来"只赚不赔"的赘婚行动，在实践中却有可能引发了一系列甚至是意想不到的社会后果。

（本报告撰写人：蒋骅、卢福营）

---

① 昆曼：《经济学原理》（微观经济学分册），第五版，梁小民译，北京大学出版社 2009 年版，第 7 页。

参 考 文 献

李培林：《村落的终结——羊城村的故事》，商务印书馆 2004 年版。

辜胜阻：《非农化及城镇化理论与实践》，武汉大学出版社 1993 年版。

辜胜阻，简新华主编：《当代中国人口流动与城镇化》，武汉大学出版社 1994 年版。

辜胜阻，刘传江主编：《人口流动与农村城镇化战略管理》，华中理工大学出版社 2000 年版。

陆学艺主编：《当代中国社会流动》，社会科学文献出版社 2004 年版。

陆学艺主编：《内发的村庄》，社会科学文献出版社 2001 年版。

曹锦清主编：《当代浙北乡村社会文化变迁》，上海远东出版社 2001 年版。

许欣欣：《当代中国社会结构变迁与流动》，社会科学文献出版社 2000 年版。

王国平：《城市论》，人民出版社 2009 年版。

卢福营，刘成斌：《非农化与农村社会分层——十个村庄的实证研究》，中国经济出版社 2005 年版。

卢福营等：《村落的非农经济》，社会科学文献出版社 2000 年版。

连玉明主编：《城市管理的理论与实践》，中国时代经济出版社 2009 年版。

曾小华：《文化制度与社会变革》，中国经济出版社 2004 年版。

何念如，吴煜：《中国当代城市化理论研究》，上海人民出版社 2007 年版。

周罗庚主编：《市场经济与当代中国社会结构》，上海三联书店 2002 年版。

王自亮，钱雪亚：《从乡村工业化到城市化：浙江现代化的过程、特征与动力》，浙江大学出版社 2003 年版。

刘树成，吴太昌主编：《城乡统筹与乡镇城市化》，中国社会科学出版社 2011 年版。

邹农俭：《中国农村城市化研究》，广西人民出版社 1998 年版。

李学昌主编，《20 世纪南汇农村社会变迁》，华东师范大学出版社 2001 年版。

樊纲，武良成主编：《城市化：一系列公共政策的集合——着眼于城市化的质量》，中国经济出版社 2010 年版。

折晓叶，陈婴婴：《社区的实践："超级村庄"的发展历程》，杭州人民出版社 2002 年版。

折晓叶：《村庄的再造》，中国社会科学出版社 1997 年版。

卞华舵：《主动城市化——以北京郑各庄为例》，中国经济出版社 2011 年版。

贾德兴主编：《现代化进程中的农民》，南京大学出版社 1998 年版。

陈甬军，景普秋，陈爱民：《中国城市化道路新论》，商务印书馆 2009 年版。

轩明飞：《村（居）改制：城市化背景下的制度变迁——以济南市前屯改制为个案》，社会科学文献出版社 2008 年版。

王蒙徽：《广州城市发展中失地农民城市化的问题研究》，中国建筑工业出版社 2011 年版。

费孝通：《乡土中国 生育制度》，北京大学出版社 1998 年版。

陈吉元主编：《中国农村社会经济变迁》，山西经济出版社 1993 年版。

郑杭生主编：《社会学概论新修》，中国人民大学出版社 2000 年版。

王春光：《社会流动与社会重构——京城"浙江村"研究》，浙江人民出版社 1995 年版。

刘豪兴主编：《乡镇社区的当代变迁：苏南七都》，上海人民出版社 2002 年版。

周晓虹主编：《现代化进程中的中国农民》，南京大学出版社 1998 年版。

魏津生主编：《中国流动人口研究》，人民出版社 2002 年版。

秦晖：《现代化进程中的中国农民》，南京大学出版社 1998 年版。

毛丹：《一个村落共同体的变迁》，学林出版社 2000 年版。

刘亭主编：《城市化：一石激起千层浪》，浙江大学出版社 2002 年版。

陈映芳主编：《征地与郊区农村的城市化：上海市的调查》，文汇出版社 2003 年版。

张鸿雁：《城市·空间·人际：中外城市社会发展比较研究》，东南大学出版社 2003 年版。

向德平：《城市社会学》，武汉大学出版社 2002 年版。

王浩：《村落景观的特色与整合》，中国林业出版社 2008 年版。

任志远等：《城郊土地利用变化与生态安全动态》，科学出版社 2006 年版。

费孝通：《江村经济》，上海人民出版社 2007 年版。

胡际权：《中国新型城镇化发展道路》，重庆出版社 2008 年版。

张鸿雁：《侵入与接替：城市社会结构变迁新论》，东南大学出版社 2000 年版。

刘宗劲：《征地制度研究：对中国城市化进程的追问》，中国财政经济出版社 2008 年版。

国务院发展研究中心课题组：《农民工市民化：制度创新与顶层政策设计》，中国发展出版社 2011 年版。

路小坤：《徘徊在城市边缘：城郊农民市民化问题研究》，四川人民出版社 2009 年版。

高春凤：《自组织理论下的农村社区发展研究》，中国农业大学出版社 2009 年版。

李清娟等：《大城市城郊一体化发展问题研究：理论、策略、案例》，上海人民出版社 2012 年版。

邢忠：《边缘区与边缘效应：一个广阔的城乡生态规划视域》，科学出版社 2007 年版。

冯晓英，魏书华，陈孟平：《由城乡分治走向统筹共治——中国城乡结合部管理制度创新研究：以北京为例》，中国农业出版社2007年版。

蓝宇蕴：《都市里的村庄——一个"新村社共同体"的实证研究》，三联书店2005年版。

郑孟煊主编：《城市化中的石牌村》，社会科学文献出版社2006年版。

叶继红：《生存与适应——南京城郊失地农民生活考察》，中国经济出版社2008年版。

姜磊：《都市里的移民创业者》，社会科学文献出版社2010年版。

于洪生等：《城郊村：城市化背景下的村务管理调研》，社会科学文献出版社2005年版。

孙鹤汀：《征地纠纷的政治学分析——以Y市Z区城郊村为例》，知识产权出版社2011年版。

翟洪峰：《城郊农民的现代化——扬州市何村研究》，合肥工业大学出版社2009年版。

毛丹等：《村庄大转型——浙江乡村社会的发育》，浙江大学出版社2008年版。

［美］爱德华·格莱泽：《城市的胜利》，刘润泉译，上海社会科学院出版社2012年版。

［加拿大］道格·桑德斯：《落脚城市》，陈信宏译，上海译文出版社2012年版。

［加拿大］简·雅各布斯：《美国大城市的死与生》，金衡山译，凤凰传媒出版集团、译林出版社2006年版。

［澳］马尔科姆·沃特斯：《现代社会学理论》，杨善华等译，华夏出版社2000年版。

［法］让·卡泽纳弗：《社会学十大概念》，杨捷译，上海人民出版社2003年版。

［法］H.孟德拉斯：《农民的终结》，李培林译，中国社会科学出版社1991年版。

［日］富永健一：《社会结构与社会变迁》，董兴华译，云南人民出版社1988年版。

〔日〕青井和夫：《社会学原理》，刘振英译，华夏出版社 2002 年版。

〔英〕埃比尼泽·霍华德：《明日的田园城市》，金经元译，商务印书馆 2012 年版。

〔美〕布赖恩·贝利：《比较城市化》，顾朝林等译，商务印书馆 2012 年版。

〔美〕黄宗智：《华北的小农经济与社会变迁》，中华书局 2000 年版。

〔美〕黄宗智：《长江三角洲小农家庭与社会变迁》，中华书局 1992 年版。

〔美〕埃弗里特·M. 罗吉斯、拉伯尔·J. 伯德格：《乡村社会变迁》，王晓毅等译，浙江人民出版社 1987 年版。

〔美〕乔纳森·H. 特纳：《社会学理论的结构》，吴曲辉等译，浙江人民出版社 1987 年版。

〔美〕戴维·波普诺：《社会学》，刘云德等译，辽宁人民出版社 1987 年版。

卢福营：《群山格局：社会分化视野下的农村社会成员结构》，《学术月刊》2007 年第 11 期。

卢福营：《边缘化：近郊村民市民化面临的问题》，《东岳论丛》2013 年第 6 期。

卢福营：《中国特色的非农化与农村社会成员分化》，《天津社会科学》2007 年第 5 期。

卢福营：《近郊村落的城镇化：水平与类型——以浙江省 9 个近郊村落为例》，《华中农业大学学报》2013 年第 6 期。

卢福营：《论非农化、城市化进程中的边缘群体》，《学术论坛》1996 年第 5 期。

卢福营：《现阶段农民分化的非均衡性》，《社会》1998 年第 10 期。

卢福营，董金松，李莉：《城郊村社区成员的职业分层》，《中国农村研究》2009 年。

卢福营：《边缘化的农村社会成员》，《三农中国》2004 年第 1 期。

卢福营：《村民自治的发展走向》，《政治学研究》2008 年第 1 期。

折晓叶、陈婴婴：《中国农村"职业——身份"声望研究》，《中国社会科学》1995 年第 6 期。

俞萍：《市场经济中市民职业流动与阶层分化重组的特征》，《社会科学研究》2002 年第 6 期。

王晓毅：《温州宜一村调查》，《社会学研究》2000 年第 5 期。

佟新：《职业生涯研究》，《社会学研究》2001 年第 1 期。

应小丽：《农民自主行为与制度创新》，《政治学研究》2009 年第 2 期。

王开泳等：《半城市化地区城乡一体化协调发展模式研究——以成都市双流县为例》，《地理科学》2008 年第 2 期。

毛丹、王燕锋：《J 市农民为什么不愿做市民——城郊农民的安全经济学》，《社会学研究》2006 年第 6 期。

陈耀：《注重提升城镇化建设的品质》，《中国社会科学报》2013 年 7 月 1 日。

李意：《边缘治理：城市化进程中的城郊村社区治理——以浙江省陶朱路村社区为个案》，《社会科学》2011 年第 8 期。

张鸿雁：《中国新型城镇化理论与实践创新》，《社会学研究》2013 年第 3 期。

李学斌：《"城中村"改造的问题与对策》，《南京理工大学学报（社会科学版）》2005 年第 8 期。

轩明飞：《"边缘区"城市化的困境与反思》，《思想战线》2005 年第 6 期。

喻新安：《新型城镇化究竟"新"在哪里?》《中国青年报》2013 年 4 月 15 日。

陈阿江：《农村劳动力外出就业与形成中的农村劳动力市场》，《社会学研究》1997 年第 1 期。

刘欣：《市场转型与社会分层：理论争辩的焦点和有待研究的问题》，《中国社会科学》2003 年第 5 期。

李路路：《制度转型与阶层化机制的变迁——从"间接再生产"到"间接与直接再生产"并存》，《社会学研究》2003 年第 5 期。

李路路：《论单位研究》，《社会学研究》2002 年第 5 期。

李春玲：《中国社会分层与生活方式的新趋势》，《科学社会主义》2004 年第 1 期。

李春玲：《社会政治变迁与教育机会不平等——家庭背景及制度因素对教育获得的影响（1940—2001）》，《中国社会科学》2003 年第 3 期。

刘精明：《向非农职业流动：农民生活史的一项研究》，《社会学研究》2001 年第 6 期。

孙立平：《我们在开始面对一个断裂的社会?》，《战略与管理》2002 年第 2 期。

孙立平：《实践社会学与市场转型过程分析》，《中国社会科学》2002 年第 5 期。

王春光：《流动中的社会网络：温州人在巴黎和北京的行动方式》，《社会学研究》2000 年第 3 期。

吴晓：《"边缘社区"探察——我国流动人口聚居区的现状特征透析》，《城市规划》2004 年第 1 期。

张宏斌等：《土地非农化调控机制分析》，《经济研究》2001 年第 12 期。

曲福田、吴丽梅：《经济增长与耕地非农化的库兹涅茨曲线假说及验证》，《资源科学》2004 年第 5 期。

董金松、李小平：《城市化背景下城郊村社会成员的职业分化研究——以浙江三个村庄为例》，《浙江省委党校学报》2006 年第 6 期。

顾朝林、熊江波：《简论城市边缘区研究》，《地理研究》1989 年第 3 期。

徐勇：《"绿色崛起"与"都市突破"——中国城市社区自治与农村村民自治比较》，《学习与探索》2002 年第 4 期。

陈光金：《身份化制度区隔——改革前中国社会分化和流动机制的形成及公正性问题》，《江苏社会科学》2004 年第 1 期。

龚维斌：《社会流动：理想类型与国际经验》，《中国社会科学学院研究生院学报》2003 年第 5 期。

龚维斌：《农村劳动力外出就业与家庭关系变迁》，《社会学研究》1999 年第 1 期。

张正河：《乡村城市化过程的要素分析》，《河南社会科学》1998 年第 1 期。

朱宝树：《城市化的城乡差别效应和城乡协调发展》，《人口研究》

2004 年第 1 期。

　毛丹：《村落共同体的当代命运：四个观察维度》，《社会学研究》2010 年第 1 期。

　周大鸣，高崇：《城乡结合部社区的研究：广州南景村 50 年的变迁》，《社会学研究》2001 年第 4 期。

Parish, W. L. 2006, Urban Life in Contemporary China. Chicago: University of Chicago Press.

Oi, Jean. C. 1999, Rural China Take Off: Institutional Foundations of Economic Reform. Berkeley: University of California Press.

Weber, Ma. 1968, Economy and Society, by Guenther Roth and Claus Wittich, Berkeley: University of California Press.

Ossowski, Stanislaw 1963, Class Structure in the Social Consciousness, New York: The Free Press.

Burrows, R. and Marsh, C. (eds). 1992. Consumption and Class: Division and Change. New York st. Martion Press.

Warner, W. L. , Low, J. O. Lunt P. S. and Srole, L. , 1963. Yankee City. New Heaven: Yale University Press.

White, M. K. and Parish. W. L. 1984. Urban Life in Contemporary China. Chicago: Universtty of Chicago Press.

Jackman, Mary R. and Jackman, Robert. 1973, "An Interpretation of the Relation between Objective and Subjective Social Status. " American Sociological Review, Vol. 38.

Zhou, Xueguang. 1996. "Stratification Dynamics under State Socialism: The Case of Urban China, 1949—1993", Social Forces 74 (3).

Lin, Nan and Yanjie Bian. 1991, "Getting Ahead in Urban China . " American Journal of Sociology, Vol. 97.

Lockwood, David. 1966, "Working Class Images of Society. " Sociological Review, Vol. 14.

Guest, Avey M. 1974, "Class Consciousness and Political Attitude. " Social Forse, Vol. 52.

后 记

　　本书的研究主题是城镇化进程中近郊村落的边缘化，旨在初步系统地考察当代中国近郊村落城镇化过程中出现的边缘化现象及其主要特点，剖析近郊村落边缘化的社会原因和机制，评估近郊村落边缘化的后果以及当下中国城镇化政策的合理性，探讨促进近郊村落有序发展策略与新型城镇化的路径选择。

　　本书是以国家社会科学基金项目"城市化进程中近郊村落的边缘化问题研究"成果为基础，经过进一步分析和修改而成的一项经验研究成果。在2011年国家社会科学基金课题申报时，本项研究的题目为"城市化进程中近郊村落的边缘化问题研究"。2012年底，新的中央领导执政以来，一再强调城镇化在中国的特殊性和重要意义，中国各界逐渐地以"城镇化"概念取代"城市化"。基于这一特殊背景，我们在研究中做了相应调整，并将课题最终成果命名为"城镇化进程中近郊村落的边缘化"。课题于2014年结项后，课题组进一步地做了一些资料整理和分析工作，撰写了若干个案分析报告。根据新的研究进展，我们对课题研究最终成果进行了相应的修改和调整，最终形成本书稿。

　　本书是一项团队合作研究的成果。先由项目负责人卢福营提出总体框架和写作思路，经集体讨论、分工后，分别撰写初稿。具体分工如下：卢福营负责导论和上篇的一、六、七，姜方炳负责上篇的二，李传喜负责上篇的三，李意负责上篇的四，戴冰洁、吴新慧负责上篇的五；下篇为个案调查报告，分别由各个案调研人员完成，每个个案的撰写人分别在个案报告的末尾一一注明。最后，由卢福营对全书进行统一修改、加工和统稿工作。

　　在本项目研究过程中，除参与本书初稿（导论和上篇）撰写者之外，浙江工业大学的陈玉华、绍兴文理学院的袁海平和李莉、绍兴市委党校的卢芳霞等高校和学校教师，以及杭州师范大学、浙江师范大学、中共浙江省委党校、浙江传媒学院、绍兴文理学院的部分研究生和本科生参与了调研和资料整理工作。

　　此外，调查与研究过程中得到了杭州师范大学政治与社会学院和社科处领导的大力支持和帮助，项目调查村落及其所在地方政府的干部和群众给予了极大的支持，项目成果的发表和出版则得到了各杂志编辑、中国社会科学出版社的领导特别是冯春凤女士的大力支持和帮助。由于需要感谢的人员太多，原谅不能一一列举。在此一并对所有为此项研究直接或间接提供过帮助的领导、同事、友人、亲人们表示诚挚地感谢！

卢福营

于钱塘江畔

2015. 4. 18